全国高职高专旅游专业工学结合规划教材

旅行社经营管理实务

（第二版）

主　编　潘　燕　李志强
副主编　李　玲　曾　聪　王　佳

人民邮电出版社

北　京

图书在版编目（CIP）数据

旅行社经营管理实务 / 潘燕，李志强主编. —2版.
—北京：人民邮电出版社，2010.12
全国高职高专旅游专业工学结合规划教材
ISBN 978-7-115-23927-3

I. ①旅…　II. ①潘…　②李…　III. ①旅行社—企业
管理—高等学校：技术学校—教材　IV. ①F590.63

中国版本图书馆CIP数据核字（2010）第179769号

内容提要

　　本书结合旅行社经营管理的业务实践，以培养旅游专业学生操作与应用能力为目标，详细阐述了旅行社的性质和职能，经营管理理论，基本业务，旅行社产品、价格、销售、促销策略，旅行社人力资源管理，旅游接待工作，旅行社风险应对等与旅行社息息相关的内容。

　　本书在对国内外旅行社进行深入调查的基础上，列举了大量真实、生动的案例，提出了具体、有针对性的问题，提炼了每部分内容的学习目标，使教学方向更为清晰明确、重点突出；导入了教学建议，方便老师对课程的理解和安排。这是一本具备实用性、指导性、科学性和前沿性的高职高专教材。

　　本书可作为高职高专旅游专业和相关本科专业教材，也可作为旅游行业相关人员的培训用书。

全国高职高专旅游专业工学结合规划教材
旅行社经营管理实务（第二版）

- ◆ 主　　编　潘　燕　李志强
  　副主编　李　玲　曾　聪　王　佳
  　责任编辑　李宝琳
  　执行编辑　代新梅

- ◆ 人民邮电出版社出版发行　　　北京市崇文区夕照寺街14号
  　邮编 100061　　电子函件 315@ptpress.com.cn
  　网址 http://www.ptpress.com.cn
  　北京铭成印刷有限公司印刷

- ◆ 开本：700×1000　1/16
  　印张：19　　　　　　　　　　　　2010年12月第2版
  　字数：230千字　　　　　　　　　2010年12月北京第1次印刷

ISBN 978-7-115-23927-3

定　价：30.00元

读者服务热线：（010）67129879　印装质量热线：（010）67129223
反盗版热线：（010）67171154

全国高职高专旅游专业工学结合规划教材
编辑委员会

第二版总序

"全国高职高专旅游专业规划教材"自2006年出版以来市场反响强烈，获得了广大读者的好评，并被国内众多院校采用，对高职高专旅游管理类专业的教学起到了很好的促进作用。

随着改革开放的不断深入和发展，我国旅游业也迎来了新的机遇，尤其是2008年北京奥运会、2010年上海世界博览会等大型国际性盛会的举办进一步推进了我国旅游业的跨越式发展。为适应旅游业新的发展变化，迎接挑战，满足社会对新型旅游人才日益扩大的需求，使当前的旅游专业课堂教学内容与形式紧密结合，根据教育部进一步提高高职高专教育教学质量的相关文件和精神，我们对本套教材进行了全新的改版，编写成为了"全国高职高专旅游专业工学结合规划教材"。在本套教材的改版过程中，我们始终坚持"以能力为本位，以就业为导向"的指导思想，把"工学结合"作为高职高专教育人才培养改革的重要切入点，紧紧围绕现阶段高职高专教育人才培养目标从"培养能够与企业工作岗位对接的'制造型人才'向培养能够适应旅游产业结构升级和工作岗位变换的'创造型人才'"转型这一实际要求，采用"工学结合、任务驱动、项目导向、顶岗实习"的模式，融"理论、实务、案例、实训"四位一体，全面提高学生的实际操作能力。

"全国高职高专旅游专业工学结合规划教材"的改版原则与特色如下。

1. 以学习目标为导向，采用任务驱动型教学理念。以学习任务的形式进行编写，明确知识目标、技能目标、案例目标和实训目标，改变了传统教材的理论式灌输，使学生首先明确在该学习任务中的技能要求，从而有方向、有针对性地展开学习。

2. 以学习任务为目标，重新梳理整合知识体系。通过对学习任务的分析和整理，提炼学生需要掌握的学习性工作任务，以岗位操作的要求指导教学。

3. 以同步案例为引导，融入丰富的教学资源。在大部分学习任务之前设置"想一想，做一做"栏目，以典型案例的形式引导出该学习任务的内容。

4. 提供同步实战演练，激发学生学习兴趣。在技能要求的知识点中，设置相应的同步实战演练，要求学生及时进行实务分析与操作，达到理论与实践的统一，并通过操作有效激发学生的学习兴趣。

5. 进行综合实训操作，强化学生专业技能。同步演练与综合实训操作既是对任务知识的运用，也是对业务技能的训练，能有效强化学生的操作技能。

6. 搭建校企合作平台，强调教、学、做合一。学习任务来源于企业的实际工作要求，又回归到企业的实践中去，强调教、学、做合一。

7. 引入科学准确的数据，注重资料的时效性。数据、资料列有出处，并介绍了本学科最新的研究成果和国内外的先进经验，以便能够反映出现代旅游业发展的新要求。

由于我们的经验有限，教材中难免存在不妥和疏漏之处，我们期待着旅游界的同行、专家、学者和广大读者的批评与指正，以便我们能够紧跟旅游业发展的新形势，及时修订和出版更新、更优秀的旅游系列精品教材。

胡德华

2010年6月

前　言

改革开放30多年来，我国旅游业得到了空前发展，由旅游资源大国发展成为世界旅游大国，并加速向着世界旅游强国的目标奋进。新时期新阶段，我国旅游业发展又迎来了新的机遇、新的形势。据国内外旅游业界人士分析，"十二五"至2020年，我国旅游业将进入新一轮的快速增长期。在这一大背景下，作为旅游业"三大支柱产业"之一的旅行社行业在我国已取得了较大发展，旅行社数量迅速增加，产业规模不断扩大。因此，有关旅行社经营管理方面的教材如雨后春笋般涌现。据不完全统计，目前有关旅行社经营管理的教材达50多个版本。这些教材为旅游专业人才的培养发挥了重要作用，但也存在着不少的问题，如实践性不够突出、不能紧扣旅游发展形势等。为了更好地帮助读者掌握旅行社经营管理的理论及实践知识，满足日新月异的旅行社行业发展的需要，我们特此编写了《旅行社经营管理实务》一书。

本书力图体现以下几个特征。第一，可操作性：编写过程中遵循"理论知识够用为度，操作技能全面提高"的基本原则，书中设有大量的实践练习，并选取了一些旅行社管理软件知识，可供学生模拟操作。第二，科学准确性：数据、题材均有出处，并列有介绍本学科最新研究成果和国内外先进经验的内容，以便能够反映出现代旅游业发展的新形势。第三，体例新颖：本书将理论和实践相结合，首尾呼应，并设置了"学习目标"、"教学建议"、"想一想，做一做"、"知识储备"、"实践要点"和"实战演练"等特色模块；此外，书中还采用了大量的图表，以文字与图表相结合的方式进行写作。

本书是集体智慧的结晶，倾注了全体编写人员的热情与汗水，这也是对我们多年从事旅行社经营管理研究与教学实践的总结。本书由潘燕和李志强共同担任主编。全书共分为16个项目，项目1、项目2由王佳编写，项目3、项目9、项目16由李志强编写，项目4、项目11由曾聪编写，项目5、项目6、项目13由涂远芬编写，项目7、项目12由李玲编写，项目8、项目10由吴强编写，项目14、项目15由周燕编写，全书由潘燕拟定编写提纲，李志强统稿，最后由潘燕定稿。

本书参考了大量文献、资料与图片，我们力争在参考文献中全部列出，但仍有一部分难以寻找出处，恳请这些参考文献、资料与图片的作者原谅，同时也向他们表示衷心的感谢！

鉴于作者的视野和学术水平有限，书中难免有一些不足之处，敬请专家和广大读者批评指正。

目　录

项目 **1** 了解旅行社的发展，透析旅行社的性质和职能

■ 学习目标

■ 知识目标

1. 了解国外旅行社的产生与发展。

2. 熟悉中国旅行社的产生与现状。

3. 掌握旅行社的性质和职能。

■ 技能目标

1. 能够全面分析国内外旅行社的发展历程。

2. 会运用相关知识对旅行社的性质和职能进行分析。

■ 案例目标

运用相关知识分析案例，加深学生对旅行社发展历程和旅行社职能的理解，以此拓宽知识面。

■ 实训目标

通过实训，让学生就国内外旅行社的发展进行对比，并分析它们在性质上的区别，以便完全透析本项目内容，并提升其分析能力。

■ 教学建议

1. 共用4课时，其中理论课3课时，实践操作课1课时。

2. 将教师的教授和学生的自学分析相结合，并让学生在课前和课后查找大量的资料，在课堂中进行反馈，多给出相关案例让学生分组讨论，提高学生的分析和判断能力。

3. 授课过程不局限于上课时间，还可以利用周末时间到旅行社市场中进行调研等，学校需要与本地旅行社有良好的合作关系，以利于该项目的顺利开展。

学习任务 ❶ 了解旅行社的发展历程

【想一想，做一做】

世界旅游之父——托马斯·库克

托马斯·库克（1808—1892），英国旅行商，出生于英格兰。库克是近代旅游业的先驱者，被尊称为"世界旅游之父"，他是第一个组织团队旅游的人，是旅游界的伟人，是一个值得去学习和敬佩的人。19世纪中期，托马斯·库克创办了世界上第一家旅行社——托马斯·库克旅行社（即通济隆旅行社），标志着近代旅游业的诞生。

1841年7月5日，托马斯·库克包租了一列火车，运送了570人从莱斯特前往拉夫巴勒参加禁酒大会，往返行程22英里，团体收费每人1先令，免费提供带火腿肉的午餐及小吃，还有一个唱赞美诗的乐队跟随。这次短途旅游活动标志着近代旅游及旅游业的开端。此后，库克率先在英国正式创办了通济隆旅行社，专门经营服务业务。托马斯·库克与他的旅游社蜚声于英伦三岛。为此，托马斯·库克被世界公认为商业性旅游的开山鼻祖。

1845年夏，托马斯·库克自任领队，组织了350人的消遣观光团去利物浦旅游，并编发了导游手册。

1851年，库克组织了有16.5万多人参加的"伦敦水晶宫"世界博览会。

1855年，库克组织了从英国莱斯特前往法国巴黎的旅游，在巴黎停留游览4天，全程费用一次性包价，这也是世界上组织出国包价旅游的开端。

1872年，库克自任导游，第一次开办了有10人参加、历时70天的环球旅游。

1872年，库克创办了最早的旅行支票，可在世界各大城市通行，通济隆旅行社还编印了世界上最早的旅行杂志。该杂志曾被译成七国文字，再版达17次之多。

1878年，库克退休，业务由其子约翰·梅森·库克主持。1939年，通济隆旅行社在世界各地设立了350余处分社。

想一想

请归纳"世界旅游之父"的创业历程。

📚 知识储备

1.1 国外旅行社的产生与发展

1.1.1 国外旅行社的产生

就世界范围而言，人类历史上第一家旅行社创建于19世纪40年代，这与当时特定的社会历史背景密切相关。

首先，工业革命的成功为旅行社的产生奠定了物质基础。18世纪中期，始于英国并迅速扩展到欧洲大陆及北美的工业革命，极大地提高了社会生产力，改变了当时世界的经济结构和社会面貌。铁路的兴建与发展，不仅为人们节省了旅行费用和旅途时间，而且在铁路沿线出现了不少供过往行人食宿之用的客栈、旅馆和餐馆等服务企业。这在客观上为旅行社赖以生存与发展的旅游服务供给网络的形成提供了前提保障。

其次，旅游需求普遍化为旅行社的产生提供了现实的可能性。工业革命加速了社会生产力的发展，提高了人们的经济收入，对一些人来说这意味着他们具备了一定的出游能力，而实际出游却存在着种种困难，需要专门有人为他们提供相应的服务，以解除旅行后顾之忧，这为旅行社的产生提供了现实的可能性。

再次，市场经济的发展为旅行社的产生创造了必要的社会条件。随着市场经济的发展，伴随着各类有形贸易的往来，出现了以服务为主体的无形产品的交易活动，尤其是人们对以消遣为主要目的的旅游产品的需求急剧上升，导致了旅行社的产生。

综合以上条件，1845年世界首家专门从事旅行代理业务的企业——托马斯·库克旅行社在英国问世，并取得了巨大成功。随后，欧洲国家和世界其他国家也纷纷成立了许多类似的旅游企业，极大地促进了旅游业的发展，并形成了一个新的行业——旅行社业。

旅行社产生的背景如图1-1所示。

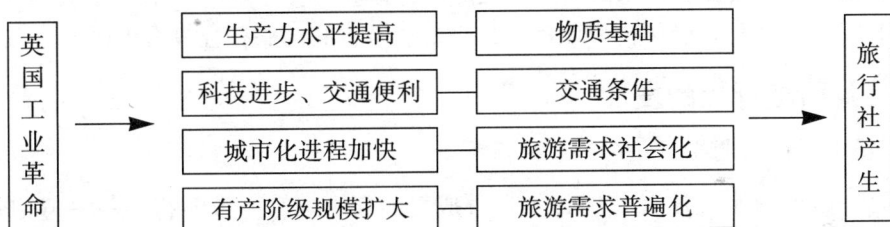

图1-1　旅行社产生的背景

1.1.2　国外旅行社的发展

1. 初创阶段（1845—1937年）

从1845年至1914年第一次世界大战爆发前，旅行社主要经营以轮船、火车为主要交通工具的国内旅行和短途国际旅行。这一阶段成立的旅行社有：1850年成立的美国运通，1890年分别在法国和德国成立的观光俱乐部，1893年在日本成立的"喜宾会"。到20世纪初，美国运通、英国托马斯·库克和以比利时为主的铁路卧车公司成为当时旅游业的三大巨头。从1917年到第二次世界大战爆发前，旅行社推出的旅游产品内容有了一定的更新，除观光旅行外，还有探险旅游等新品种，人们不仅可以选择火车、轮船旅行，还可以乘坐大型汽车上路，出行范围同时得以扩大。

其特点表现为：数量少、规模较小、产品品种少。

2. 成长阶段 [1945（特别是60年代后）—20世纪90年代初期]

成长阶段的表现是：社会化大众旅游需求在世界各地迅速普及。因为在这一时期，喷汽式飞机开始装备到民航，大大缩短了人们的旅行时间；生产力的发展使人们进一步从繁重的体力劳动中解脱出来，旅游需求有所增加；城市化进程使人们的旅游需求继续增加；此外，人们还可以不同程度地享受带薪假期。

其特点表现为：旅行社数量和营业额大幅增加，产品更加丰富。

3. 成熟阶段（20世纪90年代中期以后）

进入20世纪90年代中期以后，一些旅游发达国家旅行社的总体数量基本稳定，达到每万人就拥有一家旅行社或旅行社营业点的饱和水平。

其特点表现为：旅行社业的发展由粗放型的数量增长阶段进入了集约型的质量增长阶段。

1.2 我国旅行社的产生

我国旅行社的产生与西方旅行社产生的历史背景截然不同，它是在受到外来经济和文化入侵的影响下产生的。

1923年，上海商业储蓄银行总经理陈光浦与同事商议，决心创办旅行部，办理国人旅游业务。1923年8月，北洋政府正式批准设立旅行部。1927年，旅行部从上海商业储蓄银行独立出来，创立中国旅行社（现为香港中国旅行社股份有限公司），这是我国历史上最早的一家由国人开设的旅行社。

1923—1949年，受国内外政治、经济的影响，我国旅行社没有大的发展。

1.3 我国旅行社的发展

1.3.1 开创时期（1949—1983年）

这一时期的旅行社有：1949年11月成立的新中国第一家旅行社——厦门华侨服务社（现名厦门中国旅行社），负责接待海外华侨、外籍华人、港澳台同胞，属于侨务系统；1957年组建的华侨旅行服务社总社及其分社（1974年更名为中国旅行社）；1954年在北京成立的中国国际旅行社总社及分支社，负责接待外国自费旅游者，由国务院及地方政府的外事办公室领导；1980年在北京创办的中国青年旅行社总社及分支社。

这一时期我国旅行社发展的主要特征如下：第一，旅游经营活动长期作为外事工作的一部分存在，旅行社属行政事业单位；第二，中国旅行社的产业地位尚未确立，旅行社行业发展尚处于初期；第三，旅行社经营的业务范围比较单一，入境旅游占绝对优势。

1.3.2 迅速发展时期（1984—1994年）

1. 1984—1988年

1984年以后，随着经济体制改革的深入，我国旅行社的管理体制得以革新：

一是打破垄断，放开经营旅行社，下放外联权，允许更多的旅行社经营国际旅游业务，但旅行社必须是国有企业；二是旅行社由行政或事业单位改为企业，我国旅行社得到了大的发展。1985年颁布了我国旅行社业的第一部管理法规——《旅行社管理暂行条例》，对旅行社的企业性质作出了明确规定。1988年，我国旅行社猛增至1 573家，从此彻底打破了我国旅行社行业被三家旅行社垄断的局面。1988年，我国的国内旅游已超过3亿人次，旅游支出达187亿元。

这一时期我国旅行社业发展的特点如下：第一，旅游外联权的下放打破了"三家垄断"的局面，旅行社行业作为一个相对独立的经济行业开始形成一定的规模；第二，政府开始将旅行社行业作为相对独立的经济行业实施有效管理；第三，旅行社的业务由发展初期的单一入境旅游发展成为入境旅游与国内旅游并举的现状。

2. 1989—1991年

在这一时期，海外来华游客数量大幅度下降，导致许多旅行社关门、转向，市场上出现了无序竞争。我国旅行社数量由1989年的1 617家下降为1991年的1 561家。

3. 1992—1994年

在1992年之后，我国掀起了改革开放的新浪潮。当年的来华游客数量和旅游创汇均以超过30%的高速度增长。1992年中国观光年的举办，对我国旅游业的迅速恢复也起到了积极的推助作用；1992年，我国政府开始允许中国公民出国探亲和旅游，出境旅游开始崛起。

1.3.3　调整时期（1995年至今）

1995年，我国颁布了《旅行社质量保证暂行规定》，标志着国家旅游局对旅行社实行行业管理的两个巨大转变：一是适应国际旅游法制化管理的潮流，采取切实有效的措施保护旅游消费者的合法权益；二是引导旅行社行业发展由单纯追求行业规模向追求企业素质转变，并希望通过这一转变改善旅行社行业的市场秩序。1996年10月，国务院颁布了《旅行社管理条例》，对我国的旅行社行业又进行了重大调整。1997年年底，我国共有国际旅行社991家，国内旅行社3 995家。2009年5月，《旅行社条例》正式实施，对我国旅行社行业的发展产生了重要影响。

实践要点

1. 国外旅行社的产生背景主要有：工业革命的成功为旅行社的产生奠定了物质基础；旅游需求普遍化为旅行社的产生提供了现实的可能性；市场经济的发展为旅行社的产生创造了必要的社会条件。

2. 欧美等地的旅行社自19世纪下半叶以来，飞速发展，不断成熟，成为世界旅行社的先导。

3. 我国的旅行社产生于20世纪20年代，共经历了三个发展阶段，即开创时期、迅速发展时期和调整时期。

实战演练

- 主题：美国运通旅行社的发展历程
- 目的：掌握分析旅行社发展历程的方法
- 过程设计

1. 结合教学内容分析资料。

2. 讨论美国运通旅行社160年的发展历程。

3. 可按每组5~6人进行分组讨论，各组讨论后，推选一名代表上台演讲。

- 情景再现

美国运通旅行社是美国最大的旅行社，也是世界最大的旅行社。该旅行社于1850年在美国的纽约州包法罗市建立，起初经营货物、贵重物品和现金的快递业务。1882年，美国运通公司推出自己的汇票，并且立即获得成功。

1891年，美国运通公司推出第一张旅行支票。美国运通公司以良好的信誉为其所发行的旅行支票作担保，并且保证接受这种支票的人不会蒙受任何损失。它不靠发行旅行支票的手续费盈利，而是靠运用每年数十亿美元的浮存进行投资赚钱。同年，美国运通公司建立欧洲部，并于1895年在巴黎建立了第一家分公司，随后又先后在伦敦、利物浦、南开普敦、汉堡和不来梅等城市建立了分公司。

在旅游市场巨大发展潜力的诱惑下，美国运通公司于1915年设立了旅行部。1916年，旅行部组织了很多的大型旅游团，其中包括分别前往远东地区和阿拉斯加的旅游客轮与前往尼亚加拉大瀑布和加拿大的包价旅游团。1922年，美国运通公司开始经营通过巴拿马运河的环球客轮旅游。在整个20世纪30年代，美国运通公司开始实施大规模的国内旅游业务计划，创办了著名的乘火车前往美国西部地区旅游的"旗帜旅行团"，项目包括交通、住宿、游览观光和餐饮等内容。

第二次世界大战结束以来，美国运通公司获得了巨大发展，现已成为世界上最大的旅行社和金融集团。除了旅行部和旅行支票部之外，美国运通公司还设有银行部、投资部和保险部。另外，美国运通公司发行的信用卡还是国际通用的主要信用卡之一。

资料来源：广东轻工职业技术学院的《旅行社经营管理》精品课件。

学习任务 ❷ 透析旅行社的性质和职能

【想一想，做一做】

2010年3月，上海世博局正式向江西省相关部门发来了"关于上海世博会世博游指定旅行社资质证明的函"，重申江西ABC旅行社是江西省唯一的一家上海世博会"世博游指定旅行社"，并特别强调上海世博局仅向"世博游指定旅行社"发放了登录系统的密钥、账户和密码，其他机构均无法登录系统开展团队票预订业务。

3月18日，记者从江西ABC旅行社了解到，"周末世博游"的报名非常火爆。首发团的名额已经不足100人，从今日起各门市将对首发团的报名工作进行控制。

"很有可能出现'抢'名额的情况。"江西ABC旅行社世博组负责人王经理说。江西省"世博游"的首发团名额为1 300个，名额报满后旅行社是不可能再争取到名额的。记者在采访中还了解到，由于上海世博会开幕初期大批的游客涌向上海，5月1日至5月7日之间，江西ABC旅行社只争取到了限量的入园参观名额，经过前期的报名，目前剩下的名额已经不多。

"不过，5月7日以后，旅行社每天都会发团。"王经理向记者透露，5月7日以后每天可申请到1 000个以上的名额，可以保证每天都正常发团。而在6月份，随着中高考结束、中小学生陆续放暑假，旅行社将有针对性地推出"亲子游"产品，其首发团预计在端午节发团，而6月底将迎来亲子游的高峰。在"亲子游"首发团中，需要家长陪同出游的低龄孩童可以享受到一系列的优惠政策，比如1.2米以下的儿童，只需缴纳门票费和在上海的交通费用等。

资料来源：改编自大江网中《信息日报》的相关内容。

想一想

旅行社有哪些职能？

知识储备

2.1　旅行社的性质

旅行社自产生至今已有160多年的历史，而业界对旅行社的概念及其性质的阐述却不尽一致。如果暂时撇开影响旅行社的各种社会因素，从经济的角度来分析，我们对旅行社可作出如下的定义：旅行社是沟通旅游产品生产者与消费者的重要流通环节，是通过提供中间商服务获取收益的企业。

2.1.1　旅行社是旅游中间商

一个人外出旅游，需要购买各种服务，无论是预订机票、客房，还是观光游览，这些产品都可从旅行社预购。但这些由旅行社提供的产品是由相关的旅游生产者生产的，旅行社只是预售这些服务和服务组合；这些服务也可由生产者直接出售，但通过旅行社出售一般是一种更为方便的选择。因此，旅行社实际上扮演着中间商的角色。

2.1.2　旅行社是通过提供旅游中介服务获取收益的企业

旅行社是企业，必须以营利为目的才能维持其生存与发展。旅行社通过设计加工旅游线路、组合旅游产品为旅游者提供中介服务而获取利润。旅行社的利润主要来自其作为中间环节的批零差价,来自其提供代理服务的佣金。

根据我国《旅行社条例》的规定,"旅行社是指从事招徕、组织、接待旅游者等活动,为旅游者提供相关旅游服务,开展国内旅游业务、入境旅游业务或者出境旅游业务的企业法人。"相关旅游服务主要包括:安排交通服务,安排住宿服务,安排餐饮服务,安排观光游览、休闲度假等服务,导游、领队服务,旅游咨询、旅游活动设计服务。

在我国必须同时具备旅游行政管理部门审批颁发的"旅行社业务经营许可证"、以营利为目的、从事旅游业务这三个基本条件的企业,才可称为旅行社。事实上,这进一步明确了旅行社与非旅行社的标准。

2.2 旅行社的职能

旅行社的基本职能是设法满足旅游者在旅行和游览方面的各种需要,同时协助交通、饭店、游览景点、娱乐场所和商店等旅游服务供应部门与企业将其旅游服务产品销售给旅游者。具体地讲,旅行社的职能可分为以下四个方面(见表1-1)。

表1-1 旅行社基本职能与主要表现形式

旅行社基本职能	主要表现形式
生产职能	设计和开发包价旅游产品与组合旅游产品
提供信息的职能	向有关部门(企业)提供旅游市场信息;向游客提供出游信息及景区等部门变动情况;向旅游生产者提供客源市场需求变动信息
组织协调的职能	组织各种旅游活动;协调与各有关部门(企业)的关系
促进地区经济发展的职能	旅行社所组织的旅游活动可带动包括交通、民航、饭店、餐饮、商业、娱乐、保险和教育等一系列有关行业的发展

2.2.1 生产职能

旅行社按旅游业务要求对部分产品进行设计、组合制订出整体的旅游计划,落实路线、交通工具、食宿和游览节目等一系列服务。对于旅游者来说,只有旅馆而没有车辆,有了车辆而没有线路安排,有了路线而没有导游服务,都不能实现较理想的旅游。在整个行、住、食、游、购、娱的过程中,旅行社对那些单独分散的劳务和商品进行综合加工,才能使之变成为旅游者所需的产品,即产生交换价值和商品价值。可见,旅行社确实具有生产职能。

2.2.2 提供信息的职能

旅行社通过销售和服务,除对旅游者的爱好、要求和意见等有较全面的了解外,还对旅游地的设施、服务质量、土特产品和餐馆质量等也有全面的了解,这些信息既可以提供给其他旅游业同行,促进相互之间的组合,也可以提供给旅游者使他们作出更好的选择。

2.2.3 组织协调的职能

旅行社将旅游产品,如旅游票出售给旅游者后,绝不意味着工作的结束;相反,这意味着许多组织协调工作的开始。旅游过程中的交通、食宿、游览、娱乐、购物，都需要旅行社仔细、周密地进行组织协调，这样才能保证旅游者顺利、安全、舒适地享受外出游览的乐趣。

2.2.4 促进地区经济发展的职能

旅游是一项综合性的系统工程，发展旅游业能带动各行各业的发展。旅行社所组织的旅游活动，必然带动包括交通、民航、饭店、餐饮、商业、娱乐、保险和教育等一系列有关行业的发展，并对社会工、贸、农、科、教、文各界乃至全国各地联系交往可以发挥职能的先导作用、服务作用和桥梁作用。

实践要点

1. 旅行社的性质主要包括：旅行社是旅游中间商，是通过提供旅游中介服务获取收益的企业。

2. 旅行社的职能主要包括：生产职能、提供信息的职能、组织协调的职能和促进地区经济发展的职能。

3. 旅游是一项综合性的系统工程，发展旅游业能带动各行各业的发展。

实战演练

- 主题：汶川大地震对旅行社的影响
- 目的：分析旅行社的性质与职能
- 过程设计

1. 结合教学内容分析资料。

2. 请学生谈谈旅行社在灾难发生时需要做好哪些工作。

3. 恢复旅游业务要做哪些工作？

- 情景再现

在2008年汶川大地震后，四川省旅游局估算，四川旅游业直接损失超过500亿元。而广东旅游界人士表示，保守估计广东旅行社因汶川地震损失也过亿元。作为西部老大的广东NH旅行社损失相对惨重。

广东NH旅行社国内游负责人梁某表示，就受困的团队而言，该社损失只有五六万元左右，但是这半个月来，该社的损失已经近3 000万元。"针对地震受困团队我们只补贴了部分机票钱，但是随后取消的团队以及整个四川旅游停止，影响就进一步扩大。"据业内人士透露，该旅行社占有广州乃至广东西部旅游市场最大的份额，营业额占广州市场的30%左右。

该社副总经理郑某表示，虽然受影响较大，但是该社正在尽力减少损失，目前最重要的还是抗震救灾。

四川受灾地区本身就有很好的旅游资源，而且之前在国内外也有相当的知名度，在本次地震中，虽然很多景区受损，但是九寨沟、黄龙等著名景区基本没受什么影响，因此可以在灾后重建的时候保留一些遗址，把这次特大地震灾难作为一次历史性事件记录下来，作为一个爱国主义教育基地，以表达对死难者的哀思和为后人提供警醒。

资料来源：改编自中国旅游网。

本项目总结

知识梳理

1. 旅行社的发展历程
① 国外旅行社的产生与发展　② 我国旅行社的产生　③ 我国旅行社的发展
2. 旅行社的性质和职能
① 旅行社的性质　② 旅行社的职能

主要概念

旅行社　生产职能　组织协调职能

习题与技能训练

1. 填空题
① 旅游需求的_____为旅行社的产生提供了现实的可能性。
② 旅游是一项_____的系统工程，发展旅游业能带动各行各业的发展。旅行社所组织的旅游活动，对社会工、贸、农、科、教、文各界乃至全国各地联系交往可以发挥职能的_____、_____和_____。
2. 判断题
① 工业革命的成功为旅行社的产生奠定了物质基础。（　）
② 到20世纪初叶，旅行社得到了更大的发展，美国的运通公司、英国的托马斯·库克公司和日本的富士山旅游公司成为当时世界旅行社行业的三大巨头。（　）
③ 在我国必须同时具备旅游行政管理部门审批并颁发的"旅行社业务经营许可证"、以营利为目的、从事旅游业务这三个基本条件的企业，才可称为旅行社。（　）
3. 名词解释
旅行社　生产职能
4. 简答题
① 就世界范围而言，旅行社产生的背景有哪些？
② 旅行社的性质有哪些？
③ 旅行社有哪些职能？试述旅行社在现代旅游业发展中的作用。

项目 **2** 掌握旅行社的设立要求

■ 学习目标

■ 知识目标

1. 了解旅行社设立的基本程序。

2. 熟悉旅行社组织机构的设置。

3. 掌握旅行社不同种类的产权形态。

■ 技能目标

1. 能运用相关知识进行旅行社组织机构的设置。

2. 能够分析旅行社的各类产权形态。

■ 案例目标

通过案例的学习，让学生感受到旅行社的设立过程、机构设置的复杂性，使学生了解旅行社的设立程序及熟悉旅行社组织机构的设置。

■ 实训目标

通过实训，让学生将旅行社设立的程序等法规程序运用于实践，并能够有针对性地进行旅行社组织机构设置，做到理论和实践的有机结合，提高学生对本项目知识的掌握程度。

■ 教学建议

1. 共用6课时，其中理论课4课时，实践操作课2课时。

2. 适当安排考察旅行社活动，让学生直观地了解旅行社。

3. 多讲一些案例，增强内容的生动性。

学习任务 ❶ 了解旅行社设立的基本程序

【想一想，做一做】

2000年12月至2001年1月间，黎某、杜某等人以北京ZT旅行社接待部的名义，租用北京某饭店203房间作为经营场所，并以北京ZT旅行社的名义发布广告，在收取游客大量旅游款和购票订金后携款潜逃，此案共涉及游客355人，全额99万余元，堪称旅游业大案。此案系北京ZT旅行社内部管理混乱将部门随意承包所致，北京市旅游局在认定责任后，依据有关规定强制该社停业整顿，并动用其10万元服务质量保证金对游客进行了补偿。

想一想

从上面的案例中，你获得了哪些启示？

知识储备

1.1 旅行社设立的硬性条件

1.1.1 固定的营业场所

建立旅行社需要一定的营业场所，营业场所可以是旅行社拥有的固定资产，也可以是旅行社租借他人的场所，租借期最少要一年。旅行社作为固定的营业机构，营业场所面积不能过小，一般来讲旅行社的营业场所面积不能低于30平方米。

1.1.2 必要的营业设施

旅行社必要的营业设施包括传真机、直拨电话、电脑联网以及业务用车等。

1.2 旅行社设立的软性条件

1.2.1 人员素质要求

旅行社的工作具有服务的直接性、业务的时效性、工作的繁杂性、知识的广博性和联系的广泛性等特点，这些特点对旅行社从业人员的素质提出了一定的要求。

1. 正确的从业动机。近年来，我国旅行社行业已经进入微利时代，且旅行社工作繁杂、辛苦，回报不高，这就要求旅行社从业人员应具备正确的从业动机，能够在旅行社的实际工作中踏实、用心、努力地工作。

2. 知识结构。作为旅行社的管理人员，其知识结构应包括广博的经营管理知识和丰富的旅游知识。作为旅行社的普通从业人员，要具备与各个职位相应的行业知识，需要实践经验。

3. 能力水平。知识经过反复的实践和总结会转化为现实的能力。在当今社会，能力是一个相当重要的竞争因素。旅行社管理人员作为旅行社的领导者，引领着旅行社的发展方向和发展水平，必须具备决策能力、业务开拓能力、应变能力和人际交往能力。作为旅行社的普通从业人员，需要具备快速反应能力、人际交往能力、较强的记忆力和亲和力，并且需要耐心和细心。

4. 身心条件。所有的旅行社从业人员均应当具有良好的心理素质和健康的身体。良好的心理素质包括工作热情、耐心、乐观的态度和较强的自我控制能力。如果从业人员具备这些积极的心理素质，如热情，就会直接感染周围的人们，从而使旅行社的工作人员能互相激发斗志，更加热衷于自己所从事的事业。

1.2.2 资金要求

经营国内旅游业务和入境旅游业务的旅行社注册资金不少于30万元，并应存入质量保证金20万元；需经营出境旅游业务的旅行社，注册资金不少于30万元，并应增存质量保证金120万元（共140万元）。

1.3 旅行社设立的程序

旅行社的设立需要经过酝酿、准备、申办三个阶段。

1.3.1 酝酿阶段

1. 了解旅游业大环境。即了解世界旅游业与国内旅游业的发展状况、趋势，以及该地区旅游业的发展水平和发展趋势等，此外还必须了解国家有关政策与法律规定。

2. 调查竞争对手。即对本地旅行社的经营动态、主营路线、竞争优势、产品特色、价格策略和目标群体等进行调查，做到"知己知彼"，从而找准有别于他人、有利于自身发展的市场定位和细分领域，这样才能保证旅行社前期运作的成功。

3. 建立协作网络。旅行社需要向旅游者提供包含"吃、住、行、游、购、娱"在内的众多服务，旅行社本身无法提供如此庞大繁杂的服务，这就需要宾馆、交通等行业的协作，协作网络的建立是旅行社开展业务的前提和保障。旅行社创立者的"人脉"，是保障旅行社前期顺利发展的重要因素。

1.3.2 准备阶段

1. 资金筹措。开办旅行社所需的资金由创办费用和营业费用两大部分组成。创办费用是指因旅行社开张而必须支付的各种费用，如申请营业许可证费用、咨询费、营业场所租金等。营业费用是指旅行社正式开业后与业务经营有关的各项费用支出，如工资、宣传费用等。

2. 经营场所。旅行社的经营场所来源有两种：一是申办人自有场所，二是租借场所。如是自有场所，申办人在申办时应向旅游行政管理部门提供产权证明和使用证明；如为租借场所，申办人需向管理部门提供租借期不少于一年的租借协议。

3. 名称、形象、标志设计。名称、形象和标志都属于企业的VI，即视觉识别体系。建立旅行社的视觉识别体系，应考虑很多因素，如旅行社的发展定位、市场细分、价值理念、愿景等。VI应能很好地体现出上述影响因素，因为VI是旅行者对旅行社的最初印象和旅行社代名词。VI应设计得朗朗上口、大气生动、令人过目不忘。

4. 招聘培训员工。根据预先设想的规模组建管理层班子，如各副总和总监，然后招聘中层管理者、普通员工和导游。一般而言，财务部、人事部、总经办等日后成为辅助功能部门的建制应先期做好；否则会影响后续的工作，如人事部门若不先建立，就不能很好地开展招聘培训工作。

5. 办公设施、办公用品的购置。做好办公设施、办公用品的存档和标号工作，务必从一开始就建立一家财产管理清晰的旅行社。

6. 收集、订阅资料。收集、订阅资料是指要做好旅游资料的收集，订阅旅游刊物、杂志、报纸，作出本社的旅游资料，包括旅游线路总汇、旅游线路推荐、景点推荐、各单项服务和单位介绍等宣传资料。

7. 建立预订系统和相关制度。科学的预订系统可以提高旅行社的工作效率和质量，目前，网络预订客户所占比重已不断扩大且上升趋势强劲，国内外知名旅行社都拥有自己的预订系统和客服预订专员。

1.3.3 申办阶段

在准备阶段完成后，拟创建旅行社就进入了申办阶段，旅行社申办人在申办时要提交很多相关文件，文件汇总如表2-1所示。

表2-1 申请设立旅行社要提交的文件

① 设立申请书。内容包括申请设立的旅行社的中英文名称及英文缩写，设立地址，企业形式、出资人、出资额和出资方式，申请人、受理申请部门的全称、申请书名称和申请的时间
② 法定代表人履历表及身份证明
③ 旅行社的章程。内容包括旅行社的宗旨、经营范围和方式、经济性质、注册资金额和来源、组织机构和职权、财务管理制度、劳动用工制度，对旅游者承担的责任和其他应说明的问题
④ 依法设立的验资机构出具的验资证明
⑤ 经营场所的证明
⑥ 营业设施、设备的证明或者说明
⑦ 工商行政管理部门出具的"企业名称预先核准通知书"

在整理好上述资料后，申办人即可按流程办理各项手续。

1. 申请营业许可。申请设立的旅行社经营国内旅游业务和入境旅游业务的，应当向所在地省、自治区或直辖市旅游行政管理部门提出申请，并提交相关文件。

旅行社申请出境旅游业务的，应当向国务院旅游行政主管部门或其委托的省、自治区或直辖市旅游行政管理部门提交旅游行政管理部门出具的证明其经营旅行社业务满两年且连续两年未因侵害旅游者合法权益受到行政机关罚款以上处罚的文件。

2. 办理注册登记。申请人经旅游行政管理部门审核批准后，应当持旅行社业务经营许可证向工商行政管理部门办理营业执照，办理登记注册手续。旅行社营业执照的签发日期为该旅行社的成立日期。

3. 办理税务登记。申办人应在规定时间内持旅游行政管理部门的批准文件及许可证向工商行政管理部门办理开业税务登记，申请税务执照。税务登记结束后，旅行社即可依据营业执照刻制公章、开立银行账户、申领发票。至此，旅行社即告成立，并可经营旅游业务。

4. 设立旅行社分支机构。旅行社设立分社的，应当持旅行社业务经营许可证副本向分社所在地的工商行政管理部门办理设立登记，并自设立登记之日起3个工作日内向分社所在地的旅游行政管理部门备案。

旅行社每设立一个经营国内旅游业务和入境旅游业务的分社，应当向其质量保证金账户增存5万元；每设立一个经营出境旅游业务的分社，应当向其质量保证金账户增存30万元。

旅行社设立专门招徕旅游者、提供旅游咨询的服务网点都应当依法向工商行政管理部门办理设立登记手续，并向所在地的旅游行政管理部门备案。

实践要点

1. 旅行社设立的条件包括硬性条件和软性条件两大部分，具体包括固定的营业场所、必要的营业设施以及人员的素质和资金要求。

2. 旅行社设立的程序要经历酝酿、准备、申办三个阶段。

实战演练

• 主题：模拟设立旅行社

• 目的：了解设立旅行社的条件及基本程序

• 过程设计

1. 制作申请设立模拟旅行社的全套资料；

2. 可按每组5~6人进行分组，各组分别进行全程模拟；

3. 以教室为旅行社设立的场所，以学生寝室现有的材料为器具，学生们分别扮演相关人员模拟旅行社的设立程序。

学习任务 ❷ 熟悉旅行社的组织机构设置

【想一想，做一做】

西宁ZY青年旅行社直属外联部、计调部、散客部、接待部、导游与翻译部、办公室和财务部七个部门，下设M宾馆，共有职工50人。

西宁ZY青年旅行社设董事会，董事会是旅行社乃至集团的最高权力机构和决策机构；实行总经理分管负责制，两位总经理分别负责旅行社和M宾馆的日常工作，财务相对独立，分开核算。

一、总经理

总经理作为投资经营者和企业法定代表人，全面负责公司的经营管理工作。对公司享有决策权、最终决定权和行政指挥权；有对人员的调动、任免、聘用、奖罚权和对资金、物资的调度处置权；有对公司运行情况的监督协调权；还有法律法规规定的其他权利。

二、副总经理

副总经理是总经理的工作助手，在总经理的授权下，协助总经理主持、处理公司的日常工作。受总经理领导，对总经理负责。具体负责市场研究、经营管理、成本预算、效益核算，参与公司发展规划和工作计划的制订，协调各部门和有关方面的工作。

三、外联部

外联部是公司对外联络、收集信息的部门，担负着建立对外协作网络的重任，负责与宾馆、交通、餐饮、商店、娱乐、兄弟旅行社、旅游景点及保险部门保持良好的合作关系，为畅通旅游渠道、销售旅游产品做好前期准备和善后工作。

四、接待部

接待部是公司的窗口之一，负责公司业务受理、团体旅客接待、具体执行线路、实施旅游计划、听取旅客意见并处理突发事件，系统培训与接待工作有关的员工，考察和监督公司的接待工作，会同导游与翻译部等部门，树立、保持良好的企业形象。

五、导游与翻译部

导游与翻译部是公司直接为旅客服务的部门，是公司对外的重要窗口，负责导游、翻译业务和对导游、翻译人员的管理，并规范导游、翻译服务。

六、计调部

计调部是公司负责计划调控的核心部门，具体负责制订旅行计划，提供旅游产品，并对旅游产品实行统一定价、统一调控、统一经营、统一研究。

七、散客部

散客部是公司对外的又一个重要部门和窗口，负责散客接待、组织、线路推荐、旅行安排等工作，制订和实施散客旅行计划。

八、财务部

财务部负责公司财务的全面工作，健全会计制度，管理公司器材设备和资产，执行国家经济法规，编制公司资金计划和年度预决算，进行经济分析，受总经理领导并向总经理负责。

九、办公室

办公室负责公司日常行政、人事、档案、法律、后勤、秘书业务以及福利、劳动保险等工作，协调和监督各部门职能的履行，开展公司工作总结，与政府主管机构和有关部门建立和保持良好的工作关系，接受有关部门的检查与监督。

想一想

上述旅行社的组织结构设计存在哪些问题？应如何去完善？

知识储备

2.1　旅行社机构设置的原则

组织设置是指通过设计任务结构和权力关系来协调各方面人员的行动，以确保组织目标的实现。旅行社机构设置的原则包括以下几个方面。

2.1.1　旅行社业务的特点与生产的专业化程度

专业化越发展，每位员工的生产活动就越集中，可以集中到某一个步骤。生产专业化的优点在于将复杂的工作分解成若干个具体环节，并使每个环节更容易掌握；缺点是专业化将工作变成了简单的重复性活动，容易使人厌烦，且看不到完整的工作成果，没有成就感。

同时，不同业务范围的旅行社因其经营管理理念、主营业务侧重点等方面的不同，组织结构会有所不同。例如，以经营团体海外批发业务为主的旅行社，其组织结构中团体部不占据重要地位；而以同业批售为主的旅行社，其结构特点是以票务部、财务部和团体部为主要部门。

2.1.2　部门化状况

部门化是指按照某种需要对细分工作进行组织，方法有产品导向的部门化、顾客导向的部门化、地理位置导向的部门化、职业导向的部门化和生产过程导向的部门化等。

2.1.3　管理跨度

管理跨度是指一个管理人员所具有的直接下属的数量。跨度小意味着直接下属人数少，即管理工作负荷量小，因此，如何确定合适的管理跨度是组织设计的关键。"合适"是指要能使管理工作易于进行，有利于专业化分工优势的发挥，考虑因素是管理人员、工作人员的素质和任务的性质。授权时要注意避免过度授权或授权不够，要选好授权对象，做到"权、责、利"的统一。

2.1.4　社会适应度

为了和当地的政治、经济、社会制度保持一致，并便于业务开展，旅行社的组织设计应与其他相关旅行社具有一定的相似性。

2.1.5　战略目标

不同的战略目标体现了不同的业务活动，结构设计也因此有所区别，因此，所有结构都会围绕旅行社的战略目标进行设计。

2.1.6　规模和发展阶段

旅行社的组织结构设计并不是一成不变的，旅行社的组织结构要随着旅行社的发展而调整，以适应旅行社业务动态。

2.2　旅行社机构设置的模式

2.2.1　旅行社主要组织结构类型

1. 平行部门式组织结构

图2-1所示的平行部门式的旅行社组织结构，是很多传统旅行社采用的组织结构设计方式。

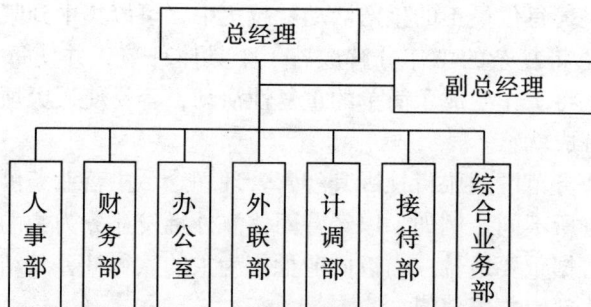

图2-1　平行部门式的旅行社组织结构

这种结构采取内部生产过程导向的部门化设计，其业务经营部门主要包括外联部、计调部、接待部和综合业务部，并配以人事部、财务部和办公室部门。这种结构在旅行社的组织设计中较为常见，其优点是部门专业化程度较高，上下级关系简单明确，有利于贯彻统一指挥的原则。其不足之处是人为地将相对简单的工作复杂化，增加了管理中协调的难度；这种结构还造成了各部门利益不均，造成组织内冲突增加；同时，这种结构会引起高层决策堆积、层级负荷加重，导致部门间缺少横向协调，对组织目标的共识有限，且创新能力差。

2. 一条龙组织结构

这是许多中小型旅行社都采用的方式，各部门独立负责从产品设计、外联组团、对外采购和旅行接待的全过程，部门内部人员都是全能型的。这种结构又有两种形式。

按市场设部：一些时间较长的旅行社有较多业务人员，拥有固定的客户，这些客户的需求可分为不同的市场，而根据不同的产品市场来设立部门可使内部各部门间业务相对独立，互不交叉，从而有效避免了旅行社内部各部门间的直接竞争。

混合设置：一些刚起步的旅行社，出于人手不够或目标不明等原因常采取混合设部的形式，部门间没有明确的分工，有时还存在竞争关系，这种方式不利于旅行社内部资源的优化配置。

3. 变化中的组织结构

平行式和一条龙的组织结构都有一定的缺陷，并且这些缺陷已引起重视，我国旅行社业务部门的组织结构正在发生变化。

外联部的变化。旅行社的业务中心和利润指标的重点逐步由接待部门转移到外联部门，外联部门本身也按不同市场划分为数个专业外联部门，如东南亚部、欧美部等。

接待部门的变化。接待部与外联部对应设部，专事接待；有的旅行社接待部门因自身业务较少而加强地联业务，具有接待和地联两种职能；有的接待部门则按照团体和散客设部。

计调部门的变化。计调部门的很多业务都已经转移到外联部门，很多旅行社不再设置计调部门。

通过以上分析可知，我国旅行社的部门设置正从业务导向转为产业导向，如以产业为中心的地理位置导向的部门设计，如图2-2所示。

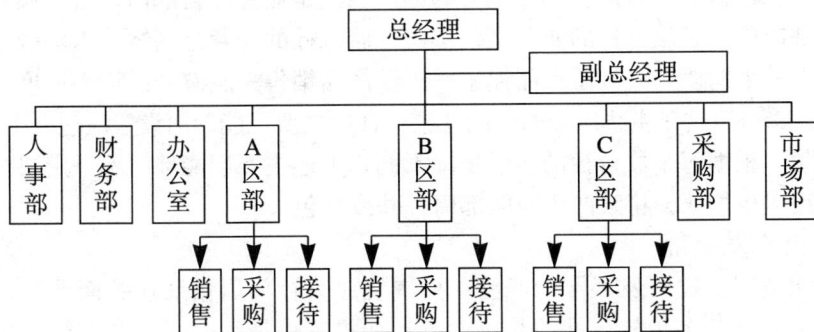

图2-2 我国产业导向型旅行社组织结构

图2-2中的组织结构和平行式组织结构的区别在于业务部门的设置方面，每一

个部门都有销售、采购、接待功能。其意图在于充分考虑旅游需求的区域共同性、综合性，促使各部门将全部精力集中在目标市场的开发方面，变内部竞争为外部竞争，有利于更好地了解和满足旅游者的需求。单设的采购部有利于旅行社的集中购买，采购部集中购买有利于拿到优惠的价格，然后再分配给A区、B区、C区等部门。市场部则致力于开拓新的客源市场。

这种结构使旅行社按旅游服务范围、市场或产品类别设立事业部，各事业部有相对的责任和权力，调动了各部门的积极性，使统一管理与专业化分工相结合，提高了经营管理的灵活性和对市场的适应性，发挥了各自的优势。同时，总经理可以从具体的经营管理事务中解脱出来，将主要精力放在决策和考核上，能更好地执行高层管理职能。总的来说，这种结构既利于业务衔接和利益分配，又利于二级核算、开辟新的地区业务及避免内部竞争，整体与局部效益显著。

但是，这种结构导致各部门间的协调难度较大，只适用于大型旅游集团公司和综合旅游企业。

2.2.2　旅行社主要业务职能部门设置

一个旅行社主要由三个大职能部门构成，一是旅行社的管理部门，二是旅行社的业务经营部门，三是旅行社的业务支持部门。

旅行社的管理部门是指在旅行社中从事经营计划、核算、指导、监督和协调等工作的部门，其职责是对业务经营部门的人员进行监督、指导和考核。这些部门主要有总经理办公室、人力资源部、行政部和财务部等。

旅行社的业务经营部门是指旅行社中直接参与业务经营的部门，是实现企业目标的操作部门，更是旅行社组织结构的主体。这些部门包括投资发展部、外联部、计调部、接待部、策划推广部和采购中心等。

旅行社的业务支持部门是指旅行社中为经营业务提供服务的部门，不直接参与业务经营。这些部门包括客户服务部、电子商务部等。

旅行社以营利为目的，其最核心的部门当然是业务经营部门，所以旅行社主要的职能部门应该是旅行社的业务经营部门。旅行社的经营是围绕"市场调度—旅游产品研发—采购谈判—旅游产品促销—旅游产品销售—旅游产品计划调度—旅游产品消费、接待"这条主线展开的，因此旅行社的主要职能部门设置应包含上述职能。

当然，根据每个旅行社的实际情况不同，上述主要职能部门不一定要全部都设置，有很多旅行社会将某两个职能部门合并或外包。

1. 投资发展部

职能范围：投资发展部的职能主要围绕旅行社门店拓展业务而展开，此部门从事的主要业务多为旅行社的起始业务，如投资决策等。所以此部门工作的成功与否在很大程度上制约着整个旅行社的经营效果。投资发展部的职能范围如表2-2所示。

表2-2　投资发展部的职能范围

一级职能	二级职能	三级职能
旅行社门店拓展业务	1. 经济、政策和产业动态调查分析	（1）国内外有关经济、政策和产业动态，本企业内部发展状况、外部各种因素的调查、收集工作 （2）对调查的内容进行分析和研究，拟订市场分析报告 （3）制定旅行社投资发展管理制度
	2. 投资管理	（1）负责旅行社各机构与门市的选址调查工作 （2）对投资项目进行投资分析 （3）制定与修订旅行社投资发展管理制度
	3. 旅游行政管理部门的关系协调	根据本企业的投资规划，负责与相应地区的旅游行政管理部门、旅游规划部门进行沟通协调
	4. 内部管理	（1）合理调配部门员工的工作 （2）部门经费的控制与管理 （3）定期对员工进行业务培训与考核

结构：旅行社投资发展部结构较为简单，一般设有投资发展经理，下设有投资专员。

2. 策划推广部

职能范围：策划推广部的职能围绕旅游产品策划与市场推广展开，即根据旅行社市场细分与定位管理进行旅游产品策划，安排市场推广活动推销所设计的旅游产品，在整个产品设计推广的过程中树立品牌意识，进行品牌管理。策划推广部是旅行社重要的部门，对注重特色化经营、注重文化性产品生产和长线经营的旅行社尤为重要。策划推广部的职能范围如表2-3所示。

表2-3　策划推广部的职能范围

一级职能	二级职能	三级职能
旅游策划与市场推广	1. 旅行社市场细分与定位管理	（1）制定旅行社市场细分与定位管理制度 （2）旅行社市场细分管理 （3）旅行社市场定位管理 （4）行业发展情况与竞争对手情况调查
	2. 品牌管理	（1）制定旅行社品牌管理制度 （2）旅行社品牌策划 （3）旅行社品牌推广
	3. 旅游产品策划	（1）制定旅行社产品策划管理制度 （2）旅游产品策划调研 （3）旅游产品线路设计 （4）旅游产品定价 （5）制定旅游产品推广策略

（续）

一级职能	二级职能	三级职能
旅游策划与市场推广	4.市场推广活动策划	（1）策划市场推广活动，制定管理制度与方案 （2）市场推广活动策划调研 （3）市场推广营销策划 （4）制定市场推广促销方案 （5）广告方案设计 （6）组织、执行市场推广活动策划方案
	5.内部管理	（1）合理调配部门员工的工作 （2）控制与管理部门经费 （3）定期对员工进行业务培训与考核

结构：策划推广部结构分策划和推广两大方面，如图2-3所示。除了部门主管外，下设了两个主管：一为产品策划主管，一为市场推广主管。在小型旅行社中，平面设计任务经常交由设计公司负责，所以一般不设平面设计专员。

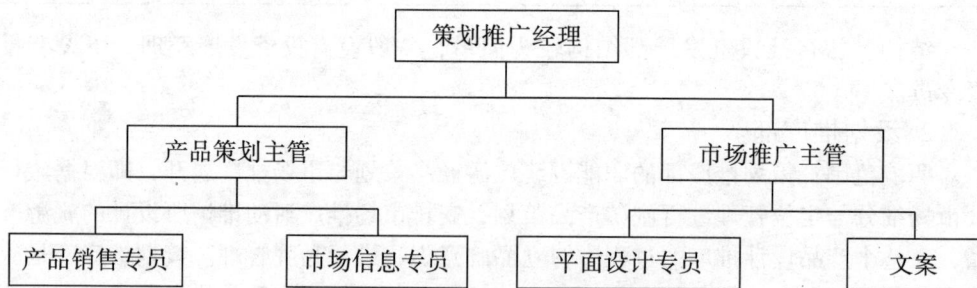

图2-3　策划推广部结构图

3.采购中心

职能范围：采购中心是围绕旅游产品各个采购环节展开业务的，是旅行社产品成本控制的关键环节，它决定了旅行社产品的价格在市场上是否具有竞争力。采购中心的职能范围见表2-4。

表2-4　采购中心的职能范围

一级职能	二级职能	三级职能
旅游产品各个环节采购	1.制订采购计划	（1）根据各旅游产品的市场行情、旅游服务的季节性等规律制订采购计划 （2）执行采购计划
	2.采购调查	（1）制定采购调查管理制度 （2）调查同业竞争对手各要素信息，为旅行社采购业务的开拓和调整提供依据 （3）调整旅游市场六大要素的信息

（续）

一级职能	二级职能	三级职能
旅游产品各个环节采购	3. 采购过程管理	（1）制定采购管理制度 （2）选择合适的采购旅游供应商 （3）对采购对象进行考察、评估 （4）与采购对象进行谈判 （5）签订合同
	4. 维护采购关系	（1）维护与旅游供应商的关系 （2）配合旅游供应商的工作 （3）建立广泛的采购协作网络
	5. 采购成本管理	（1）控制采购成本 （2）处理好保障供应和降低成本的关系
	6. 内部管理	（1）合理调配部门员工的工作 （2）定期对员工进行业务培训与考核

结构：采购经理下设采购主管，各个采购主管有自己的采购人员，即采购专员。每个采购队伍分别担任特定的采购任务，采购任务有的按地域分类，也有的按产品环节分类。

4. 外联部

职能范围：外联部是围绕旅行社产品销售管理展开业务的，该部门在旅行社中担任越来越重要的角色，是保持并扩大接待量的重要部门。外联部的主要职能见表2-5。

表2-5　外联部的职能范围

一级职能	二级职能	三级职能
旅行社产品销售管理	1. 信息收集	（1）收集旅游市场信息 （2）收集竞争对手的旅游线路开发、宣传信息
	2. 旅行社产品销售	（1）寻找新的旅游中间商或游客 （2）开拓更多可与客户合作的领域 （3）向旅游中间商传递旅行社的相关信息 （4）根据客户需求向旅游中间商或游客报价 （5）与客户进行价格谈判 （6）与旅游中间商或游客签订协议
	3. 客户关系管理	（1）制定客户管理制度 （2）建立客户档案 （3）沟通、协调好旅游中间商与游客的关系 （4）沟通、协调好旅游中间商与旅行社的关系 （5）沟通、协调好旅行社与游客的关系
	4. 内部管理	（1）合理调整部门员工的工作 （2）定期对员工进行业务培训与考核

结构：外联部可根据目标市场、旅游产品、客户类别等要素设置部门。下面举

例说明以目标市场的分类设计外联部结构，如图2-4所示。

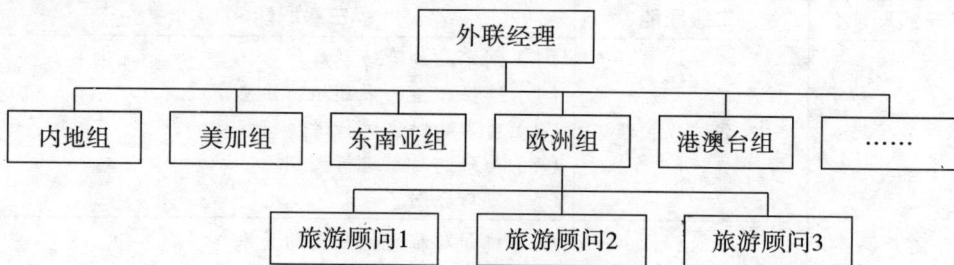

图2-4　外联部结构示意图

5.计调部

职能范围：计调部是围绕旅游业务调度展开业务的，除一些零散业务外，该部门承担着外联部和接待部之间的衔接工作，即将外联部所获得的和游客所购买的产品进行具体落实、安排，再由接待部实行。尽管功能很重要，但目前旅行社中出现了一种将计调部分别纳入外联部和接持部的现象。但对于订单较多、线路复杂的旅行社，为了防止订单混乱的情况，保留计调部还是很有必要的。

表2-6　计调部的职能范围

一级职能	二级职能	三级职能
旅游业务调整	1. 接待工作	（1）客户接待 （2）组团工作
	2. 制订、安排接待计划	（1）制订接待计划 （2）下发旅游团、导游及接待计划 （3）安排旅游接待计划、旅游预算单
	3. 协调关系	（1）协调旅行社与旅游中间商的关系 （2）协调旅行社与旅游服务提供商的关系 （3）协调导游的关系
	4. 签证办理	（1）核实游客的身份资料 （2）为旅行社的游客办理签证业务 （3）协调旅行社与各出境游地大使馆/领事馆的关系
	5. 预订管理	（1）酒店预订管理 （2）票务预订管理 （3）车辆预订管理 （4）其他旅行社预订管理
	6. 信息收集与内部统计	（1）收集整理旅游业的各种信息 （2）收集旅行团的反馈信息 （3）统计旅行社旅游业务月报、季报表
	7. 内部管理	（1）合理调整部门员工的工作 （2）定期对员工进行业务培训与考核

结构：计调部门工作烦琐复杂，在大型旅行社中，该部门工种的划分主要有四种类型，如图2-5所示。

图2-5 计调部结构示意图

6. 接待部

职能范围：接待部的职能范围围绕着导游服务而展开，现在很多旅行社将散客服务、门市服务纳入接待部门，使该部门直接对客户提供服务，对旅行社的形象和品牌传播有很大的作用，所以任何旅行社都应十分重视接待部工作人员的培训和管理。接待部的职能范围见表2-7。

表2-7 接待部的职能范围

一级职能	二级职能	三级职能
导游服务	1. 导游管理	（1）制定导游管理制度 （2）内部导游管理 （3）外聘导游管理
	2. 导游服务	（1）全陪服务管理 （2）地陪服务管理 （3）领队服务管理
	3. 关系协调	（1）协调接待部与旅行社其他各部门的关系 （2）协调导游与旅行社其他各部门的关系
	4. 内部管理	（1）合理调配部门员工的工作 （2）定期对员工进行业务培训与考核

结构：如果旅行社设有外联部，则接待部结构较为简单；如果旅行社没有外联部，接待部的结构就要增加，如增设客户专员等。图2-6为接待部结构示意图。

图2-6 接待部结构示意图

2.2.3　旅行社职位的设置

1.旅行社职能部门职位设立

旅行社设置的职位并不等于要安排多少人，职位数和人数并不相等，因为旅行社根据自身的具体情况既可以一人多岗，也可以多人一岗。旅行社在设置岗位人数的时候，主要参考依据是工作饱和度，既杜绝人浮于事，也不可使工作负荷过大。旅行社职能部门职位设立如表2-8所示。

表2-8　旅行社职能部门职位设立表

职能部门	职位名称	建议人数	职能部门	职位名称	建议人数
经营管理层	总经理	1	计调部	计调经理	1
	运营总监	1		计调专员	若干
	营销总监	1		预订专员	1
	行政总监	1		签证专员	1
	财务总监	1		统计专员	
投资发展部	投资发展部经理	1	客户服务部	客户服务经理	1
	投资专员	1		客户服务专员	1
策划推广部	策划推广经理	1	电子商务部	电子商务经理	2
	产品策划主管	1		技术支持专员	1
	市场推广主管	1		文员	1
	产品策划专员	1	人力资源部	人力资源经理	1
	市场信息专员	2		人事助理	1
	平面设计专员	1		招聘专员	1
	文案	1		培训专员	1
采购中心	采购经理	1		薪酬福利专员	1
	采购主管	1	行政部	行政经理	1
	采购专员	2		行政主管	1
外联部	外联经理	1		行政专员	2
	旅游顾问/业务部	若干	财政部	财务经理	1
				会计	2
接待部	接待经理	1		出纳	2
	领队	若干		审计员	1
	导游	若干			

2.主要职位的工作职责

经营管理层的主要职位有总经理、运营总监、营销总监、行政总监和财务总监。

（1）总经理。总经理主要有七大职责：一是制定和实施企业发展战略，提出和制定旅行社的长期战略规划，并根据内外环境及时调整及监督实施；二是制订和实施年度经营计划，根据企业发展战略规划和董事会下达的年度经营目标，组织实施旅行社的年度经营计划并监督计划进展情况；三是主持日常运营工作，组织实施董事会决议，制订年度预算方案和利润分配计划，协调各部门之间的关系，推进企业管理制度创新，优化企业资源配置；四是资源开发与管理，开拓旅游业务渠道和旅游产品；五是旅行社质量管理，全面负责旅行社的质量管理工作；六是激励经营管理层，培养高级管理工作者；七是负责对外联络，并代表企业出席各方面的重大活动。

（2）运营总监。运营总监主要有七大任务：一是协助总经理编制企业发展战略；二是全权负责年度经营计划的制订与执行；三是负责企业投资项目的管理工作，制订年度投资计划，选择及监督门市部的设立，参与重大项目的谈判；四是对旅游采购的管理，拓展与相关企业的业务联系，最大程度降低旅游采购成本；五是加强品牌建设；六是加强与旅游行政管理工作部门的联系；七是负责所分管部门人员的业务工作。

（3）营销总监。营销总监主要有六大职责：一是参与企业经营战略管理，协助总经理从市场发展的角度制订中长期发展战略和年度计划；二是编制产品销售管理、售后服务等规章制度并监督执行；三是负责产品销售管理工作，即制订年度销售计划，负责分销渠道的建设和促销活动；四是对销售过程的控制，针对销售过程中出现的问题提出有效的指导意见；五是负责服务质量和客户管理工作，在确保服务质量的前提下建立完善的客户服务体系；六是负责所分管部门人员的业务工作。

（4）行政总监。行政总监的主要职责有四个方面：一是制定企业人力资源、行政区域管理方面的规章制度，并对其进行指导、监督和检查；二是人力资源管理，全面统筹规划企业人力资源战略，组织制定人力资源管理规章制度；三是行政管理，负责制订行政中心的工作发展规划、计划，组织制定行政管理规章制度并监督执行，负责指导企业日常行政管理工作，并对行政费用、行政资产进行控制管理，对下属部门进行检查；四是负责所分管部门人员的业务工作。

（5）财务总监。财务总监的主要职责有如下七个部分：一是建立财务规章制度，如资金使用管理制度、管理费用摊销制度等；二是疏通融资渠道，根据企业经营情况，组织资金筹集、供应和管理，满足企业运营对资金的需求；三是定期对企业财务管理工作进行考核、监督和检查，提高财务部门的效率和准确性；四是进行财务监控，即对各部门各项费用预算进行审批，监督各项费用的使用；五是进行财务分析与预测，即对企业承包经营状况进行阶梯性的财务分析，向董事会提交分析报告；六是进行财务审计、监督管理，包括年度审计任务和主要负责人的离职审计、重大的违规审计等；七是负责所分管部门人员的业务工作。

实践要点

1. 旅行社在选择合适的组织结构后，就要进行职能部门的设置，其中，管理幅度、管理层次和旅行社的利益核算体制是三种主要的影响因素。

2. 一个旅行社主要由三个大职能部门构成：一是旅行社的管理部门；二是旅行社的经营部门；三是旅行社的业务支持部门。

实战演练

- 主题：模拟旅行社部门岗位设置
- 目的：熟悉旅行社的组织机构设置
- 过程设计

1. 要创立一家小型旅行社，主要业务定位为散客专线，你会采取何种方式建立？用这种方式建立旅行社你应该作哪些方面的准备？旅行社建立后，你将如何设计旅行社的结构、部门和职位？

2. 根据所学内容，学生按5~6人进行分组讨论。

3. 作出方案并在课堂上派出代表介绍本小组方案。

4. 各组同学分别指出其他组在部门设置中存在的问题。

学习任务❸ 掌握旅行社的产权形态

【想一想，做一做】

GZ旅行社的产权改革

作为G省属控股的旅行社，GZ旅行社的产权改革引人注目。继2001年进行产权改革，吸收GA旅行社和ZS旅行社成立ZG旅行社股份有限公司后，最近GZ旅行社又对其业务板块进行了经营权改革，以稳定的经营权推进经营责任主体与利益分配主体的捆绑。

"九并三"缩短管理链条

据了解，此次改革GZ将旅行社主要分为两大部分。一方面是将原有的日韩游、欧美非游、自驾游等九大部门合并为三个部分，分别设立为国外旅游分公司、国内旅游分公司、入境旅游分公司，并且三个分公司实行经营权及其收益分配的模拟产权改革，以协议的形式约定三个分公司经营责任人的权利、义务和经营责任。

另一方面，国外旅游分公司、国内旅游分公司与股份公司还将共同出资设立股份公司框架下的销售分公司，销售分公司的设立模拟董事会领导和管理销售分公司——以销售分公司为主体开展GZ旅行社国外游、国内游散客产品的统一推广、销售，对Z地区门市部和G省内分社实施管理与考核，拓展GZ旅行社销售网络，提高GZ旅行社对外的整体形象和品牌影响力。

"员工持股"浮出水面

GZ旅行社集团董事、ZG旅行社股份有限公司董事长徐某透露，通过竞争上岗和组织程序相结合的方式筛选后，股份公司今日（23日）正式公布三大分公司负责人名单，其中出境旅游分公司总经理将由原亚太总部总经理艾某担任，国内旅游分公司总经理仍由原国内部总经理宾某担任，入境旅游分公司负责人则由原入境旅游总部总经理林某担任。负责管理协调和受股份公司委托对三家分公司实施监管的行政综合部将由GZ旅行社业务总监郑某负责。

按照协议约定，改革后经营者的责权利更加匹配，如果经营责任人第一年未完成指标的70%，将自动解约。三年均能完成指标，经双方协商同意，将所经营的公司注册成为有限公司，清晰界定产权，经营责任人和管理团队优先优惠出资认购产权。根据省政府关于在国有企业实行增量奖股的有关规定，将三年的利润增量按双方议定的比例，对经营责任人和管理团队实行奖股。

业绩下滑促改革加速

据了解，ZG旅行社股份有限公司下属旅行社、酒店、汽车运输等多个板块，旅行社产权改革成为股份公司各个板块产权改革的先行军，"原因在于这些部门业务的矛盾最为严重"。根据2006年国家旅行社业的"双百强"榜单，GZ旅行社虽然成为唯一一家入选前十的G省旅行社，但成绩比去年下滑一位，仅名列第九。

GZ旅行社集团董事、ZG旅行社股份有限公司董事长徐某表示，《旅行社条例》的颁布实施带来的旅行社门槛的降低，在全面竞争的市场态势下，在今后相当一段时间内，体制和机制的创新仍然是旅行社行业发展必须应对的主题。"现在一些股份制旅行社、私营旅行社的上升速度已经超过了我们，外资社也来势汹汹，如果不触及体制问题，其他改革都可能功亏一篑。"他表示，部门合并后每年至少可为股份公司节约数百万元开支。

想一想

面对新形势，旅行社产权的绩优之路方向何在？

知识储备

旅行社产权是指旅行社资产的所有者对旅行社的资产所拥有的排他的使用权、独享的收益权和自由的转让权。不管是哪种产权制度，其构成要素如下："产"指资产，"权"指对财产的所有权、使用权、收益权和转让权。

旅行社的产权形式是多样的，我国旅行社现已形成由国有独资公司、股份有限公司、有限责任公司、股份合作公司和中外合资公司五种形式并存的局面，全部实行有限责任制度。不管产权形式如何，均应做到产权明晰。

3.1　国有独资旅行社

我国现有的国际旅行社大多属于国有独资旅行社，一般是由原来的国家所有转变为所有权和经营权相分离的企业。国有独资企业可以不用冠以"公司"字样，具有如下特征。

1. 公司的全部资产均为国家所有，其资产委托代理关系为全民——全国人大——国家各部门——旅行社领导组——旅行社总经理。

2. 公司不存在股权、股份和股票；公司不设董事会，总经理由主管部门任命；公司职员为国家聘用的工作人员。

3. 公司经营权包括使用权、收益权和转让权。

3.2　股份有限公司

股份有限公司将全部的资本划分为等额股份，并通过股票的形式上市实行自由交易，公司可通过发起设立和募集设立的方式组建公司。发起设立是指发起人认购公司应发行的全部股份而设立公司；募集设立是指由发起人认购公司应发行股票的一部分，然后通过向社会公开发行股票募集其余部分资金的方式设立公司。股份有限公司可以大规模地向社会筹集资金，并能为社会公众提供投资的机会，而且公司的经营状况会受到社会公众的监督。

其公司的价值形态资产为股东所有，实物形态的资产为产权运行的行为主体所有。资产的委托代理管理关系为股东——董事长——总经理。股份有限公司产权的重要特点之一是股权在个人之间是可分的、不重合的，而公司的法人产权是不可分的运作整体。

3.3　有限责任公司

有限责任公司是指不通过发行股票而由为数不多的股东集资组建的公司，股东数量为1个以上50个以下。国家授权的部门也可以设立独资公司。有限责任公司的资本无需划分为等额的股份，也不发行股票。股东确定出资金额并交付资金后即由公司出具股权证明作为股东在公司享有权益的凭证，出让的股份公司股东有优先购买权。

有限责任公司的董事会成员和高层经理具有股东身份，大股东一般亲自经营和管理公司，公司股权和法人财产权分离程度不高。有限责任公司的财产状况也不必向社会公开，公司的成立、歇业和解散的程序比较简单，管理机构也不复杂，产权规模也比股份有限公司小。

3.4　股份合作公司

原集体所有制的旅行社大多采用股份合作制形式，其产权规模较小，从业人员也较少。旅行社全部资产归股份所有者，股份所有者既是股东又是员工，其收益包括工资和分红两部分。资产的委托关系为股份持有者—总经理。公司有股权但无股票，一般也不开股权证明，财产关系由合同规定，总经理由股权持有者选聘或自任，职工由公司聘任。公司资产表现为价值形态和实物形态，目前采用股份合作制的公司较多。

3.5 中外合资公司

中外合资旅行社的产权形态及特点与股份有限公司和有限责任公司相同，股份有限公司和有限责任公司只要吸收外资入股即成为中外合资公司。

实践要点

1. 我国旅行社现已形成由国有独资公司、股份有限公司、有限责任公司、股份合作公司和中外合资公司五种形式并存的局面，全部实行有限责任制度。

2. 有关国有独资公司在产权形态方面存在着不够明晰的现状，要根据现代企业制度的建立要求进行改革，做到产权清晰（即旅行社资产的收益权和使用权都归属于同一人）、权责明确、政企分开和管理科学。

实战演练

- 主题：河南省中国旅行社100%国有产权公开出让
- 目的：熟悉旅行社的产权制度
- 过程设计

1. 结合教学内容，分析资料，讨论案例。

2. 请分析旅行社市场"国退民进"是否成为行业中的趋势。

3. 可按每组5~6人进行分组讨论，各组讨论后，推选一名代表上台演讲。

4. 课后要求学生进行本地旅行社市场的实践分析，列举出不同产权形态的旅行社，以组为单位写出关于不同产权形态的旅行社竞争力的小论文。

- 情景再现

在河南省旅游界，省中旅是行业当之无愧的领跑者之一。在行政体系上，省中旅隶属于省政府外事侨务办公室，系中国旅游行业第一家企业集团——中国中旅集团的成员之一。作为国有性质的省级旅行社，省中旅还拥有一些民营中小旅行社不具备的行业资质，它是经国家旅游局批准的国际旅行社、中国公民出境旅游组团社之一。成立于1991年的省中旅在经过近20年的发展后，还有一个让中小旅行社羡慕的渠道优势：在河南旅游市场上已经形成完善的经营网络，目前旗下共拥有28个直属部门、12个门市营业部、9家地市分社，员工300多人，服务网点遍布全省各地。

经河南华信资产评估有限公司评估，截至评估日，省中旅资产总额为2 688.86万元，负债总额为2 215.09万元，所有者权益为473.76万元，省中旅100%股权的挂牌价也是473.76万元。此外，省中旅原有债权、债务由改制后的新企业承继；受让方需接受经批准的《河南省中国旅行社产权制度改革实施方案》和《职工安置方案》，并保证3年内不得裁员和降低现有职工待遇，不得处置或变相出让标的企业主要资产。

管理层有意竞购

本次股权拍卖对受让方的要求是，意向受让方如为自然人，其应具有完全的民事行为能力，并具有5年以上经国家旅游局批准的国际旅行社从业经验；意向受让方如为公司法人，其应具备良好的财务状况和支付能力，近期没有因自身原因引发的重大诉讼事项等不良行为，具有国内旅游服务、入境旅游服务、出境旅游服务等相关行业资质。财务上，需在近3年连续盈利，且截至2008年年底的资产负债率不高于40%。

记者昨日致电负责本次拍卖工作的拍卖行了解相关情况，工作人员称有两家符合条件的企业报名竞拍，但不便透露相关信息。

谁能赢取省中旅的"芳心"？从目前的情况来看，原公司管理层正在努力抢购。河南省产权交易中心的公告显示，省中旅管理层和职工有意受让。

"国退民进"是必然

省中旅国有产权退出还引发了一些资本市场人士的关注。郑州某投资咨询公司负责人任女士表示，旅游市场争夺非常激烈，行业门槛很低，国有资产退出是迟早的事。她认为，民营机制将会让未来的省中旅在发展中具有更强的竞争力，该行业"国退民进"是发展趋势。而随着汽车的普及以及自助游的兴起，中小旅行社的生存空间日益狭窄，迫不得已关闭了辛苦经营多年的旅行社。

据介绍，一些中小旅行社由于缺乏应有的渠道和客户群体，只能靠低价格来吸引客户，长期的价格战最终导致整个行业利润进一步降低。业内人士认为，省中旅转制为民营企业后，如能发挥其原有优势，有望取得更多的市场份额。

资料来源：改编自2002年9月12日《大河报》，作者彭泓源。

本项目总结

知识梳理

1. 旅行社设立的基本程序

① 旅行社设立的硬性条件　② 旅行社设立的软性条件　③ 旅行社设立的程序

2. 旅行社组织机构设置

① 旅行社机构设置的原则　② 旅行社机构设置的模式

3. 旅行社的产权形态

① 国有独资旅行社　② 股份有限公司　③ 有限责任公司　④ 股份合作公司　⑤ 中外合资公司

主要概念

旅行社组织设计　股份有限公司　有限责任公司

习题与技能训练

1. 填空题

① 经营国内旅游业务和入境旅游业务的旅行社注册资金不少于_____，并应当存入质量保证金_____；需经营出境旅游业务的旅行社，注册资金不少于_____，并应当增存质量保证金120万元（共140万元）。

② 一个旅行社主要由三大职能部门构成，一是旅行社的_____，二是旅行社的_____，三是旅行社的_____。

③ 旅行社采购中心是围绕旅游产品各个采购环节展开业务的，是旅行社产品_____的关键环节，它决定了旅行社产品在_____上是否具有竞争力。

2. 判断题

① 旅行社建立的软性条件包括一定数量并符合要求的经营人员和符合规定的资金。其中，符合要求的经营人员又从素质和资格两方面进行了要求。（　　）

② 旅行社的业务支持部门是指旅行社中为经营业务提供服务的部门，直接参与业务经营，这些部门包括客户服务部、电子商务部等。（　　）

③ 中外合资旅行社的产权形态及特点与股份有限公司和有限责任公司相同，股份有限公司和有限责任公司只要吸收外资入股即成为中外合资公司。（　　）

3. 名词解释

管理幅度　有限责任公司　股份有限公司

4. 简答题

① 旅行社创立的条件有哪些？

② 影响旅行社职能部门设置的因素有哪些？

③ 旅行社机构设置的模式有哪些？

项目 **3** 了解旅行社经营管理的基本理论

■ 学习目标

■ 知识目标

1. 了解旅行社经营管理的思想。

2. 熟悉旅行社经营管理的概念及目标。

3. 掌握经营与管理的概念。

■ 技能目标

会运用市场观念、竞争观念、质量观念和创新观念对旅行社实施经营管理。

■ 案例目标

运用所学的经营与管理的基本概念、旅行社经营与管理的思想来分析相关案例，培养和提高对旅行社工作的分析决策能力。

■ 实训目标

引导学生参加针对旅行社经理人员的业务实践，在切实体验旅行社激烈竞争环境的背景下，培养专业能力，为今后从事旅行社经营管理工作打下基础。

■ 教学建议

1. 共用4课时，其中理论课3课时，实践操作课1课时。

2. 本项目的内容理论性较强，建议采用讲授与案例分析、实地参观相结合的教学方式。

3. 实践操作课不能仅限于上课时间，有可能需要利用双休日开展一些旅行社实地参观调查活动（包括对经理人员的访谈），学校需要与相关旅行社有较好的关系，以利于该项目的顺利开展。

学习任务 ❶ 了解经营与管理

【想一想，做一做】

肯德基在中国

连锁店的正确选址，不仅是其成功的先决条件，也是实现连锁经营标准化、简单化、专业化的前提条件和基础。因此，肯德基对快餐店选址是非常重视的，其选址成功率几乎是百分之百，这是肯德基的核心竞争力之一。

作为一个特许经营企业，肯德基的特许加盟者是为了共享肯德基的良好发展远景而加盟的。20世纪90年代初，肯德基中国公司总裁苏敬轼先生一来到中国就和雇员阐述肯德基的远景目标：把中国肯德基（KFC）品牌打造成中国餐饮业的第一品牌，甚至是全世界最受欢迎的餐饮业品牌。这就使中国肯德基的所有员工心中有了公司发展的共同蓝图，一种共同的远景。

肯德基在全球推广的"CHAMPS"冠军计划是肯德基取得成功业绩的主要精髓之一。其内容为：C—Cleanliness，保持美观整洁的餐厅；H—Hospitality，提供真诚友善的接待；A—Accuracy，确保准确无误的供应；M—Maintenance，维持优良的设备；P—Product Quality，坚持高质稳定的产品；S—Speed，注意快速迅捷的服务。"冠军计划"有非常详尽、操作性极强的细节，要求肯德基在世界各地每一处餐厅的每一位员工都严格地执行统一规范的流程。

面对市场竞争"瓶颈"时，一定不能损害消费者利益。例如，肯德基在和同行业者的竞争过程中，价格战出现了，要不要回应？出现这种"瓶颈"时，肯德基有一个很重要的原则导向：顾客利益和需求，就是尽量不要去伤害到顾客的权益。

肯德基是一个有明确战略的企业，并且能够将这个战略成功地贯彻实施。同样是以人为本，同样是稳健经营，管理理论是一样的，但作出来就大有不同了。一个完美无缺的经营战略，如果执行不力，最后也会变得一文不值；而确定了恰如其分的经营战略，再辅之以完满的贯彻实施，企业就能百战不殆、长盛不衰。

资料来源：刘国栋. 肯德基在中国：成功的秘诀. 北京：机械工业出版社，2007

想一想

肯德基在中国是如何做好经营管理的？

知识储备

1.1 经营的概念

所谓经营，是指企业为了自身的生存、发展和实现自己的战略目标所进行的决策，以及为实施这种决策而从各方面所做的努力。一个企业经营能力的高低以及经营效果的好坏，主要取决于它对市场需求及其变化能否正确认识与把握，企业内部优势是否得到充分发挥，以及企业内部条件与市场协调发展的程度。换句话说，就是看企业适应市场能力的高低。旅行社要适应市场的发展与变化，就必须重视经营问题。企业经营主要包括以下四个方面的内容。

1.1.1　预测

包括进行市场调查，从而在调查研究的基础上，对市场需求和供给的现状及变化、技术的进步、资源的变化、竞争的发展、经营方式和经营战略的变化等作出科学的预测。

1.1.2　决策

即在预测的基础上，对企业的发展方向、目标及达到目标的重大方针政策等作出正确的决定。

1.1.3　把企业的发展方向、目标具体化

即把企业的发展方向与目标变为企业成长发展的各种计划，包括产品方向、产品品种和数量、市场目标、企业规模、基本建设、技术改造、新技术的采用、增加盈利、提高职工收入、职工的招收和培训等计划，以及实现这些计划的步骤和重要措施等。

1.1.4　为实现企业发展目标而开展与市场活动有关的各种工作

如资金的筹集、生产资料的采购、产品的销售、市场的开拓、新产品的研制、生产组织形式及其管理机构的改革、发展同其他企业的协作关系等。

1.2　管理的概念

管理是指对企业内部的生产活动进行计划、组织、指挥、协调和控制等一系列活动的总称，它是人们共同劳动和协作活动的客观要求，是社会化生产、交换等过程得以进行的必不可少的内在条件。其基本功能是合理组织并实现企业目标，对各生产要素进行优化组合，维护协调生产关系的经济制度，提高企业的经营水平，最有效地实现企业目标，促进企业的成长与发展。法国管理学者法约尔最初将管理的基本职能分为计划、组织、指挥、协调和控制五个方面。

1.2.1　计划

所谓计划就是确定组织未来发展目标以及实现目标的方式。企业的计划要以以下三个方面为基础：企业所有的资源，即公司的人、财、物、公共关系等；目前正在进行的工作的性质；企业所有的活动以及预料的未来的发展趋势。好的计划对企业的经营管理非常有利，一个好的计划要有统一性、连续性和精确性。

1.2.2 组织

所谓组织就是服从计划，并反映组织计划完成目标的方式，就是为企业的经营提供必要的原料、设备、资本和人员。组织分为物质组织和社会组织两大部分，管理中的组织是社会组织，负责企业的部门设置和各职位以及人员的安排。

1.2.3 指挥

当社会组织建立以后，就要让指挥发挥作用。通过指挥的协调，能使本单位的所有人作出最好的贡献，实现本企业的利益。担任组织中指挥工作的领导人应对自己的职工有深入的了解，能够很好地协调企业与员工之间的关系。

1.2.4 协调

所谓协调就是指企业的一切工作者要和谐地配合，以便于企业经营的顺利进行，并且有利于企业取得成功，也就是让事情和行动都有合适的比例，即方法适应于目的。

1.2.5 控制

所谓控制就是要证实企业的各项工作是否与计划相符，其目的在于指出工作中的缺点和错误，以便纠正并避免重犯。对人可以控制，对活动也可以控制，只有控制了才能更好地保证企业任务顺利完成，避免出现偏差。

1.3 经营与管理的关系

1.3.1 两者的联系

1. 经营与管理是密不可分的

经营与管理，好比企业中的阳与阴、"他"与"她"，必须共生共存、相互依赖、密不可分，在相互矛盾中寻求相互统一。一方面，忽视管理的经营是不能长久的，是不能持续的；另一方面，忽视经营的管理是没有活力的。企业发展必须有规则、有约束，但也必须有动力、有张力，否则就是一潭死水。

2. 经营是龙头，管理是基础，管理必须为经营服务

企业做大做强必须首先关注经营，研究市场和客户，并为目标客户提供有针对性的产品和服务；其次基础管理必须跟上。管理跟上了经营才可能继续往前进，经营前进后，又会对管理水平提出更高的要求。所以，企业发展的规律就是：经营—管理—经营—管理交替前进，就像人的左脚与右脚。

1.3.2 两者的区别

1. 出现的时间不同

管理要明显早于经营。从有共同劳动开始就有了管理，因为管理是由共同劳动所引起的一种"组织"、"协调"的职能。随着共同劳动规模的扩大和内部分工越来越细，管理的内容和形式越来越复杂，管理的手段也越来越先进，但管理的基本职能并没有改变。经营则是由商品生产的发展而引起的一种"适应"的职能。在商品生产不很发

达、产品不很丰富的时候，市场上商品供不应求，企业市场的产品都能销售出去，企业只要搞好内部管理，而无须强调对外经营。随着商品生产的发展，商品日益增多，销售变得困难起来了，在这种情况下，企业只搞好管理就不行了，还必须搞好经营。

2. 存在的范围不同

管理的范围要明显宽于经营。凡是有共同劳动的地方，如机关、学校、文艺团体、医院等一切企事业单位，都需要管理。而只有以营利为目的的经济组织内部才有经营，像政府机关这种不以营利为目的的社会组织就不需要经营。

3. 目的不同

第一，从战略、战术来看。一般来说，管理要解决的是企业战术性问题，即在既定的目标和人、财、物等资源条件下，合理安排和组织生产，合理配置和使用各种生产要素，以提高产品质量、降低成本，使生产某种产品的时间（包括物化劳动时间）尽可能少于社会必要劳动时间；而经营所要解决的则是企业战略方面的一些问题。第二，从企业内外部情况来看。管理所解决的主要是企业内部的一些问题，强调对内部资源的整合和秩序的建立，如处理企业内部上下工序之间、部门之间的相互关系，建立和健全必要的规章制度，合理使用企业内部的人、财、物等；而经营解决的则主要是企业外部的一些问题，追求从企业外部获取资源和建立影响，以及协调企业内部活动与外部活动以实现企业目标的一些综合性问题。

4. 实现形式不同

经营追求的是效益，要开源，要赚钱；管理追求的是效率，要节流，要控制成本。经营是扩张性的，要积极进取，抓住机会，胆子要大；管理是收敛性的，要谨慎稳妥，要评估和控制风险。

综上所述，经营与管理的区别正如著名的企业家和管理学者法约尔、斯隆等概括的：经营是决策的过程，是确定目标，是解决"为什么要这样干"的方向性问题；而管理是怎样实现目标，是解决"怎么干"的方法问题。

实践要点

1. 经营是指企业为了自身的生存、发展和实现自己的战略目标所进行的决策，以及为实施这种决策而从各方面所做的努力。它包括预测，决策，把企业的发展方向、目标具体化，为实现企业的发展目标而开展的与市场活动有关的各种工作四个方面的内容。

2. 管理则是对企业内部的生产活动进行计划、组织、指挥、协调和控制等一系列活动的总称。

3. 经营与管理出现的时间不同、存在的范围不同、目的不同、实现形式不同。

实战演练

• 主题：沃尔玛企业的经营管理

• 目的：辨别企业的经营与管理行为

• 过程设计

1. 结合教学内容，分析资料，讨论案例。分析材料中哪些属于企业经营行为，哪些属于企业管理行为？举一个你亲身经历的例子，说明经营与管理的区别。

2. 可按每组3~4人进行分组讨论，各组讨论后，推选一名代表上台演讲。

• 情景再现

1. 天天低价

沃尔玛的"女裤理论"是对"薄利多销"策略的最好解释。女裤的进价为8美元，售价为12美元，每条毛利为4美元，一天卖10条，毛利为40美元。如果售价降到10美元，每条毛利为2美元，但一天能卖30条，则毛利为60美元。

那么如何做到"天天低价、薄利多销"呢？

第一，规模效应。沃尔玛要求供应商的报价必须是给其他商家的最低价，否则免谈。在此基础上，沃尔玛以进货量巨大、帮助供应商进入世界市场、现金结算三个理由，要求供应商降价25%。巨大的规模和雄厚的资金实力使沃尔玛在谈判桌上取得了绝对的优势；巨大的规模也使沃尔玛的各项费用和成本在极大程度上被分摊。

第二，控制成本首先是厉行节约。在沃尔玛中国总部，大家看到的是狭窄的过道和没有任何装修、"素面朝天"的办公大厅。在大厅内，随处可见"打17909，长话可省钱"的提示；而沃尔玛国际公司总经理约翰·门泽尔和他的下属们至今还挤在一起办公，他的那间办公室小得可怜。降低仓储成本，沃尔玛还有一个非常有意思的降低成本的办法，就是它的分店总是一个镇一个镇、一个县一个县地渐次建立，这样可降低运输成本和广告费用，因为新店总是在上一个沃尔玛店附近建立，这样就不需要再进行大规模的宣传。

2. 注重服务质量

第一，提高服务质量。当天的事必须在当天做完，日清日结，不能拖延。沃尔玛要求它的员工向每一位顾客提供让顾客感到惊喜的服务，这种服务必须超过顾客原来的期望值。

第二，经营方式多样。沃尔玛多业态并举，有折扣商店、购物广场、大卖场、山姆会员店、家居店和社区店等形式，由总公司控股，直营连锁。这些业态分别适合不同层次的消费者。

第三，努力使品种齐全。科学配货，调整品种结构，让消费者总能买到需要的商品。

3. 手法谨慎、规模不停地扩张

在规模战略上，沃尔玛从未停止扩张的脚步，扩张的意义在于：降低了采购成本；分摊了费用；能够与最顶级的公司合作，保证了商品质量，保证了充足的货源。但其扩张时的做法也很有特色。

1996年沃尔玛进入S市后，当地的商业企业非常恐慌，有十几家企业联手请求政府干预。为避免树敌太多，沃尔玛尽量保持低调，甚至在开业前几次将商品价格上调。因此，多数人看到的并不是一个可怕的沃尔玛，但沃尔玛的真正实力如何，可能只有沃尔玛自己知道。

在对外扩张上，沃尔玛保持少有的谨慎，只要政府不批准，沃尔玛便不去开店，因此它在政府眼中是一副遵纪守法的形象。

4. 求贤若渴，永不放弃

沃尔玛的创始人沃顿是一个人力资源高手，他给每一个分店都物色了具有相应能力的人来担任经理。沃顿争取后来成为沃尔玛CEO的大卫·格拉斯加盟沃尔玛，就是一个典型的例子。沃顿总是以极为饱满的热情来游说对方，并承诺给对方股份，不管对方态度如何，沃顿从不放弃。沃顿为了得到格拉斯这个人才，整整花了12年的时间。

资料来源：改编自3722资料搜索网。

学习任务 ❷ 了解旅行社经营管理的基本理念

【想一想，做一做】

惠普的经营管理理念

惠普公司创始人之一戴维·普卡对"我们存在的目的究竟是什么"这一问题的回答是，"我觉得许多人认为一个公司存在的目的就是为了赚钱，这是错误的。如果一家公司经营得还算不错的话，赚钱是其实现的一个重要目标，但这只是其成就之一，而非目的。我们必须深究我们存在的意义，当我们这样想时，我们不可避免地发现：一些人聚集在一起并组成我们称之为公司的机构，这样他们就能做成作为个人他们难以完成的壮举，即为社会作出贡献。为社会作出贡献，这听起来很肤浅，但却具有根本意义。"实际上，其根本意义正是经济活动所倡导的那种积极向上的精神。

在现实经济生活中，那些历史悠久的大型跨国公司或企业集团都有自己独特的起源理念，如索尼的使命是"发展、使用新技术使公众受益，我们从中分享喜悦"；沃尔玛是"让普通人享有同富人一样购物的机会"。

我们知道，在现代旅行社管理体系中，管理制度和服务模式，包括组织设计图、岗位工作说明书、工作关系表、合同样本以及外联、接待、财物、内部管理等操作性工作项目、标准与程序说明书等项目内容，加上营业场所、营业工具等"物理性硬件"构成了一家旅行社正规化、专业化管理的基础性平台。正是在这个基础性平台的基础上，旅行社从业人员才得以有效地完成对旅游者的服务工作，管理人员才能够对服务质量与企业员工完成计划、组织、指挥、协调、控制、激励等项管理职能，并在此基础上进行市场、产品、管理等方面的创新工作。但是我们在强调和学习这些管理制度与服务模式的同时，更要了解和明白这些管理平台与管理工具的来源。一方面，可以说它们正是一家旅行社管理团队，特别是中高层管理人员的管理理念的外显和载体；另一方面可以说，如果没有科学的管理理念做支撑，一家旅行社就是移植了国际国内旅行社所谓的国际惯例、先进经验或者科学模式，它也不会取得应有的管理效果。

资料来源：戴斌，杜江. 旅行社管理. 北京：高等教育出版社，2002

想一想

1. 惠普的经营管理理念有哪些？
2. 如果你是一家旅行社的管理人员，你的经营管理理念是什么？

知识储备

作为企业，旅行社的主要任务就是为旅游者提供能满足其需要的质优价廉的产品，为国家和企业自身创造更多的经济收益。要实现这一目标，旅行社就必须在不断变化的市场环境中立足生存，并逐步发展。

2.1 旅行社经营管理的概念

旅行社经营管理是旅行社经营和旅行社管理的简称，是指旅行社对整个生产经营活动进行决策、计划、组织、控制和协调，并对旅行社成员进行激励，以实现其任务和目标一系列工作的总称。

2.2 旅行社经营管理的目标

旅行社的经营管理贯穿于旅行社生产的全过程，包括许多可变因素，这些可变因素中有些是可以加以影响或控制的，有些是不能控制的。经营管理就是尽可能地控制与影响变量，而对不可控制的变量作出快速有效的反应。旅行社经营管理的目标可概括为以下几点：第一，旅行社生产能力与消费机会的最大化；第二，经营成本的最小化；第三，在资源允许的范围内保证尽可能高的产品质量；第四，游客与员工的安全。

2.3 旅行社经营管理的思想

有效的经营管理需要有明确的目标、清晰的指导思想，这样才能对可预见的问题做好周密准备，对不可预测的突发事件做到灵活应变。

旅行社的经营管理思想就是决定旅行社企业经营管理方针、任务和重大生产经营措施的指导思想。经营管理思想的正确与否，对旅行社的生存与发展起着决定性的作用。旅行社企业的经营管理思想反映企业发展生产力和完善生产关系两个方面的要求。就旅行社而言，其经营者在从事经营管理工作时，必须树立以下几种观念。

2.3.1　市场观念

所谓市场观念是指旅行社对市场及顾客的认识和应有的态度。在目前买方市场的条件下，旅行社要树立正确的市场观念，要看到市场是旅行社生存与发展的关键，要以消费者为中心，以市场需求为出发点来组织生产，消费者需要什么，企业就生产什么。同时，还要研究不断变化的市场，积极创新，加强管理，争取客源，提高效益。

2.3.2　竞争观念

所谓竞争观念，即旅行社在特定的市场环境下，对竞争的性质、手段、方法、结果的思想认识及态度。旅行社之间的竞争具有四个特性。第一，客观性。竞争是市场条件下客观存在的矛盾运动方式。第二，排他性。竞争双方都力图排斥对方，使自己取得竞争优势。第三，风险性。竞争是经济实力的较量，竞争越激烈，经营风险就越大。第四，公平性。在正常的竞争环境下，竞争的机会是相对均等的，竞争是相对自由的。就旅行社在市场上运作的角度来说，最低层次的竞争是价格竞争，这也是最普遍的竞争方式；进一步上升到质量的竞争，即通过提高旅游产品质量、改进产品性能、新产品开发及信息传递等手段，全面提高本企业产品的市场竞争能力；最高层次的竞争是文化竞争。文化竞争要求旅行社在产品开发、销售、接待服务过程和细节等各方面注重文化底蕴和文化含义。未来成熟的中国旅游业是经济—文化产业，那时候，如果旅行社在经营过程中没有文化就谈不上竞争力。

2.3.3　质量观念

就服务行业而言，产品质量与服务人员素质是紧密相关的。对于旅行社企业，树立质量观念就是将旅游产品质量放在经营管理活动的首位，充分认识到质量是企业生存与发展的生命线；同时，应该认识到只有高素质的从业人员才会有高质量的服务产品。旅游产品的质量取决于旅游者的满意程度，而旅游者的满意程度通常涉及两个方面：其一是旅游吸引物的品位高低，其二是旅游接待质量。对于旅行社企业来说，旅游吸引物的品位高低是不可控制的变量，但旅游接待的质量却是可以控制的。首先，可以通过经营管理教育，提高管理人员的素质，以形成服务质量的基础；其次，靠建章立制、奖勤罚懒，以形成提高服务质量的经营管理机制；最后，努力学习先进，包括引进和运用一些国际惯例，以保持发展的后劲。

2.3.4　创新观念

树立创新观念就是要求旅行社企业通过创新来发展自己，充分认识发展是创新的目的和基础，创新是发展的手段和动力。特别是在面临世界总体经济特点发生变化的情况下，以创新求发展就显得更加重要。旅行社的创新主要包括四个方面的内容：其一是技术的创新；其二是观念的创新；其三是制度的创新；最后是管理的创新。

实践要点

1. 旅行社经营管理是旅行社经营与旅行社管理的简称，是指旅行社对整个生产经营活动进行决策、计划、组织、控制和协调，并对旅行社成员进行激励，以实现其任务和目标一系列工作的总称。

2. 旅行社经营管理的目标包括：旅行社生产能力与消费机会的最大化；经营成本的最小化；在资源允许的范围内保证尽可能高的产品质量；游客与员工的安全。

3. 旅行社企业的经营管理思想反映企业发展生产力和完善生产关系两个方面的要求，经理人员必须具备市场观念、竞争观念、质量观念和创新观念。

实战演练

• 主题：TJ旅行社的经营战略
• 目的：了解旅行社经营管理理论
• 过程设计

1. 结合教学内容，分析资料，讨论案例。

2. 讨论的内容：旅行社在制定经营战略的早期，管理层最需要作出什么决定？旅行社在制定和调整经营战略时，需要考虑的决定性因素是什么？面对来自国内外的竞争，中国的国有旅行社该如何从经营战略入手找到应对之策？

3. 可按每组5~6人进行分组讨论，各组讨论后，推选一名代表上台演讲。

• 情景再现

TJ旅行社的前身是成立于1974年的ZG旅行社天津分社。由于历史原因，与其他旅行社相比，该旅行社在成立之初，资金、人才、协作网络和客源渠道均十分匮乏，这些严重阻碍了旅行社的经营和发展。

在困难面前，周总经理和他的同事们没有丝毫的气馁，而是坚定信心，通过对本旅行社所处的宏观环境、行业环境和内部环境进行科学分析，找出自己的优势和劣势，认清所面临的机遇和挑战，采取扬长避短的经营战略，确立了以入境旅游和港澳游为重点，兼顾出境旅游与国内旅游，力争在较短的时间内成为天津市乃至国内强社的目标。创建初期，该旅行社充分利用ZG旅行社系统长期以来在经营港澳游和入境游方面的优势，大力开发针对海外旅游者的入境旅游产品和中国公民出境旅游产品，既满足了入境旅游者和出境旅游者的需求，又为旅行社的发展提供了必要的资金来源。与此同时，周总经理及其同事根据对国内旅游市场的准确判断，抓住刚刚兴起的国内旅游热潮这一机遇，迅速推出了一大批既符合国内旅游者需要又适应其支付能力的国内游产品，占据了天津市国内游市场的重要份额。经过数年的努力，TJ旅行社发展成为天津市旅行社行业中一个有影响力的企业。

尽管取得了显著成就，但是周总经理始终保持着清醒的头脑，不断探索企业在新形势下的发展方向。在坚持大力发展旅游业务的同时，TJ旅行社确立了集团化发展的新战略，并将其付诸实施。TJ旅行社采取战略联盟的形式，与各地的合作伙伴建立起以旅游产品开发为主的多元化经营集团。TJ旅行社与联盟内的其他合作伙伴互派管理人员，共同设计新的旅游产品，共同承担风险。另外，TJ旅行社还采取综合多角度发展战略，组建了货物运输公司并涉足房地产项目，对旅行社的经营和发展起到了分散风险与扩大收入来源的重要作用。

本项目总结

知识梳理

1. 经营与管理

① 经营的概念　② 管理的概念　③ 经营与管理的关系

2. 旅行社经营管理的基本理念

① 旅行社经营管理的概念　② 旅行社经营管理的目标　③ 旅行社经营管理的思想

主要概念

经营　管理　旅行社经营管理

习题与技能训练

1. 填空题

① 所谓经营，是指企业为了＿＿＿＿＿、发展和实现自己的战略目标所进行的决策，以及为实施这种决策而从各方面所做的努力。

② 企业经营主要包括：将企业的发展方向、目标具体化，为实现企业的发展目标而开展的与市场活动有关的各种工作，＿＿＿＿＿、＿＿＿＿＿四个方面。

③ 管理是对企业内部的生产活动进行计划、＿＿＿＿＿、指挥、＿＿＿＿＿、协调和控制等一系列活动的总称。

2. 判断题

① 组织就是确定组织未来发展目标以及实现目标的方式。（　　）

② 控制就是要证实企业的各项工作是否与计划相符，其目的在于指出工作中的缺点和错误，以便纠正并避免重犯。（　　）

③ 管理是龙头，经营是基础，经营必须为管理服务。（　　）

3. 名词解释

经营　管理　旅行社经营管理

4. 简答题

① 经营与管理有何联系？

② 如果你是旅行社的经理，你如何开展日常管理？

项目 **4** 熟悉旅行社的基本业务

■ 学习目标

■ 知识目标

1. 了解旅游者消费行为模式及影响旅游者消费行为的因素。

2. 熟悉旅行社的基本业务，以及旅游服务采购的内涵与类别。

3. 掌握旅行社接待业务的性质、特点、地位、作用、内容，以及旅行社计调业务内容和旅行社组团业务内容。

■ 技能目标

1. 能够完成计调业务流程、接待业务流程、组团业务流程操作。

2. 会进行旅游服务采购的具体操作，以及组团产品设计与开发的操作。

■ 案例目标

运用所学的旅游消费者行为模式的概念、旅行社业务的各项内容来分析相关案例，培养和提高制定旅游市场营销战略的能力与开展旅行社业务的能力。

■ 实训目标

掌握分析现实生活中具体的旅游消费行为的能力，操作旅行社基本业务的能力，处理旅游接待业务中特殊问题的能力。

■ 教学建议

1. 共用6课时，其中理论课4课时，实践操作课2课时。

2. 教学中应从旅行社业务的工作任务出发，创设工作情景，让学生在课堂学习中多进行模拟训练。

3. 这一项目是本课程的基础内容，在实际工作中运用频率较高，因此讲授案例尽量多从身边事例着手，采用多种形式讲深、讲透，让学生在以后的工作岗位上能真正学以致用。

学习任务 ❶ 熟悉旅游者消费行为与旅行社的基本业务

【想一想，做一做】

张先生的旅游消费过程

2000年年初，无锡的张先生开始筹划夏季的旅游活动。他打算花1 000元左右，用六天时间在鲁南、豫东、皖南、赣东北、闽北和浙南畅游一番。他搜集了许多旅游杂志、导游手册和地图，并向旅游经验丰富的人咨询，对以上区域的风景名胜和历史文化都有了一定程度的了解。因为酷爱大自然，又擅长摄影和绘画，张先生认为游览自然风景更过瘾，于是设计了两种方案：一是通过一条旅游线路串联几个自然风景区；二是在一个自然风景区畅快淋漓地游玩。

他最中意的一个方案是从无锡出发，经太湖到杭州，沿富春江乘船到梅城，从梅城再乘汽车到建德，然后乘船跨过千岛湖到淳安，再沿着新安江到深渡，从深渡坐汽车到黄山，登完黄山后坐汽车回到无锡。但这个方案显然超出了张先生的时间和财务预算，而且沿途不断更换交通工具，很难保证车船衔接的连续性，所以他考虑采用第二种方案。

在山区当过十年知青的张先生最喜欢山，因此，他决定这次旅游要游览一座名山。通过比较各类自然风景区，他的备选名单上剩下了黄山、泰山、天柱山、雁荡山和武夷山。黄山风景无与伦比，可惜夏季游人如织，山上吃住可能会成问题。泰山历史遗存丰富，但风景逊于黄山。天柱山处于开发初期，资料不多，无法确定其风景质量以及接待设施是否齐全。去雁荡山乘汽车太累，转乘轮船又怕晕船影响游兴。武夷山丹崖碧水，风景有特色，而且可从无锡乘火车直达邵武，交通相对方便。最后，张先生选中了武夷山。

想一想

影响张先生旅游消费行为的因素有哪些？

知识储备

1.1 旅游消费者行为模式及其影响因素

旅游消费者满意是旅行社开展业务的基石，对于旅行社来说，了解并满足旅游消费者的需要是其全部工作的出发点，研究旅游消费行为的重要性也在于此。

1.1.1 旅游消费行为的含义

我们将旅游者（包括个人和团体）在收集旅游产品的相关信息进行决策以及在购买、消费、评估、处理旅游产品时的行为表现，统称为旅游消费行为。如果旅游从业人员能较好地理解和把握旅游者的消费心理与购买行为，就能更好地调整产品、价格、销售渠道及促销策略来适应旅游者的需求。

1.1.2 旅游消费者行为模式

在旅游研究领域，人们提出过各种不同的旅游消费行为模式。其中较具代表性的例子是由麦西森·沃尔提出的"需求—动机—行为"模式和密德尔敦提出的"刺激—反应"模式。

1. "需求—动机—行为"模式

旅游消费者的需要、动机以及购买行为构成了旅游购买活动的行为链条。当旅游者产生旅游需求而未得到满足时，就会引起一定程度的心理紧张。当出现满足需要的目标时，旅游者的这种需要就会转换为内在的动机，动机驱动旅游者产生具体的旅游消费行为。当旅游者的具体需要通过旅游活动得到满足时，内在的心理紧张感就会消失。如果出现了新的需要，就开始了下一个循环，如此反复就形成了旅游"需求—动机—行为"模式，见图4-1。

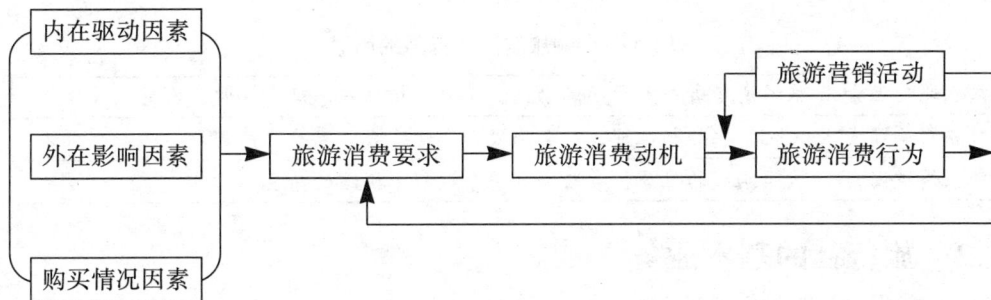

图4-1 旅游消费行为的"需求—动机—行为"模式

2. "刺激—反应"模式

从旅游动机到最终付诸旅游消费行为的过程中，旅游者会主动地搜寻相关信息，并同时接受来自旅游经营者的信息，以便形成消费决策。同时，旅游者自身的心理活动也会影响搜寻和接受外界信息的效果，最终影响到旅游消费行为。

行为主义心理学家认为，人的消费行为是外部刺激作用的结果。行为是刺激的反应，当行为的结果能满足人们的需要时，人们就会重复该行为；反之，则放弃该行为。而人的内部心理活动则是不可掌握的，就像一个看不透的"黑箱"，由此提出了旅游者消费行为的"刺激—反应"模式，见图4-2。

| 外部刺激 | | 购买者的"黑箱" | | 购买者的反应 |

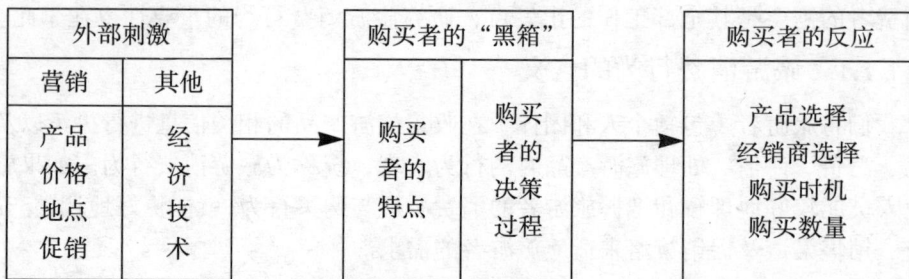

图4-2 旅游消费行为的"刺激—反应"模式

消费者作出购买决策的心理过程及影响购买行为的因素怎样起作用，这是深藏在消费者内心深处的，它如同一个"黑箱"，营销人员无法了解，但是可以通过采取有针对性的营销活动影响旅游者的消费行为。

1.1.3 影响旅游者消费行为的因素

无论是对于旅游目的地还是对于旅游企业来说，理解旅游消费者行为是一项非常重要的工作，原因在于能够使自己有别于竞争者，从而打造本目的地或本企业的竞争优势，理解影响旅游者消费行为的因素是实现这一目的的必经之路。影响旅游者消费行为的因素大体可以归纳为三类，即内在驱动因素、外在影响因素和购买情境因素，见表4-1。

表4-1 影响旅游消费行为的因素

内在驱动因素	旅游消费者个人方面的动机、学习、信念与态度、知觉、人格
外在影响因素	文化、年龄与性别、社会阶段、生活方式、家庭生活周期、微社会群体
购买情境因素	该项购买的性质、参与者在整个过程中扮演的角色

1.2 旅行社的基本业务

1.2.1 按经营范围划分

旅行社的业务按照经营范围，可以划分为入境旅游业务、出境旅游业务、国内旅游业务三种。

1.2.2 按服务流程划分

旅行社的基本业务是在旅游者从产生旅游动机开始到旅游结束的全过程中，提供与旅游者旅游相应的服务。其运作过程是旅行社通过市场调研，及时了解旅游者的旅游动机从而有针对性地设计旅游产品，在旅游者收集信息时，旅行社应适时地开展旅游促销活动，提供优质的服务，使旅游者方便地获得旅行产品信息，以质优价实的旅游产品吸引旅游者购买。按服务流程划分，旅行社的基本业务包括：产品开发业务、产品促销业务、产品销售业务、旅游服务采购业务、旅游接待业务和售后服务。

1. 产品开发业务

旅行社产品开发业务包括市场预测、产品设计与生产、产品试销、产品投放市场和产品效果检查评价五个环节。旅行社将旅游企业提供的产品，如客房、旅游景点、旅游机票等要素加工组合，按照旅游者的要求，设计出系列旅游产品（包括吃、住、行、游、购、娱和导游服务在内的旅游线路及项目）并精心进行包装。

2. 产品促销业务

在旅游者根据自己的旅游动机收集相关旅游信息时，旅行社应采取适当的促销手段，即与分销渠道配合，针对自己的目标市场，利用各种传播媒介和通过举办展销会散发各类宣传品、开展公共关系和其他促销手段等多种形式的宣传招徕活动，吸引目标市场旅游者的注意和激发其兴趣，使旅游者能够方便地获得旅行社的产品信息。

3. 产品销售业务

产品销售业务是指旅行社采取各种销售策略，有效地分配旅游产品在其目标市场的活动。产品销售业务是旅行社的关键性业务，没有产品购买者，旅行社的后续业务便无法开展，特别是目前旅游市场竞争日趋激烈的条件下，旅行社不仅需要有竞争力的产品，更需要有效的销售手段。旅行社产品销售业务，包括制定产品销售战略、选择产品销售渠道、制定产品销售价格和开展旅游促销四项内容。

4. 旅游服务采购业务

旅行社旅游服务的采购是指旅行社为了组合旅游产品而以一定的价格向其他旅游企业及与旅游业相关的其他行业和部门采购相关服务项目或产品的行为。目前旅行社采购的项目主要有交通服务、住宿服务、餐饮服务、景点游览服务、娱乐服务和保险服务等内容。另外，组团旅行社还需向旅游线路沿途的各地旅行社采购各类接待业务。

5. 旅游接待业务

接待业务又称为接团业务。旅行社的接待业务是旅行社在旅游者旅行过程开始后为其提供实地服务的一系列工作。旅行社接待管理的主要内容包括对导游人员的选择和安排，活动日程的落实，交通工具、住宿、餐饮标准（特殊旅游团队还对场地、活动项目等有特殊要求）等方面的保证，积极与沿线各游览点接待社联络。

6. 售后服务

售后服务是旅行社业务的一个重要环节。旅游者行程结束并不意味着旅行社大功告成，旅行社还将继续为旅游者提供一系列售后服务，旨在主动解决遗留问题并保持与游客联系。这样做一方面可以不断改进旅行社的工作，另一方面可以留住回头客，保证旅行社客源的稳定。

实践要点

1. 旅行社的基本业务是围绕消费者的消费行为而展开的。
2. 旅行社的业务按服务流程划分为：产品开发业务、产品促销业务、产品销售业务、旅游服务采购业务、旅游接待业务和售后服务。

实战演练

- 主题：旅行社业务调查报告
- 目的：熟悉和掌握旅行社业务的类型及开展情况
- 过程设计

1. 结合教学内容，分析调查报告的目的及内容。

2. 按每组5~6人进行分组讨论，各组讨论后，确定调查对象及调查方案。

3. 分组进行调查，成员要进行分工合作，作出调查报告。

4. 每组推荐一名代表简述调查过程及报告结果。

- 情景再现

教师事先联系当地几家旅行社并向学生提供旅行社简单介绍、联系方式，学生分组进行调查和研究，作出报告，并在课堂上推荐一名代表简述调查过程及报告结果。

学习任务 ❷ 熟悉旅行社的计调业务

【想一想，做一做】

　　A旅行社入境部员工小美是专门负责西班牙语客户市场的，该市场在A旅行社一直不太景气。可是，凭借小美的热情、执着和良好的专业素养，西班牙一家大旅行社答应给她一个团让她接待，如果接待得好，今后可以发系列团给她。

　　该团的北京地陪因临时套团，在此团到京当天去机场送另外一个团，送彼团和接此团的时间比较接近，所以就直接到机场等候。小美和计调部的小周是很好的朋友，小美有些急事要马上处理，所以就口头对小周说："陪同临时套团，安排汽车直接到机场。"小周不经意地回答说："没问题。"然而，接完一个紧急电话之后，小周就把这个临时更改忘得一干二净了。结果在团到的当天，地陪是左等不见车、右等不见车。司机也觉得奇怪，地陪怎么还没有出现？赶紧与计调部联系，碰巧那天小周又在外办事，好不容易联系上了，他也是丈二和尚摸不着头脑；接着又和小美联系……就这样，折腾了半天，结果还是让团队在机场干等了半个小时。

想一想

1. 案例中团队出现漏接的原因是什么？

2. 你认为旅行社计调业务应该怎样操作？

知识储备

2.1 旅行社计调业务流程

计调业务是旅行社经营活动的重要环节。旅行社实践的是承诺销售，旅游者购买的是预约产品。旅行社能否兑现销售时承诺的数量和质量，旅游者对消费是否满意，很大程度上取决于旅行社计调的业务质量，而计调业务流程则是其业务的核心，具有举足轻重的作用。计调业务是围绕着旅游接待计划来完成的，主要包括以下流程。

2.1.1 接收计划和预报，编制预报表

旅行社要编制预报表，首先要接受与本社有业务往来的各组团社发来的接待计划及预报。目前，各组团社发送接待计划及预报的形式主要有信函、传真、电传、电报等；有时因为时间紧迫，也有先打电话预报，而后再补发正式的书面预报的情况。

接到组团社发来的预报后，旅行社计调人员要根据各旅行团抵达本地的具体日期及时地进行编号、分类、整理和登记，以便作出接待计划预报表。编制接待计划一般以表格的形式进行，如表4-2所示。

表4-2 旅行团接待计划

____年____月____日

编号	团体名称	客人数	全陪数	抵达时间 航空/车次	来自国家/地区	住宿饭店	备注

2.1.2 制订接待计划

1. 接待计划的内容

旅游团的基本情况和要求：团号、团名、组团社名称；团队人数（需注明成人和儿童人数）；团队类别（考察团、疗养团、会议团、观光团等）；旅游团要求的服务等级（豪华团、标准团、经济团等）；旅游线路及所访问城市；用餐要求，要特别注明是否有素食或者其他特殊要求；导游要求（全陪或地陪的语种、级别及性格等要求）；组团社责任人及接待各方联系人的姓名和联络方式；团队费用结算方式。

日程安排：游览日期；各城市间交通工具（飞机、轮船、火车等）及离抵时间；在各地所安排的主要游览参观项目、餐饮、风味品尝、文娱活动、购物及其他特殊要求；住宿情况。

成员名单：成员名单要有旅游者的姓名、性别、年龄、身份证或者护照号码，

以及有无特殊要求。若为重点团队，还要注明客户身份及接待方联系人姓名。

2. 接待计划的制作

确认旅游团资料。仔细查阅旅游团往来的所有资料并进行确认，包括传真、邮件、电话记录、信件等，避免出现因疏忽导致计划制订不周全的情况。

落实各地的交通工具。有时候，旅游团从发出预报到真正成行的时间相隔数月，甚至更长时间，在此期间，航空公司、铁路等交通部门的航班、车次以及使用的机型等会有变化，因此在制订计划期间，需要随时关注交通状况，如发现对客户承诺的情况有变，应及时通知对方。

落实接待项目。在制订计划时，应再次对各地接待社和旅游团的人数、特殊要求等情况进行确认，并落实在各地的游览参观项目、餐饮、风味品尝、文娱活动、购物活动等，对待重点团尤其要注意。

落实导游人员的委派。如果旅游团对导游有特殊要求，要与导游管理部门沟通落实，委派的导游必须持有国家颁布的导游证。如需聘请兼职导游，还需完备相关手续。

表4-3是旅行社旅游团队接待服务计划样表，以供参考。

表4-3 旅游团队接待服务计划（行程单）

甲方：　　　　（简称甲方）电话：　　　　传真：　　　　联系人：

乙方：　　　　（简称乙方）电话：　　　　传真：　　　　联系人：

月	日	行程活动安排	用餐			酒店及标准	进店购物次数	备注
			早	中	晚			

我社团队＿＿＿＿＿＿（团号）一行大小共计＿＿＿＿＿＿人，此团地陪＿＿＿＿人，全陪＿＿＿＿人，领队＿＿＿＿人，交甲方接待，请甲方确认以下事项。

一、接待时间、行程及活动安排、用餐标准、酒店名称及标准、进购物点次数。

二、接待团队交通工具及要求。

三、接待团队服务人员要求。

四、接待团队餐饮要求。

五、接待团队费用及结算形式：成人/每人＿＿＿＿＿＿元；儿童/每人＿＿＿＿＿＿元；老人或特殊工作者/每人＿＿＿＿＿＿元；共计＿＿＿＿＿＿元（费用已含项目＿＿＿＿＿＿；不含项目＿＿＿＿＿＿）。结算形式＿＿＿＿＿＿。

六、其他约定。

甲方：　　　　　　　　　　　　乙方：

代表人：　　　　　　　　　　　代表人：

＿＿＿年＿＿＿月＿＿＿日　　　　＿＿＿年＿＿＿月＿＿＿日

2.1.3 落实接待计划

安排落实接待计划，是旅行社计调人员的核心工作。旅游团能否按质按量地享受在合同中约定的各项服务，在很大程度上取决于计调人员安排落实接待计划的好坏。

目前，我国绝大多数操作规范的旅行社，在与客户签订合同并经接待社确认后，就将该团队的详细信息登记在团队操作台账上，以便于计调人员安排工作和日后查对。按最终确认的时间和旅游具体要求打印行程表，并给客户代表和旅行社派出的领队与全陪各执一份，作为旅游接待的标准文件。在旅游团确认接待计划后，计调人员就应安排导游人员，调配车辆，向合作单位确认团队预订计划（包括个别景区网上订票的管理等），将团队行程涉及的项目落实到位，保证团队接待的质量。

2.1.4 接待计划的控制

旅行社接待计划控制的目的就是为了实现计划目标的顺利完成，防止差错与损失。

计调部在实施接待计划的过程中，各个步骤必须有秩序地衔接进行，才能合理地协调各方面的工作。接待工作的实施又需要取得许多相关部门的协作，需要与他们保持联系，并得到他们的支持。

计调部经理对接待计划的控制主要是掌握几个容易出差错的环节：团队抵离的日期；团队抵离的车次、航班；客人及全陪人数（包括语种及其他特殊要求）；长途交通票委托；住房委托及确认情况；餐饮委托；市内交通委托；文艺票委托；游览节目的安排；向接待部发接团通知。

当这些计划落实好后，一旦发生计划更改，一定要在计划上注明更改记录，并同时将更改内容及时通知各有关单位和部门。这些工作看起来十分简单，但在实际操作中往往会出现难以预料的差错，所以在日常工作中要时常核对计划，避免人为的差错，确保计划的顺利实施。

2.1.5 做好统计工作，建立业务档案

为了在激烈的竞争市场中站稳脚跟，更好地为旅行社创收，计调部门还需要对旅行社经营活动中的数据进行统计和分析，及时帮助旅行社调整经营方针与经营策略，主要内容包括以下两个方面。

1. 客源统计

客源统计分析是计调部门统计最关键的环节。旅行社每年接待的外国游客人数、天数、客源流向等，都应有详细的统计资料。通过对客源统计数据同上一年周期数据进行对比，从中发现问题，有利于旅行社决策部门开拓市场。

2. 合作单位情况统计

旅行社合作的单位很多，如航空公司、铁路部门、饭店、汽车公司、旅游景点、餐厅、定点商店和娱乐场所等。计调部对一定时期内向上述单位及部门输送了多少

客源进行统计，以获得更为优惠的价格；同时，还要统计旅游者对上述单位的反馈情况，决定是否继续合作。

旅行团的行程结束之后，计调部还要继续完成相应的后续工作。在从接收计划到变更计划的流程中，计调部与各个合作单位联络落实接洽计划，与组团社协商计划的制订与执行，与销售部、接待部等旅行社内部各部门做好交接工作，为此保存下来的传真、邮件、记录等资料非常多，这就要求计调部要将计划的落实情况建档并妥善保存，以便查阅。

2.2 旅游服务采购

2.2.1 旅游服务采购的内涵

旅行社的产品就是旅行社为满足旅游者旅游过程中的需要，而向旅游者提供的各种有偿服务。在我国，目前旅行社向旅游者提供的产品除了包括各种单项服务外，更多地表现为包括食、住、行、游、购、娱等各要素在内的综合包价旅游。这就使旅行社的产品不可避免地将住宿、交通运输和餐饮等许多旅行社本身并不直接经营的服务项目也包括在其中，由此而产生了旅行社旅游服务采购行为。

旅游服务采购，是指旅行社为组合旅游产品，以一定的价格向其他旅游企业及与旅游业相关的其他行业和部门购买相关服务项目的行为。

2.2.2 旅游服务采购的类别

1. 交通服务采购

迅速、安全、舒适、方便的交通服务，是旅行社产品不可或缺的组成部分，所以，旅行社必须与包括航空公司、铁路、公路、水上客运等在内的交通运输部门建立密切的合作关系，并与有关的交通部门建立代理关系，经营联网代售业务，以保证旅游者在旅游过程中的交通能够顺畅、快捷。

2. 住宿服务采购

除了一日游客外，其他旅游者在外出旅游的过程中都需要得到住宿方面的服务。旅游住宿服务设施包括饭店、旅馆、招待所等基本住宿设施和露宿营地、度假村、共管公寓及活动预制住宅等辅助性旅游住宿设施。旅行社采购人员必须严格考察各种住宿服务设施，并从中选出一批质量好、价格公道、愿意为旅游者提供服务的住宿服务设施，以确保旅游者在旅游过程中的住宿需要。

3. 餐饮服务采购

餐饮服务采购是指旅行社为满足旅游者在旅游过程中对餐饮方面的需要进行采购的业务。旅行社采购人员在采购餐饮服务时应根据旅游者的口味、生活习惯、旅游等级等因素，安排旅游者到卫生条件好、餐饮产品质量高、餐厅服务规范、价格公道的餐馆用餐。

旅行社采购人员在采购餐饮服务时，常采用定点采购方法，即旅行社经过对餐饮设施进行考察和筛选后，同被选择的餐馆进行谈判，最终达成协议，由这些餐馆充当旅行社的定点餐厅。协议中要明确规定各种旅游者或者旅游团队的就餐标准、价格、折扣、退订细则、付款方式等事宜。餐馆和旅行社都应自觉履行协议，为旅游者提供满意的餐饮产品和服务。

4. 参观游览服务采购

游览和参观是旅游者在旅游目的地进行的最基本和最重要的旅游活动，做好游览景点服务的采购工作对于保证旅游计划的顺利完成具有举足轻重的作用。

旅行社采购人员应熟悉本地区的重要景区、景点，对新开辟的景区、景点进行考虑和比较，根据具体情况提出合作意向。对长期合作的景点，要积极就门票价格折扣、记账方式、结账期限等方面进行洽谈，在互惠互利的基础上签订长期合作协议。

5. 旅游购物服务采购

购物是旅游活动中不可缺少的环节：一方面，作为游客或多或少都会有购物需求；另一方面，旅游购物促进当地的经济发展。因此，旅行社要组织好旅游者的购物活动，满足旅游者需求，同时为当地增加经济收益和就业机会。旅行社采购人员应该选择一批信誉好、特点鲜明、价格合理、商品质量优良、售后服务周到的旅游定点商店，经过洽谈签订协议。在协议中必须明确双方的权利、义务，以防商店向旅游者出售伪劣或失效、变质的商品，损害旅游者的利益和旅行社的形象与声誉。

6. 旅游娱乐服务采购

组织好旅游中的娱乐活动，不仅可以丰富和充实旅游活动内容，还能消除旅游者在旅途中的疲劳，并起到文化交流的作用。旅行社采购人员要了解旅游者的心理特点，根据旅游者的不同年龄、文化程度、收入水平等情况，给他们安排适当的活动项目。必须强调的是，娱乐活动的选择和安排必须遵守国家法律的规定，不得带客人到不健康或不安全的场所。

旅行社采购娱乐服务时，要同娱乐活动的提供方就预订票以及演出内容、日期、演出时间、票价、折扣、支付方式等进行谈判并最终达成协议。

7. 旅行社服务采购

目前，在我国现有的条件下，有自主外联权的组团旅行社还不具备向全国或其他国家与地区直接采购各种旅游服务的能力，必须通过当地的旅行社或旅游中间商来采购所需产品，所以当地的旅行社或中间商相对于有自主外联权的旅行社来说，也属于旅游服务采购的范围。组团社应根据旅游团的特点，发挥各接团社的特长，针对组合的旅游产品或线路来选择接团社。同样，接团社接待服务过程中自身不能供应的部分，同样需要通过采购来解决。

8. 其他旅游服务采购

除了上述的各种旅行社必须要采购的旅游服务外，旅行社还在其产品经营中向旅游者提供旅游咨询、代办旅游保险、出境护照签证等服务，所以旅行社也必须与相关的部门建立合作关系。

实践要点

1. 计调业务流程主要包括：接收计划和预报，编制预报表；制订接待计划；落实接待计划；接待计划的控制；做好统计工作，建立业务档案。

2. 旅行社接待计划的内容包括：旅游团的基本情况和要求、日程安排、成员名单等。

3. 旅游服务采购的类别包括：交通服务采购、住宿服务采购、餐饮服务采购、参观游览服务采购、旅游购物服务采购、旅游娱乐服务采购、旅行社服务采购、其他旅游服务采购。

实战演练

· 主题：计调业务中接待计划的制订
· 目的：掌握计调业务操作流程
· 过程设计

1. 结合教学内容，分析资料。

2. 按每组4~6人进行分组讨论，分组讨论后，制订出详细的接待计划。

3. 在教师的组织下，各组相互交换接待计划，指出设计中合理和不合理的地方。

· 情景再现

江西某旅行社计调部接到一份销售部发来的通知，通知注明3月25日将接待人数为30人的旅游团，旅游目的地是庐山、景德镇、婺源、三清山，为期六天，要求入住三星级以上较新酒店，饮食需要清淡。请同学们根据这些要求，制订出一份接待计划。

学习任务 ❸ 熟悉旅行社组团与接待业务

【想一想，做一做】

旅游者刘某及其家人参加某旅行社组织的七地双卧双船十日游。旅游者在到达旅游目的地之后方得知他们需要与其他旅行社团的旅游者"拼团"，并且旅行社没有委派全陪导游随行，造成旅途中许多问题无人沟通协调；住宿标准也未达到合同约定；从大连至烟台乘船承诺为三等舱（8~12人高低铺），实际降低了标准。此外，地接社导游安排不当，接站延误，致使旅游者在大连人民广场从凌晨3点坐等到7点才吃早饭，期间4个小时无处休息；又因入住问题耽误旅游者4个小时；而且地接社将两天行程压缩为一天进行。旅游者在游览结束返回后向有关部门投诉。

想一想

1. 上例中旅行社组团业务和接待业务出现了哪些问题？

2. 组团业务和接待业务操作应如何正确进行？

知识储备

3.1 旅行社的组团业务

组团业务（即直客业务）是旅行社的主导业务，简而言之，就是经过旅游代理商把旅游产品销售给旅游者，并与接待旅游服务商一起，共同为旅游者提供满意的旅游体验，从而获得企业利润的经营形态。

3.1.1 组团产品设计与开发的操作模式

目前，旅行社组团产品设计与开发的模式有如下两种。

1. 自己设计、开发并销售

现在国内各大城市的大型组团社，基本上都已经具有自己设计、开发旅游产品的能力。大型组团社通过及时把握区域市场的消费特点，根据当地旅游市场的消费趋向调查，确定主要旅游目的地，与旅游目的地的主要接待社协商并获得其支持，同时利用自己多年来在当地旅游要素市场奠定的优势，与航空公司、铁路运输部门、汽车公司等交通运输部门签订包机、专列、包车合同，以大批量的采购获得各项要素的价格优势，将采购的接待产品和交通服务进行有机组合，就完成旅游产品的设计与开发。由于包机、专列等大型散客型旅游产品可以取得较好的社会效应，所以很多旅游目的地的旅游主管机构都制定了一定的奖励政策和广告支持政策。目前，由于旅游市场的强大影响力，中国国旅、中国旅行社、中国青年旅行社、中国康辉旅行社等大型旅行社，每年都可获得各国旅游机构市场广告费的支持；国内重要旅游市场的重点组团社每年也可以从旅游目的地获得一定的奖励和广告费支持。值得注意的是，这些大型旅行社自己设计、开发的旅游产品，在本地旅游市场主要由本旅行社分布区域市场内的营业部销售，在本地之外的市场则由发展代理商进行销售。

2. 从批发商处获得产品分销权

目前，中国的旅行社大部分是中小型旅行社，没有自主的散客产品开发能力，主导客户是组织型客户（团队客户）。中小型旅行社通常是从批发商（大型组团社的产品分销机构、接待社在当地市场的营销服务机构）手中获得散客型旅游产品的分销权，然后通过广告形式进行市场开发，最后再根据游客人数的多少从批发商手中获得一定数量的佣金。现在每个旅行社都有一批接待社设在当地市场的办事处（接待社营销服务机构）的名单。这批接待社的营销服务机构就成为中小型旅行社散客型产品的提供商。出于企业品牌塑造的考虑，中小型旅行社不愿意和当地的大型组团社合作，而更乐意接受这些接待社办事处的服务。由于办事处的工作人员见利忘义、携款潜逃的事件屡有发生，国家旅游主管机构一再进行市场整顿，试图让办事处这种批发商的形态阳光化，但一直没有取得理想的效果。目前，在北京、上海、广东等重要客源市场上，来自各旅游目的地旅行社的营销服务机构多达几十家甚至上百家。

3.1.2 组团产品设计与开发的操作内容

1. 产品要素：大交通、饭店、餐饮、景点、购物、娱乐。

2. 旅游产品说明书。

旅行社设计旅游产品说明书时要注意以下几点。

第一，采用图文并茂的旅游产品形成模块。一个完整的旅游产品说明书应该包括产品特色说明、产品行程安排（对旅游行程尽量采用体验性、描述性文字进行说明）、全程接待标准三个部分。模块中应尽量采用优美的图片。

第二，精心选择纸张。一定要选择优良的纸张，如果是主题旅游产品可以选择与主题相吻合的纸张。

第三，进行人性化版面设计，并选择印刷质量有保证的印刷厂合作。

3. 选择产品推广媒介

组团型旅游产品的推广媒介，主要有报纸、广播、电视、杂志、路牌、网络等。

4. 销售人员管理

销售人员是旅行社同客户接触最直接和最紧密的人员。在客户面前，销售人员代表着旅行社；就旅行社而言，销售人员肩负着对销售产品的重大责任。同时，销售人员还给公司带回许多有关客户和有价值的市场信息。对销售人员的成功管理，是公司组团型旅游产品营销成功的必要前提。

目前，我国旅行社的销售队伍主要是针对组织型客户。很多旅行社都是按销售区域来组织自己的销售队伍。国内某大型旅行社使用网格理论组建自己的销售队伍，结合自己强大的产品设计和开发能力，市场开发取得了巨大的成功。随着我国旅行社市场细分的不断深化，有些旅行社已经进入了商务旅游领域。这些旅行社开始根据自己的服务产品结构，组建自己的销售队伍，力图通过产品的差异化占领不同的细分市场。

3.1.3 组团业务操作流程

组团业务实际上是旅行社的招徕业务，招徕水平的高低直接关系到旅行社客源的多少，是体现旅行社业务量大小的一个尺度。操作流程的规范性和到位性直接影响到旅行社的组团信誉，不能马虎。因此，各家旅行社都十分重视组团业务的开展，这是旅行社最重要的业务之一。旅行社组团业务的操作流程如图4-3所示。

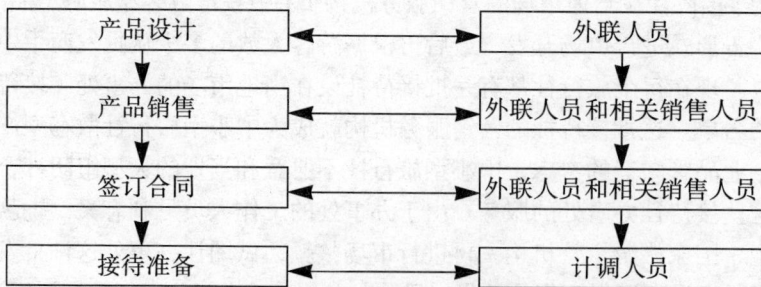

图4-3 旅行社组团业务的操作流程

1．产品设计

产品设计是旅行社进行组团业务的基础性工作，外联人员根据市场需求情况和自身条件，设计出符合旅游者需求的旅游产品，并根据市场的供求关系、旅游者的经济承受力，制定出合理的价格，然后进行市场营销的总体策划，形成产品线路促销的组合方案。产品符合市场需求，迅速有效地传递信息是此工作阶段的要求。

2．产品销售

组团的过程就是销售产品的过程，由外联人员完成。外联人员是旅行社客源的组织者，他们的主要职责是掌握信息、谈判招徕和反馈信息。

3．签订合同

旅行社组团，无论是团体或者散客，也无论是国内旅游还是海外旅游，一旦销售成功，外联人员就需要和客户签订旅游合同或契约，确定彼此的权利和义务，并收取订金。国内团队一般在出游之前将团款付清；海外团队一般由旅行社财务人员和导游收款或银行划转；电汇、信汇也是目前支付团款的重要方式。

4．接待准备

接待准备具体包括以下步骤。

根据合同及其他信函材料，制订初步接待计划，选择地接社或采购内容。

把接待计划传真给地接社，询价，审核地接社报价单，然后用传真确认价格、行程，委托其订房、订餐、订交通工具并提供导游服务。为保证团队的正常运行，组团社还可先汇部分团款给地接社。

根据计划逐项采购，整理出最终接待计划。组团社本身也要做一些采购工作，包括订车、安排合适的导游和司机，然后再依据地接社的采购情况制订最终的旅游接待计划，下发给导游、旅行社相关部门、地接社及相关接待单位。

旅行社为旅游者办理旅游保险。不管是国内旅游者还是国际旅游者，都必须给办理旅游保险。旅行社一般采取一团一保或年交的方式，向保险公司购买旅游保险。具体办理过程依据旅行社与保险公司签订的协议执行。

3.2 旅行社的接待业务

3.2.1 旅行社接待业务的性质及特点

旅行社接待业务的性质即导游接待服务。旅行社接待业务是旅行社为已经预订旅行社产品的旅游者，在到达本地后提供实地旅游服务的一系列工作。导游服务处于接待服务工作的第一线，旅游者的所有旅游活动都将通过导游的服务得以实现，旅行社也需要通过导游的服务来产生经济效益。旅行社接待业务有以下特点。

1．接待业务是直接的、面对面的

旅游接待业务所进行的工作是一项直接面对旅游者的工作。旅游接待业务提供的是一种服务产品，这种服务产品的生产与销售需要员工（旅游接待人员）和顾客（旅游者）的共同努力才能够完成。它与一般的有形商品不同，是通过接待人员提供给旅游者一种服务、旅游者从中得到旅游的快乐感受得以实现的。接待业务是直接面对人的服务，因此，要求旅行社接待人员既有高水平的服务技能，又有综合的协调能力。

2. 接待业务是复杂的、多变的

任何一个旅游团的行程都是需要与旅游相关的各部门共同协调组织才能顺利完成的，它需要外联部、计调部细致的组织调度，更需要全陪、地陪精彩的现场导游服务。接待时可能由于主观或客观原因而出现临时变化（如意外事故、伤病或旅游计划增减等），此时接待人员不仅要做好接团、送团期间的各项工作，更要在带团期间联系涉及旅游的多个部门（如饭店、餐饮、交通），还要注意旅游者的多方面（诸如在年龄、性别、职业、兴趣等方面的不同）需求，以实现个性化、人性化的服务。

3. 接待业务需要渊博的知识

在旅游市场竞争加剧、旅行社业务不断发展的当代，旅行社产品除了传统的观光旅游，还出现了文化旅游、商务旅游、度假旅游、康体旅游、科考旅游、探险旅游、宗教旅游等新产品。这需要导游接待人员针对不同旅游团体，在政治经济、历史地理、文化科学、体育卫生、医疗、宗教等诸多方面充实自己的知识，通过自己广博的知识和高超的服务技术，满足不同类型旅游者的多方面旅游需求。

4. 接待业务要求及时、准确

旅游接待是一项相当烦琐的工作，它需要在短时间内将旅游者所需的包括"吃、住、行、娱、游、购"等一系列要求，按时、保质、保量地提供给旅游者。为此，旅游接待人员不仅要在现场做好精彩的导游讲解工作，还应在实施接待工作之前做好相应的准备工作（包括认真阅读接待计划，与各有关方面联系、确认等），同时对突发的意外事故（如地震、海啸等自然灾害及航班延误等）提前作出应急防范措施，一旦发生问题，应作出冷静、准确的判断与应对，以保证游览顺利和旅游者人身财产安全。

此外，旅行社接待人员在提供接待服务时，要做到接待及时、准确，组团社还应将具体的接待服务内容向游客进行详细说明，同时对接待社发出准确的书面通知及要求；接团社在收到组团社的接待计划后，应及时予以确认并制订相应的接待计划。

5. 接待业务要求具有原则性与灵活性

旅游接待人员的工作内容是庞杂的，并且需要独自在接待第一线上为旅游者服务。因此，旅游接待人员需要严格按照规范工作，不得随意添加个人行为；同时，由于接待服务是直接面对旅游者的服务工作，对于旅游者提出的合理的、符合规定的要求，要遵从"合理而可能原则"，尽可能地予以满足。这又需要旅游接待人员在严守规范的情况下同时具有灵活性。

3.2.2 旅行社接待业务的地位及作用

旅行社接待业务处于直接面对旅游者的最前沿的地位，接待质量的优劣决定着旅行社产品的价值与销售情况，直接影响旅游者对旅行社、旅游目的地的评价。旅行社接待人员熟悉旅行社接待业务流程，能最大限度地提升以"顾客、竞争、变化"为特征的现代旅游服务水平。

在旅行社的外联、计调、接待这三大主要经营部门当中，接待部门处于与旅游者直接接触的第一线。旅行社的接待过程既是旅行社产品的直接生产过程，同时也是旅行社产品价值的产生过程，更是实现创新价值的过程，所有的旅游内容（包括餐饮、住宿、交通、游览、娱乐、购物等）都需要通过接待这一服务形式得以实现。在接待工作中，导游的服务工作起着至关重要的作用。旅游者直接面对的就是导游人员，导游的接待服务起着承上启下、沟通协调的作用，没有导游服务也就谈不上旅游接待，旅游者的旅游需要也就无法实现。良好的导游服务来自于严格的导游管理，这样，旅行社方能实现自己的经营目标，获得经营利润。因此，接待工作及接待管理工作是必不可少的，也是至关重要的。

3.2.3 旅行社接待业务的内容

1. 组团社的接待业务内容

组团社接待业务的主要内容是负责团队的输送，即将团队发送给国内异地或境外的接团社接待。其业务内容主要包括接团社的选择和接待计划的落实等。

2. 接团社的接待业务内容

接团社又称地接社，其典型的接待业务是在某一旅游地进行接待，为组团社发来的旅游者提供当地的吃、住、行、游、购、娱等的全方位服务。

地接社在接到组团社发来的计划后，应该审阅一下内容：旅游团团名、团号、人数、类别、国籍、服务标准及对导游的要求；抵离本地的航班、车次、船次、时间及去向，下一站的接待单位；对所住饭店的要求，房费是否含早餐，自订还是代订；旅游活动日程安排的要求，是否有风味餐或特殊项目；其他特殊要求。

审核无误后，应及时予以书面确认。地接社接待业务的内容主要包括：制订相应的接待计划；对导游人员的选择和安排；活动日程的落实；交通工具、住宿、餐饮标准等各方面的保证；沿线各游览景点接待社的联络，协助旅游者完成旅游行程；在接待结束后，地接社向组团社报接待费用，并要求及时拨付款项。

3.2.4 旅行社接待业务的流程

旅行社接待业务大致分为准备、接待实施及回团总结三个阶段，另外旅行社因接待业务类型的不同，接待程序也呈现出不同的特点。在具体的接待工作当中，接待人员应按照相应规定进行操作。

旅行社接待业务流程如图4-4所示。

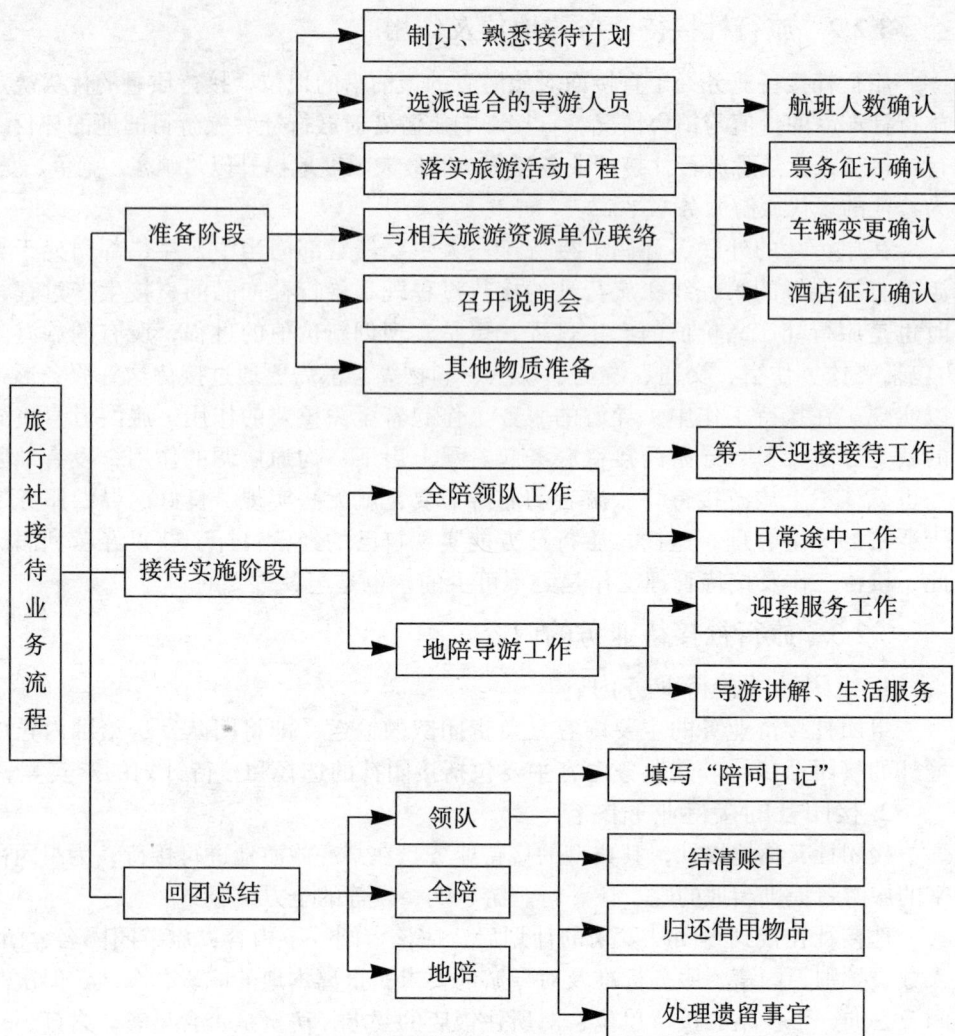

图4-4　旅行社接待业务流程

1. 团体接待业务流程

旅行社团体接待分为接待前的准备阶段、接待实施阶段、接待结束后的回团总结阶段，在不同的阶段应采取不同的方法，并进行合理有效的管理。团体旅游接待服务程序包括全陪导游接待服务程序、地方导游接待服务程序等类型，各类型的接待程序均涉及以上三个阶段。

2. 大型和特种旅游团接待业务程序

大型和特种旅游团抵达前的组织和准备工作内容包括：检查接待计划的落实，如车辆安排、出入顺序、住宿接待情况、预计访问地具体情况等；挑选、配备适量的导游，要求每个导游熟知日程计划；统一服装、标牌、胸卡，准备好导游旗、话简、对讲机（或手机）等；配备随团医生，备好相关药品；仔细研究确认游览点所需时间及车辆出入时间、顺序，统一指挥调度；确定旅游者就餐时的桌号及桌上放置的标志、桌签。

大型及特种旅游团接待服务的操作规范及要点包括：编制接待体制图，明确各部门工作要点，准备应急预案；制定与各相关接待单位的联络事项、要求、时间以及配合细则；准备好详尽的相关资料或对方信息；准备好整个旅游团的行程示意图；了解各游览地区简介、特色资源、民情禁忌等；针对老年团、残疾人团、修学团等特殊旅游团，指派责任心强、有耐心、身强力壮、慎言的导游带团接待。

3. 散客旅游接待业务程序

散客旅游是一种自助或半自助性质的旅游形式。散客旅游并不意味着全部旅游事务都由旅游者自己办理，实际上，不少散客的旅游活动均借助了旅行社的帮助，如出游前的旅游咨询、交通票据和饭店客房的代订、委托旅行社途中接送、参加旅行社组织的菜单式旅游等。近年来，散客旅游发展迅速，已成为当今旅游的主要方式。散客一般可分为两大类：一类是自助旅游散客；另一类是旅行社接待的散客团。

（1）自助旅游散客接待的程序

接待自助旅游散客时，旅行社必须问清对方的要求，说明本社的服务项目、旅游产品和收费标准。在散客决定委托旅行社提供服务时，接待人员应说明应该办理的手续、旅游者的权利和义务、监督投诉电话，请旅游者填写有关表格、签署委托合同书，以备出现变化时能及时联系旅游者，并在查看对方证件后收取相应费用。

（2）散客团体接待的程序

散客团体与标准团队的接待程序大同小异，但要注意以下方面：由于散客团与标准团不同，导游要弄清其购买的服务项目，要核实是否已付费；一般情况下不派行李车，行李由旅游者携带；散客团一般无领队、全陪；接待散客团应特别重视与旅游者商谈日程安排；无论是接、送还是游览，地陪均应事先确认本散客团是专车还是与其他团合用一辆车；对小型包价散客团，地陪应提前与旅游者确认送站时间和地点。

3.3 旅游接待业务中特殊问题的处理

在旅游接待业务过程中，尽管旅行社严格执行了管理条例，但由于旅游接待业务中不可控制因素的存在，仍不可避免地会出现某些突发事件，接待人员应及时采取有效措施，做到提前预防，妥善处理。

3.3.1 旅游活动计划和日程变更

1. 旅游者或旅游团要求变更行程计划

旅游过程中，旅游者或旅游团提出变更线路或日程的要求时，旅行社接待人员原则上应严格按合同执行，不得私自更改计划和日程。当然，若有特殊情况，应及时上报组团社，根据组团社的指示做好相应工作。

2. 因客观原因确需变更计划和日程

旅游过程中，因客观原因或不可预料的因素（如自然灾害、交通问题、政治原因等）需要变更旅游团的旅游计划、路线和活动日程时，旅行社接待人员要根据不同的情况进行处理。

例如，缩短或取消在一地的游览时间；尽量抓紧时间，将计划内的参观游览安排完成，突出本地最具有代表性、最具有特色的旅游景点，使旅游者对本地的旅游景观有基本了解；如提前离开，要及时通知下一旅游站；向旅行社领导及有关部门报告，与饭店、车队联系，及时办理退餐、退房、退车等事宜。

3.3.2　旅游者行李出现差错

行李的运送是旅游接待工作中的一个重要组成部分，如果其中某个环节出了纰漏，比如丢失、损坏或者未能及时送达，都会影响旅游者的情绪，因此要严格遵循操作程序，以免发生失误。

例如，如果旅游者在来华途中丢失行李，接待人员应带领失主前往机场失物登记处办理丢失、认领手续，记下有关公司地址、电话，以便联系；旅游者在本地游览期间丢失行李，导游应帮助查询行李丢失查找的进展情况；如有必要，协助失主购买生活必需品；当旅游者离开本地旅游地仍未找到行李时，导游应协助失主接洽后面的相关旅行社及酒店，以便将可能找到的行李交还给旅游者。

3.3.3　旅游者走失

在参观游览或自由活动时，时常有旅游者走失的情况。一旦出现这种情况，会使旅游者极度焦虑、恐慌，严重时会影响整个旅游计划的完成，甚至会危及旅游者的生命财产安全。导游在带团游览时，应时刻提醒自己与旅游者，以防走失情况的发生。

发生旅游者走失情况的处理方法为：了解情况，迅速寻找；向有关部门报告，寻求帮助；与饭店联系，请他们注意该旅游者是否已经回到饭店；向旅行社报告并请示帮助，必要时向公安部门报案；做好善后工作，分析走失的原因、责任；写出事故报告，详细记述旅游者走失经过、寻找经过、走失原因、善后处理情况及其他旅游者的反应等。

3.3.4　旅游者患病、死亡

1. 患病问题

经常会有旅游者在旅游期间感到身体不适或患一般疾病，如感冒、发烧、水土不服、晕车、失眠等。遇到旅游者患病时，导游应该按如下方式处理：劝导旅游者尽早就医，若有可能陪同前往医院；关心旅游者的病情，必要时通知餐厅为其提供送餐服务；若旅游者患急重病，应及时就地抢救；严谨擅自给旅游者用药；随时向旅行社反映情况；向旅游者讲清看病费用需自理。

2. 死亡问题

旅游者在旅游期间无论什么原因导致死亡，都是一件很不幸的事情。当出现旅游者死亡的情况时，导游应沉着、冷静地处理：立即向当地接待社报告，按接待社领导的指示做好安排工作；稳定其他旅游者的情绪，并继续做好旅游团的接待工作；若死者的家属不在身边，必须立即通知其家属；如果死者属非正常死亡，导游人员应保护好现场，立即向公安局和旅行社领导汇报；由参加抢救的医师写出抢救经过报告、死亡诊断证明书，由主治医师签字后盖章；死亡原因确定后，在与领队、死者亲属协商一致的基础上，请领队向全团宣布死亡原因及抢救、死亡经过情况；处理所有事宜必须有死者的亲属、领队、全陪、使/领馆人员及旅行社有关领导在场，切忌单独行事；口头协议或承诺均属无效，事故处理后，将全部报告、证明文件、清单及有关材料存档备案。

3.3.5 漏接、错接

1. 漏接

漏接是指旅游团（者）抵达一站后，没有导游迎接的情况。出现这种情况的原因是多方面的，并非全部是导游的责任。遇到漏接时，导游应该按以下方法处理：导游人员应设身处地地安抚旅游者的不满情绪，挽回不良影响；实事求是地说明情况，耐心细致地解释，诚恳地赔礼道歉；尽量采取弥补措施，努力完成接待计划，将旅游者的损失减少到最低程度。

2. 错接

错接是指导游未认真核实，接了不应由他接的旅游团。错接属于责任事故。错接若发生在同一家旅行社接待的两个旅游团，导游应向旅行社领导汇报，经同意，地陪可不再交换旅游团，全陪应交换旅游团并向旅游者诚恳地道歉；若错接团为另外一家旅行社的旅游团时，导游应立即向旅行社领导汇报，设法尽快交换旅游团，并向旅游者实事求是地说明情况并向旅游者诚恳地道歉。

3.3.6 误机（车、船）事故

误机（车、船）事故是指因故造成旅游团没有按原定航班（车次、船次）离开本站而导致暂时滞留。一旦发生误机（车、船）事故，导游应按照下列步骤进行处理：立即向旅行社领导及有关部门报告并请求协助；尽快与机场（车站、码头）联系，争取让旅游者乘最近班次的交通工具离开本站，或改乘其他交通工具前往下一站；稳定旅游者的情绪，安排好在当地滞留期间的食宿、游览等事宜；及时通知下一站，对日程做相应的调整；向旅游者赔礼道歉；写出事故报告，查清事故的原因和责任。

3.3.7 旅游安全事故

1. 交通事故

当发生交通事故时，导游应按以下步骤处理：立即组织抢救；保护现场，立即报案；迅速向旅行社领导汇报；做好全团旅游的安抚工作；写出书面报告（包括出事时间、地点、原因、程度、处理经过及涉及的人员情况等）。

2. 治安事故

当发生治安事故时，导游应按以下步骤处理：及时向旅行社领导报告；安抚旅游者的情绪；写出书面报告。保护旅游者的人身、财产安全。

3. 火灾、地震等自然灾害

当发生火灾、地震等自然灾害时，导游应按以下步骤处理：立即报警；迅速通知领队、全陪及全团旅游者；配合工作人员，听从统一指挥，迅速通过安全出口疏散旅游者；引导大家自救；协助处理善后事宜，写出书面报告。

4. 食物中毒

当发生食物中毒时，导游应按以下步骤处理：设法催吐，让食物中毒者多喝水以加速排泄，缓解毒性；立即将患者送往医院抢救，请医生开具诊断证明；协助处理善后事宜，写出书面报告。

3.3.8 其他问题

导游在进行旅游讲解以及其他生活服务时，不仅要做到恪尽职守，还应做好充分的心理准备，解决旅游过程当中发生的其他问题与矛盾。

实践要点

1. 旅行社接待业务有以下特点：直接的、面对面的；复杂多变的；需要渊博的知识；要求及时、准确；要求具有原则性与灵活性等。

2. 在旅游接待业务实施的过程中，不可避免地会出现某些突发事件，接待人员应及时采取有效措施，做到提前预防，妥善处理。

实战演练

· 主题：模拟接待业务中特殊问题的处理

· 目的：掌握接待业务中特殊问题的处理方法

· 过程设计

1. 结合教学内容，分析接待业务中经常会遇到的特殊问题及处理方法。

2. 按每组4~6人进行分组，并给每组分配处理不同的特殊问题的任务。

3. 在教师的组织下，每组轮流进行模拟接待，各组互相讨论点评，指出其他组接待中合理的地方和不合理的地方（同一个特殊问题，可以设计多种处理方法）。

· 情景再现

教师可以在教室设定以下场景：旅游活动计划和日程变更的处理，旅游者行李出现差错的处理，旅游者走失的处理，旅游者患病、死亡的处理，旅游者误机（车、船）事故的处理，旅游安全事故的处理。请学生分别扮演当事人进行模拟演练。

本项目总结

知识梳理

1. 熟悉旅游者消费行为与旅行社的基本业务

① 旅游消费者行为模式及其影响因素 ② 旅行社的基本业务

2. 旅行社的计调业务

① 旅行社计调业务流程 ② 旅游服务采购

3. 熟悉旅行社组团与接待业务

① 旅行社的组团业务 ② 旅行社的接待业务 ③ 旅游接待业务中特殊问题的处理

主要概念

旅游消费行为 计调业务 旅游服务采购 组团业务 接待业务

习题与技能训练

1. 填空题

① 旅游消费行为模式中较具代表性的例子是由麦西森·沃尔提出的_____模式和密德尔敦提出的_____模式。

② 旅行社产品开发业务包括_____、_____、_____、_____和_____五个环节。

③ 旅行社的产品就是旅行社为满足_____的需要而向旅游者提供的。

2. 判断题

① 导游是旅行社同客户接触最直接和最紧密的人员。（　　）

② 住宿和餐饮是旅游者在旅游目的地进行的最基本和最重要的旅游活动。（　　）

③ 目前，中国的旅行社大部分是中小型旅行社，没有自主的散客产品开发能力，主导客户是组织型客户（团队客户）。（　　）

3. 名词解释

旅游消费行为 旅游服务采购 组团业务

4. 简答题

① 旅游企业越来越多地注重旅游消费行为研究，通过各种手段对旅游消费者行为进行调查，他们为什么要这么做呢？

② 旅行社计调业务主要包括哪些流程？如何正确地进行操作？

项目 **5** 掌握旅行社的产品策略

■ 学习目标

■ 知识目标

1. 了解旅行社产品的概念、特点和构成。

2. 熟悉旅行社产品的类型。

3. 掌握旅游线路设计的基本原则。

■ 技能目标

1. 能够运用旅行社产品的概念和特点分析旅行社产品。

2. 能够综合运用旅游线路设计的基本原则设计旅游线路。

■ 案例目标

运用所学的旅行社产品的基本概念、构成要素等内容分析相关案例，培养和提高对旅行社产品的分析与设计能力。

■ 实训目标

引导学生参加旅游线路设计的实践，了解旅游线路设计的原则、流程等，达到培养学生动手和创新的能力，能够设计富有特色的旅游线路的目的。

■ 教学建议

1. 共用6课时，其中理论课4课时，实践操作课2课时。

2. 实践操作课在实训室进行或进行旅行社实地考察。

3. 本项目的内容实践性较强，可采用校内授课与课外实训、课内讲授与案例分析、走访旅行社相结合的教学方式进行。

学习任务 ❶ 掌握旅行社产品的内涵

【想一想，做一做】

上海CY旅行社巧打亲情牌，设计春节系列旅行社产品

产品设计背景一：据统计，上海有近370万外来人口，已有许多人在上海安家立业，春节前没有时间回家，也不愿顶着春运高峰回家受累，因此想把老家的父母接到上海来过年成为他们的春节愿望。

产品设计背景二：每到春节，上海春运两大高峰为节前上海至内地和节后内地至上海；而同时，节前内地至上海和节后上海至内地却相对较淡，由此形成了典型的单边客流现象。

上海CY旅行社针对以上情况推出了"年前进沪和年后离沪"往返套票的预订，开通了"亲情热线"电话和专题网页，并推出北京、西安、成都等六条特惠航线，最早预订可享受最低三折的票价优惠。

同时，上海CY旅行社随后推出了亲情套票后续活动——推出系列亲情类春节旅行社产品。为从内地来沪的父母们推出了CY旅行社的品牌包机产品——海南与峨眉山旅游，而且每两人报名即可优惠100元。

想一想

上海CY旅行社针对客户提供的上述系列产品有何独特之处？

知识储备

1.1　旅行社产品的概念与特点

1.1.1　旅行社产品的概念

提起"产品"，人们通常把产品理解为具有某种物质形状、能提供某种用途的物理实体，如服装、食品、汽车等。这是一种狭义的理解，所谓产品，正如科特勒所说的，是指能够提供给市场以满足需要和欲望的任何东西。在市场上，产品包括实物、服务、体验、事件、人员、地点、财产、组织、信息和创意等。

旅行社产品是以旅游者的空间移动为核心，以旅游设施为依托，以旅游供应商的产品为"原材料"，经旅行社设计、组合或营销宣传后销售给旅游者的以服务为

核心内容的产品。也就是说，旅游者在消费完旅行社产品后，不会拥有实物，而是通过消费活动来获得一次经历，满足自身的某种需要。

综上所述，从旅游者的角度来看，旅行社产品是指旅游者支付了一定的金钱、时间和精力后所获得的一种满足旅游欲望的经历。

从旅游经营者的角度来看，旅行社产品是指旅行社为满足旅游者在旅游过程中的吃、住、行、游、购、娱等各种需要，而凭借一定的旅游设施、旅游资源向旅游者提供的各种有偿服务，服务内容包括旅行社提供的各种形式的旅游线路和预订酒店、预订机票、代办签证等单项旅游服务等。

1.1.2　旅行社产品的构成

1. 旅游交通

旅游交通作为旅游业三大支柱之一，是构成旅行社产品的重要因素。旅游交通可分为长途交通和短途交通，前者指城市间交通，后者指市内交通。交通工具有：民航客机、旅客列车、客运巴士、轮船（或游轮、游船）。旅行社编排产品时，安排旅游交通方式的原则是：便利、安全、快速、舒适、平价。

2. 旅游住宿

住宿一般占旅游者旅游时间的1/3，旅游住宿是涉及旅行社产品质量的重要因素。旅行社销售旅行社产品时，必须注明下榻饭店的名称、地点、档次以及提供的服务项目等，一经确定，不能随便更改，更不能降低档次、改变服务项目。

旅行社安排旅游住宿的原则通常是根据旅游者的消费水平来确定的，对普通旅游者而言就是：卫生整洁、经济实惠、服务周到、美观舒适、位置便利。

3. 旅游餐饮

旅游餐饮是旅行社产品中的要素之一。旅行社安排餐饮的原则是：卫生、新鲜、味美、量足、价廉、营养、荤素搭配适宜。

4. 游览观光

游览观光是旅游者最主要的旅游动机，是旅行社产品产生吸引力的根本来源，也反映了旅游目的地的品牌与形象。旅行社安排游览观光景点的原则是：资源品位高、环境氛围好、游览设施齐全、可进入性好、安全保障性强等。

5. 娱乐项目

娱乐项目是旅行社产品构成的基本要素，也是现代旅游的主体。许多娱乐项目都是参与性很强的活动，能极大地促进旅游者游兴的保持与提高，加深旅游者对旅游目的地的认识。

6. 购物项目

旅行社安排购物的原则是：购物次数要适当，购物时间要合理；要选择服务态度好、物美价廉的购物场所，切忌选择那些服务态度差、伪劣商品充斥的购物场所。旅行社产品中的购物项目分为定点购物和自由购物两种，前者是旅游者到旅行社指定的商店购物，后者是旅游者利用自由活动时间自己选择商店购物。

7. 导游服务

旅行社为旅游者提供导游服务是旅行社产品的本质要求，大部分旅行社产品中都含有导游服务。导游服务包括地陪、全陪、景点陪同和领队服务，主要是提供翻译、向导、讲解和相关服务。导游服务必须符合国家和行业的有关标准及有关法规，并严格按组团合同的约定提供服务。

以上各种要素的有机结合，构成了旅行社产品的重要内容。旅行社产品是一个完整、科学的组合概念，完美的旅行社产品是通过最完美的组合而形成的。

1.1.3 旅行社产品的特点

旅行社产品是一种特殊的产品，这种产品不是以实物形态表现出来的一个个的具体产品，而是以多种服务形式表现出来的无形产品，因而有其独特的特点：① 无形性；② 不可转移性；③ 生产与消费的同步性；④ 不可储存性；⑤ 综合性。

1.2 旅行社产品的类型

1.2.1 按照旅游者的组织形式可分为团体旅行社产品和散客旅行社产品

团体旅行社产品是指由参加人数为10人以上的旅游者的旅行社产品，团体旅行社产品一般采用包价的形式；散客旅行社产品是指参加人数为10人以下的旅行社产品，散客旅行社产品有时采用非包价的形式，有时也采用包价的形式。需要指出的是，旅行社组团人数的标准有时与产品的档次相挂钩，如国内旅游豪华团10人成团、标准团16人成团、经济团30人成团；入境旅游则9人成团等。

1.2.2 按照产品包含的内容可分为包价旅行社产品、组合旅行社产品和单项服务旅行社产品

1. 包价旅行社产品

包价旅游是旅游者在旅游活动开始前将全部或部分旅游费用预付给旅行社，由旅行社根据同旅游者签订的合同或协议相应地为旅游者安排旅游项目。包价旅行社产品可分为全包价旅行社产品、半包价旅行社产品、小包价旅行社产品和零包价旅行社产品。

（1）全包价旅行社产品

旅游者将涉及旅游行程中的一切相关的服务项目费用统包起来预付给旅行社，由旅行社全面落实旅程中的一切相关的服务项目。全包价旅行社产品中的一切相关服务项目包括食、住、行、游、购、娱各环节及导游服务、办理保险与签证等。

（2）半包价旅行社产品

它是指在全包价旅行社产品的基础上扣除中、晚餐费用（即不含中、晚餐项目）的一种包价形式。半包价旅行社产品的优点是降低了产品的直观价格，提高了产品

的竞争力，也更好地满足了旅游者在用餐方面的不同要求。

（3）小包价旅行社产品

小包价旅行社产品由非选择部分和可选择部分构成。前者包含城市间交通（长途交通）和市内交通（短途交通）及住房（含早餐）；后者包括景点项目、娱乐项目、餐饮、购物及导游服务。小包价旅行社产品具有经济实惠、手续简便和机动灵活等特点，深受旅游者的欢迎，是旅行社今后值得推广的产品。

（4）零包价旅行社产品

零包价旅行社产品是一种独特的旅行社产品。旅游者参加这种形式的旅游必须随旅游团前往和离开旅游目的地，到达目的地后，旅游者可以自由活动，不受旅游团的束缚。零包价旅行社产品的特点是：一是旅游者可以享受团体机票的优惠价格；二是可由旅行社代办旅游签证手续。

2. 组合旅行社产品

组合旅行社产品是一种灵活性较强的旅行社产品，旅游目的地的旅行社把来自不同旅游客源地的零散游客汇集起来，组成团队进行旅游，从而避免了一些客源地旅行社因当地旅游者人数较少，不能单独成团，造成客源浪费的弊病。旅游活动结束后，旅游团在旅游活动结束的地点解散，各自返回客源地。

3. 单项服务旅行社产品

单项服务也称委托代办业务，是旅行社根据旅游者的具体要求而提供的各种非综合性的有偿服务。旅游者需求的多样性决定了单项服务内容的广泛性，其中常规性项目有：交通票务服务、订房服务、订餐服务、代办签证、导游服务等。

1.2.3 按照旅游者的目的和行为可分为观光旅行社产品、度假旅行社产品和专项旅行社产品

1. 观光旅行社产品

观光旅行社产品是指旅行社利用旅游目的地的自然旅游资源和人文旅游资源，组织旅游者参观游览及考察。观光旅行社产品包括文化观光、自然观光、民俗观光、生态观光、艺术观光、都市观光、农业观光、工业观光、修学观光等。观光旅行社产品长期以来一直是旅游市场的主题产品，深受广大旅游者的喜爱。

2. 度假旅行社产品

度假旅行社产品是指旅行社组织旅游者前往度假地短期居住，进行包括娱乐、休憩、健身、疗养等消遣性活动。度假旅行社产品包括海滨度假、山地度假、湖滨度假、温泉度假、海岛度假、森林度假等。度假旅行社产品具有旅游者在旅游目的地停留时间较长、消费水平较高等特点。

3. 专项旅行社产品

专项旅行社产品又称特种旅行社产品，是一种具有广阔发展前景的旅行社产品，具有主题繁多、特色鲜明的特点。专项旅行社产品包括探险、烹饪、漂流、自

驾车、品茶、书画等形式的旅行社产品等。

1.2.4 按照产品的档次可分为豪华等旅行社产品、标准等旅行社产品、经济等旅行社产品

这是由旅游者的消费水平决定的。豪华等旅行社产品旅游费用较高，游客一般住宿和用餐于四五星级酒店或豪华游轮里，往返使用飞机航线，享用高档豪华型进口车，欣赏高水准的娱乐节目等；标准等旅行社产品旅游费用适中，游客一般住宿和用餐于二三星级酒店或中等水准的宾馆、游轮里，往返多使用飞机航线，享用豪华空调车；经济等旅行社产品旅游费用较低廉，游客住宿和用餐于一般的招待所和旅社，一般使用普通旅游客车、火车、普通轮船等。

实践要点

1. 旅行社产品是一个完整、科学的组合概念，完美的旅行社产品是通过最完美的组合而形成的。

2. 旅行社产品的类型有多种划分标准，可从旅游者的组织形式、产品包含的内容、旅游者的目的和行为、产品的档次等多个不同的角度进行划分。

实战演练

- 主题：桂林双卧五日游旅游行程
- 目的：区分旅行社产品的类别，掌握旅行社产品的内涵
- 过程设计

1. 结合教学内容，分析旅游行程单，讨论旅行社产品的构成。

2. 可按每组5~6人进行分组讨论，推选一名代表上台总结。

- 情景再现

D1 下午14：59分从南昌乘1557次列车赴桂林 无餐 宿车上

D2 早上06：27分抵达桂林，早餐后游览广西最大的综合性公园——七星公园（栖霞寺、花桥、华夏之光广场、驼骆山、克林顿演讲处），午餐后游览桂林城徽象鼻山，游览半枕漓江的伏波山，探还珠洞、观状元石 早/中/晚餐 宿桂林金鑫酒店

D3 早餐后游览"百里画廊"——漓江风光（磨盘山—阳朔），观赏九马画山、黄布倒影等著名景点，在阳朔上岸后游览著名的洋人街——西街 早/中/晚餐 宿桂林西海宾馆

D4 早餐后游览"江山会景处"——叠彩山，登拿云亭观桂林全景，游览"大自然艺术之宫"——芦笛岩，观看千姿百态的石钟乳、石笋，赠送游览中西兼容的虞山公园（五福塔、韶音洞、九重天、虞帝庙等），之后漫步城市花园——榕、杉湖新景（杉湖双塔、榕城古荫、古南门、船舫、北斗桥、湖心岛）。晚餐后乘21：37分1558次列车返南昌 早/中/晚餐 宿车上

D5　下午13：30分抵南昌，返回温馨的家。

报价：1 080元/人

服务标准

1. 住宿：二星级宾馆，标准双人间。

2. 用餐：三早六正，十人一桌八菜一汤（含一游江船餐盒饭）。

3. 门票：第一景点大门票。

4. 交通：全程空调旅游车。

5. 大交通：往返硬卧。

6. 导服：优秀导游服务。

备注

1. 成人报价已含往返火车票和地接价，1.4米以下儿童只含车全价、半餐，游江半价，不含门洞票，不占床位；超高儿童由家长当地现付景点门票及船票差价，儿童不含火车票，直接上车补票；1.4米以上儿童按成人收费标准。

2. 团队中产生单男单女房差由客人在当地现付。

3. 船停码头客人可自费乘电瓶车到阳朔停车场，车票10元/人。

4. 景点顺序以地接导游据实际情况安排为准。

5. 由于漓江水位不定，以市水运中心价格为准。

学习任务 ❷ 掌握旅游线路设计的基本原则

【想一想，做一做】

　　从2006年3月下旬开始，携程网推出"云南元阳梯田罗平油菜花5日团队自由行"，该产品以"罗平油菜花摄影"为出游主题，5天的行程既安排了团队集中、资深摄影师全程陪同讲解春天罗平最佳摄影时间和地点，也让旅游者自行游览美丽的春城，享受自助旅游的乐趣。游客可以自由选择酒店、自行往返、自由活动（自由行），也有若干时间大家集合在一起（团队游）。"团队自由行"有效综合了团队游的价格优势和自由行的休闲、自由度，并有效解决了个体出游的风险和不便。

　　资料来源：改编自携程旅行网。

想一想

　　携程网在线路设计方面有何创新之处？

知识储备

　　一般来说，旅游线路构成了旅行社产品的主体，旅游线路包含了旅游者从离开居住地（或客源地）到返回居住地（或客源地）开展旅游活动的一切要素。旅游线路是旅行社根据旅游市场的需求，结合旅游资源和接待能力，凭借旅游交通把若干个旅游地或旅游点合理地贯穿起来，为旅游者设计的包括整个旅游活动过程中全部活动内容和服务的旅行游览路线。

　　旅游线路设计是根据现有旅游资源的分布状况以及整个区域旅游发展的整体布局，采用科学的方法，确定最合理的路线，使旅游者获得最丰富的旅游经历的过程。旅游线路设计主要从两个方面来考虑：一是尽可能满足旅游者的旅游愿望，使旅游者获得最佳的游览效果；二是便于旅游活动的组织与管理。旅游线路设计是一项技术性与经验性非常强的工作，其意义是既便于旅游者有目的地选择、安排自己的旅游活动，有计划地支配旅游费用，避免"漫游"，又有利于发挥各旅游点的功能和便于旅游服务部门组织接待等。

2.1　旅游线路设计的决定因素

　　旅游线路设计的基本要素包括旅游资源、旅游设施、旅游服务、旅游安全、旅游时间和旅游可进入性等，其中旅游资源、旅游设施、旅游服务、旅游可进入性是决定旅游线路设计的核心因素。

2.1.1　旅游资源

　　旅游资源是进行旅游线路设计的核心和物质基础，是旅游者选择和购买旅游线路的决定性因素。旅游资源的吸引力决定了旅游线路的主题与特色。旅游线路的设计必须最大程度地体现出旅游资源的价值，如大漠丝路风情线、小平同志"南巡"线、珍禽候鸟观赏线、美食风味品尝线等。

2.1.2　旅游设施

　　旅游设施是旅行社向旅游者提供旅游线路所凭借的服务性载体。旅游设施不是旅游者选择和购买旅游线路的决定性因素，但它能影响旅游活动开展的顺利与否，以及旅游服务质量的高低。旅游设施可分为旅游上层设施和旅游基础设施。前者指住宿、游览、购物、饮食服务设施；后者指交通、通信、供电、供排水、卫生、医疗等设施。旅游线路设计中要考虑到旅游设施的数量、种类以及质量与消费档次，有时也要考虑设施的空间布局，如旅游饭店离景点、机场、市区的距离；停车场离景点大门的距离等。

2.1.3　旅游服务

　　旅游服务的存在与设施的存在密切相关，二者相辅相成，离开了旅游设施，旅游服务就无法实现。旅游服务质量直接影响旅游线路的质量,因而旅游服务是旅游线路设计的核心内容。旅游线路设计时要考虑旅游项目中的服务功能、服务水平,并同时设计宾客意见调查表,着重反映导游和司机的服务态度、服务技能、服务效率等。

2.1.4　旅游可进入性

旅游线路设计必须考虑到旅游者进入旅游目的地的难易程度和时效性。旅游者是否能顺利到达旅游目的地是构成旅游线路的重要因素,因此旅游可进入性是旅游线路实现其价值的前提条件。旅游可进入性包含以下几个方面:畅通的交通、简便的通关手续和良好的社会环境。

2.2　旅游线路设计的基本原则

2.2.1　满足需求原则

作为旅行社产品的旅游线路是通过合理科学的设计来满足旅游者多样化的需求,从而打开销路,实现其价值的。因而,旅游线路要适销对路,就必须最大限度地满足旅游者的需求。同时,旅游者的需求也决定了旅游线路的设计方向。旅游者因为地区、年龄、文化、职业上的不同,对旅游市场的需求是不一样的,而随着社会经济的发展,旅游市场的总体需求也在不断变化。成功的旅游线路设计,必须以对市场需求进行充分的调研为前提,以市场为导向,预测市场需求的趋势和需求的数量,分析旅游者的旅游动机,并根据市场需求不断地对原有旅游线路进行加工、完善、升级,开发出新的旅游线路来符合旅游者的需要,这样才能最大限度地满足旅游者的需求,对旅游者具有持续的吸引力。

对于大众旅游者而言,以下需求比较适宜旅行社开发相应的产品。

1. 去未曾到过的地方增长见闻,如印度推出"贫民窟一日游",我国湖北许多旅行社推出神农架寻访野人之旅。

2. 从日常紧张生活中得到短暂的解脱,提高情趣,舒畅身心。

3. 尽量有效地利用时间而又不太劳累。

4. 尽量有效地利用预算。

5. 购买廉价而又新奇的东西。

2.2.2　突出特色原则

旅游线路可以多种多样,特色总是旅游线路的灵魂。突出特色是旅游线路具有吸引力的根本所在,这就要求线路设计人员对旅游线路的资源、形式进行精心选择,力求充分展示旅游的主题,做到特色鲜明,以新、奇、异、美吸引旅游者的注意。突出特色的原则具体体现在以下几个方面。

1. 尽可能保持自然和历史形成的原始风貌。

2. 尽量选择利用带有"最"、"绝"字的旅游资源项目。

3. 努力反映当地的文化特点。

2.2.3　旅行安排的顺序与节奏感原则

"顺序"包括两个方面的含义：空间顺序和时间顺序。旅行社设计旅游线路时，应在交通安排合理的前提下，充分考虑旅游者的心理与精力，将游客的心理、兴致与景观特色分布结合起来，注意高潮景点在线路上的分布与布局；同时要把握游程顺序，旅游活动不能安排得太紧凑，应该有张有弛，而非走马观花、疲于奔命。旅游线路的结构顺序与节奏不同，产生的效果也不同。

以澳洲经典十日游的日程安排为例，一般在旅游者经过十个小时左右的飞行之后，首先安排墨尔本市区观光，参观教堂、艺术中心等景点。这是因为旅游者旅途劳顿，并且环境生疏，故先安排以艺术之都著称的墨尔本市内景点游览，这样体力消耗较少，也便于熟悉环境。然后前往被喻为"考拉之都"的布里斯班观赏澳洲特产动物；在冲浪者天堂——黄金海岸，参加对游人极具吸引力的水上活动，如沙滩排球、游泳、冲浪等；到悉尼参观举世闻名的悉尼歌剧院，从而形成旅游三大高潮。作为尾声，则安排堪培拉市区观光，堪培拉以宁静的"大洋洲花园之都"著称，此时旅游者的情绪有所放松，几天紧张而兴奋的旅游活动之后，体力和精神都得到调整，愉快地结束澳洲之旅。

2.2.4　旅途安全原则

就旅游者而言，安全是人们最基本的需要。出门旅游，旅游者最担心的就是安全问题；组织旅游团，旅行社最担心的也是安全问题，因而旅行社在设计旅游线路时，应遵循"安全第一"的原则。旅游安全涉及的环节包括旅行社、旅游饭店、旅游车船公司、旅游景点景区、旅游购物商店、旅游娱乐场所和其他旅游经营企业。常见的旅游安全事故包括交通事故、治安事故以及火灾、食物中毒等。因此，旅行社在设计旅游线路的过程中，必须重视旅游景点、旅游项目的安全性，将游客的安全放在首要地位，高标准、严要求地对待旅游工作的每一个环节，对容易危及旅游者人身安全的重点部门、地段、项目提出相应的要求并采取必要的措施，消除各种潜在隐患，尽量避免旅游安全事故的发生。

实践要点

1. 旅游线路设计是根据现有旅游资源的分布状况以及整个区域旅游发展的整体布局，采用科学的方法，确定最合理的路线，使旅游者获得最丰富的旅游经历的过程。

2. 旅游线路设计必须遵循满足需求原则、突出特色原则、旅行安排的顺序与节奏感原则和旅途安全原则。

实战演练

• 主题：海岛游
• 目的：掌握旅行社线路设计的原则

• 过程设计

1. 根据所学内容，结合案例，展开讨论，可按每组5~6人进行分组讨论。

2. 讨论：海岛游之困的主要根源是什么？如果你是当地旅行社的老总，你如何才能设计出具有更高附加值的海岛游产品？

3. 讨论结束后，推选一名代表上台进行小组总结。

• 情景再现

海岛游的缘起

2001~2002年，海岛游产品逐渐在北京市场上"上市"，比如当时泰国的普吉岛、印尼的巴厘岛和马尔代夫等陆续登陆出境游旅游市场。

2003年年底，中青旅率先推出2004年春节的"马尔代夫包机"，仅仅在一个周末两天的时间就将400多个机位销售一空，获得了较大的市场反响。

2005年中青旅登记注册了"环球海岛专家"的商标品牌，并开发了海岛游系列产品，在海岛游市场占据了很大份额。随后，海岛游市场在各家旅行社的众星捧月下终于走向了繁荣。

海岛游之困

2005年之后，很多旅行社在海岛游产品销售上展开恶性的价格竞争。海岛游产品被严重扭曲，主要表现在压缩时间，降低酒店或度假村的星级标准，不提供足够的旅游咨询，不突出每个海岛的特色，简单地把海岛游界定为自由行或机票+酒店的产品，将海岛游产品的内涵空心化。恶性竞争使消费者陷入了迷茫之中，海岛游渐成大路货。

资料来源：改编自中国旅游网。

学习任务❸ 掌握旅游线路设计的方法

【想一想，做一做】

某单位组织二十几位员工外出考察，要求YG旅行社进行线路安排和设计，同时提出要去以下几个城市参观游览：北京入境、上海、苏州、杭州、福州、泉州、厦门出境。YG旅行社针对此客户要求，设计了以下两条线路：

A线：北京入境—上海—苏州—上海—杭州—上海—福州—厦门—泉州—厦门出境

B线：北京入境—杭州—苏州—上海—福州—泉州—厦门出境

想一想

1. 针对以上A线与B线旅游线路，你认为哪条线路安排比较合理？

2. 你能否设计出更加合理的旅游线路？

 知识储备

【案例1】海口—三亚七日游

从海口去三亚时汽车走东线：海口—琼海—兴隆—陵水猴岛；返回海口时汽车走西线：三亚—通什—琼中—屯昌—海口。整个日程的安排是环岛一周。

分析

尽管旅游者乘坐汽车长途跋涉，但因沿途风光各异，各旅游点都有不同的特色，在导游引人入胜的介绍下，每人都盼望着下一站的风景点，这些具有吸引力的安排使旅游者忘记了旅途的颠簸和疲劳，使他们感到花一份钱买到了两份不同的经历。

【案例2】北京双卧六日游

行程安排

D1：下午14：13南昌乘K134赴北京　　宿火车

D2：早6：20抵京，游览世界上最大的城市中心广场——天安门广场，瞻仰雄伟的人民英雄纪念碑和毛主席纪念堂（例行闭馆时参观外景）。参观世界现存最大的古代宫殿建筑群——故宫博物院（2.5个小时）。乘黄包车游老北京胡同后赴广茗阁喝茶、看老北京绝活，逛王府井步行街自由活动，品尝东华门夜市风味小吃。（晚餐：东来顺涮羊肉）宿北京银河宾馆或同级酒店

D3：早餐后游览八达岭长城（2个小时），十三陵——定陵（含地下宫殿，1.5个小时），车游奥运会主会场鸟巢、水立方等外景，下车自行合影。（晚餐：全聚德烤鸭）宿北京银河宾馆或同级酒店

D4：早餐后乘船沿中国唯一的皇家御河——慈禧水道，从水路进入中国最大的皇家园林——颐和园（2个小时），下午参观奥运金牌培育基地——北京体育大学，游览圆明园（1.5个小时）。（晚餐：白家大宅门食府）宿北京东方大酒店或同级酒店

D5：早餐后游览明清朝祭祀上天的场所——天坛公园（1个小时）后乘1625次火车（20：06）返南昌。宿火车

D6：下午13：17抵达南昌，结束愉快旅程，回到温暖的家。

分析

这条旅游线路是南昌旅行社推出的传统旅游线路，该旅游线路设计立足于常规观光型旅行社产品，着重突出几个特色：旅游点结构合理，旅游节奏感强，游玩时间明确，餐饮富有特色。这条旅游线路详细具体，旅游者在消

费的过程中明明白白，感到十分放心。

【案例3】"烹饪王国游"专题旅游线路

"烹饪王国游"（广州—成都—北京—南京—无锡—上海）专题餐饮旅游线路，将旅游餐饮与旅游线路设计巧妙地融合起来，形成了一条以中华美食为特色的专题旅游线路。

第一站　广州：参观烹饪表演，品尝广东名菜，品尝广东式点心，品尝广东早茶。

第二站　成都：品尝川味小吃，观看川菜烹饪表演，品尝四川名菜。

第三站　北京：品尝仿膳宫廷菜，品尝北京饭店谭家菜，前门梨园剧场（品尝北京地方风味小吃）。

第四站　南京：夫子庙食品街（品尝江苏风味小吃），品尝淮扬风味。

第五站　无锡：品尝太湖船菜。

第六站　上海：品尝上海风味。

分析

总体来看，这条旅游线路可以说是一个大尺度的旅游线路，从广州出发，依次经过成都、北京、南京、无锡、上海，上述几个城市不仅都具有特色餐饮，而且该线路在空间上形成了封闭的环状，从某种程度上达到了旅游效益最大化。该旅游线路涵盖了中国菜系的主要内容，如广东的粤菜、四川的川菜、南京的苏菜、北京的宫廷菜、无锡的太湖船菜，还有上海菜。另外，该旅游线路还安排了适当的品尝地方风味小吃、参观烹饪表演等特色活动，增加了旅游线路的趣味性。

本条线路的不足之处是仅以品尝、参观为主，缺少适当的参与性和互动性，所以一条线路走下来，给人的感觉就是一直在不停地吃。虽然风格特色不同的美食不会给人造成太大的单调感，但若能适当加入一些让旅游者亲自参与动手制作的活动项目那就可谓锦上添花了。

【案例4】铁岭特色一日游旅游线路

1. **城市文化游**

（1）莲花湖湿地公园、凤冠山、钻石广场：游览铁岭新城区风光。

（2）银冈书院、铁岭博物馆、龙山风景名胜区：游览银州古城。

2. **历史文化游**

（1）城子山山城遗址（西丰城子山省级森林公园）：置身于林木茂密、古松昂然的城子山森林公园之中，亲身感受唐代高句丽古城遗址。

（2）兀术城、明月禅寺："四大辽金古建筑之一"的兀术城，以金文化最具代表性，东北最大的一处佛教圣地——明月禅寺，坐落于城中。

（3）七鼎龙潭寺、崇寿寺塔：游览闻名省内外的千年古刹，感受其神奇。

3. 产业文明游

铁煤蒸汽机车博物馆："全国工业旅游示范点"——铁煤蒸汽机车博物馆，以蒸汽机车旅游为主，工业矿井游、金文化游为辅的特色旅游品牌，被中外游客赞誉为"流动的蒸汽机车博物馆"。游客可在旅游专列上，一边品尝美酒，一边聆听音乐，一边欣赏自然风光，自制的小型蒸汽火车可让你与其亲密接触，在窄轨铁路上驾驶体验。

4. 文化艺术游

（1）电视剧《刘老根Ⅱ》拍摄基地——龙泉山庄：以清河旅游度假区为依托，依山傍水，风光秀丽。山庄采用北方民间木制建筑风格，装饰古朴自然，瀑布、人工湖、吊桥、回廊及水坝构成了完美的庄园盛景。在此可亲临拍摄现场，将自己融于电视剧情节之中。

（2）电视剧《乡村爱情》拍摄基地——开原象牙山：辽北唯一火山岩地质公园，山上树茂林丰，许多奇异景观，怪石嶙峋，奇峰壁立，苍松挺秀，林海涌波。随着电视剧《乡村爱情》的热播，吸引广大游客到此游览剧中的"刘能家"、"大脚超市"。

5. 山水景观游

（1）西丰冰砬山国家森林公园：昔日的盛京围场、神州鹿苑，今日的旅游胜地，可让你感受原始古朴的生态植被和自然状态。

（2）西丰城子山省级森林公园：唐代高句丽古城遗址、省级文物保护单位，奇松、怪石、古迹、林海堪称"城子山四绝"。

实践要点

1. 旅游线路设计应综合考虑旅游过程中所涉及的种种要素并合理运用。
2. 旅游线路设计必须突出特色。
3. 线路设计应视角新颖，能够突出一两个具有独特特征的主题。

实战演练

• 主题：特色旅游线路设计
• 目的：掌握旅行社线路设计具体方法和操作技巧
• 过程设计
1. 按6~8人进行分组，确定小组组长，实行组长负责制。
2. 指导学生在当地旅游网上查找相关资料，充分收集相关交通、酒店、景点、购物等信息，初步确定所在地范围内的特色旅游线路，线路要突出主题，体现线路设计的原则；线路要完整。

3.指导学生进行实地调研，论证线路的可行性，完成旅游线路设计报告，线路设计要包括旅游的六大要素。

本项目总结

知识梳理

1.掌握旅行社产品的内涵
① 旅行社产品的概念与特点　　② 旅行社产品的类型
2.掌握旅游线路设计的基本原则
① 旅游线路设计的决定因素　　② 旅游线路设计的基本原则
3.掌握旅游线路设计的方法

主要概念

旅行社产品　旅游线路

习题与技能训练

1.填空题
① 旅行社产品是以＿＿＿＿＿为核心，以＿＿＿＿＿为主要内容，以旅游设施为依托，以旅游供应商的产品为"原材料"，经＿＿＿＿＿＿设计、组合或营销活动后销售给旅游者的服务产品。
② 旅游线路设计主要从两个方面来考虑：一是尽可能满足旅游者的旅游愿望，使旅游者获得最佳的游览效果；二是＿＿＿＿＿＿＿＿＿＿＿＿＿＿＿＿＿＿＿。
2.名词解释
旅行社产品　旅游线路设计
3.简答题
① 旅行社产品具有什么特点？
② 旅行线路设计应当遵循哪些原则？
③ 设定几个旅游消费群体，并为他们设计旅游线路。
4.案例分析题
某旅行社组织一个旅游团，途中顺便游览某市内的一处著名景点，下午当旅游团从景点出来后，游客便被一群算命先生围住。这群人能言善辩，且强拉住游客算命，他们事先说算命不要钱，可是算完后却非收钱不可，甚至伸手去游客兜里掏钱，弄得游客游兴全无，纷纷指责导游，说旅行社不应该安排类似景点，表示要投诉。请分析一下，这是旅游线路设计中的哪个环节出了问题？旅行社应该吸取怎样的教训？

项目 6 掌握旅行社的价格策略

■ 学习目标

■ 知识目标
1. 了解旅行社产品的定价依据。
2. 掌握旅行社产品的定价方法。

■ 技能目标
能够围绕旅行社产品的定价目标，运用适当的定价方法对旅行社产品进行定价。

■ 案例目标
运用所学的旅行社产品的定价依据、定价方法等相关内容分析相关案例，培养和提高制定旅行社产品价格的能力。

■ 实训目标
引导学生依据对产品成本、需求及竞争等状况的研究，运用价格策略对旅行社产品价格进行具体的计算。

■ 教学建议
1. 共用4课时，其中理论课3课时，实践操作课1课时。
2. 多举一些学生经常接触的案例进行案例教学。
3. 通过大量的直观式、参与式教学活动，使学生掌握旅行社的定价方法。

学习任务 ❶ 掌握旅行社产品的定价依据

【想一想，做一做】

近年来，旅行社价格战愈演愈烈。在2006年6月，H省QC旅行社等7家出境组团社联合宣称：港澳双飞五日游常规团的报价仅需899元。几家旅行社的负责人直言，此次联合几大航空公司推出低价，是对DX旅行社日前推出999元港澳游的联合反击，事实上该地至港澳的来回程机票的价格也不止899元。

想一想

QC等几家旅行社对港澳游的定价主要考虑了什么因素？

知识储备

价格是影响消费者购买行为的最直接、最敏感的因素，它又是与旅行社获得收入关系最密切的指标，因此制定价格必然是旅行社业务流程中一项最重要的内容。旅行社在进行产品定价的过程中，应综合考虑以下因素。

1.1 企业营销目标和财务目标

由于价格决策是企业营销决策的重要组成部分，因此，产品的定价既取决于营销目标，又受到企业财务目标的影响。旅行社的营销目标和财务目标直接决定着它的定价目标。定价目标是指旅游企业所制定的价格在经营过程中所起的作用。旅行社产品应根据营销目标和财务目标，确定定价目标，合理定价。具体而言，旅行社可选择利润导向定价、营销导向定价、竞争导向定价等目标进行定价。

1.2 产品成本

产品成本是影响旅游价格的最直接的因素。在一般情况下，产品成本是旅行社定价的基础，成本越低，旅行社定价的弹性空间越大。旅游企业在实际经营中都非常重视降低成本，节省一切不必要的开支，为降低价格提供空间，以实现扩大销售和增加利润的目标。

1.3 供求关系

市场供给量和市场需求量之间的数量对比关系，在很大程度上影响着旅行社产品的定价。旅行社在制定产品价格时必须充分考虑旅游市场上的供求状况。如果在旅游市场上经营同类产品的旅行社数量众多，且呈现供大于求的局面时，旅行社根据供求状况可能选择低价销售；如果市场上经营同类产品的旅行社数量较少，甚至是某旅行社独家经营，而需求很旺盛时，此时形成供不应求的局面，旅行社往往可能选择把价格定得较高。

1.4 竞争对手的价格

在旅行社产品市场上，绝大多数旅行社生产和销售同类产品，产品差异不大，各旅行社之间竞争激烈。旅游者在购买旅行社产品时，总要在同类产品中论质比价。因此，旅行社在定价时应参照竞争者的产品和价格。

1.5 政府及法律因素

在一些特定的市场条件下，政府会根据市场情况对产品价格进行干预。政府对旅行社产品价格的干预一般出于两个方面的原因：一方面是为了保护旅游者的利益，通过法律限制不正当竞争中牟取暴利的现象，这时政府有可能制定最高限价；另一方面是为了保护旅游企业的利益，当全行业出现了削价竞争乃至损害了企业的正当利润和行业利益时，政府就会制定最低保护价，令企业定价不能低于此价。在市场机制较成熟的国家和地区中，最高限价和最低保护价多由行业协会制定。因此，政府及法律的限制也是旅行社进行定价时必须考虑的因素。

实 践 要 点

1. 价格是影响消费者购买行为的最直接、最敏感的因素，它又是与旅行社获得收入关系最密切的指标，因此制定价格必然是旅行社业务流程中一项最重要的内容。

2. 旅行社产品所包含的价值量的多少，是旅游价格制定的主要依据。

3. 旅行社在进行产品定价的过程中，应综合考虑企业营销目标和财务目标、产品成本、竞争关系、供求关系等因素。

实 战 演 练

• 主题：杭州动车组三日游线路报价
• 目的：掌握旅行社产品的定价依据
• 过程设计

1. 结合案例背景，分析资料，如果你是本旅行社的线路开发者，请对此新产品进行报价。

2. 可按每组5~6人进行分组讨论，以企业营销目标和财务目标、产品成本、竞争关系、供求关系等为依据，从不同角度讨论定价，最后各小组派一名代表上台进行总结汇报。

• 情景再现

2007年4月18日，我国铁路实施第六次大提速，南昌铁路局在沪昆线上首次开行南昌至杭州时速为200公里的D96/95次动车组。每日两趟往返两地，朝发午至，南昌始发时为8时05分,终点到杭州时为12时13分;杭州始发时为12时37分,终点到南昌时为16时35分,沿途停靠鹰潭、上饶、义乌3个车站,旅途时间只要4个小时,与当时最快的2186次相比,压缩了6小时26分。南昌某旅行社针对以上情况,于2007年五一黄金周期间推出以下新线路。

杭州动车组三日游

乘和谐动力列车　　　　感现代科技的快感

行程安排

D1:21:33南昌乘2186次往杭州　　　宿火车

D2:早餐后前往江南水乡——乌镇,百床馆、财神湾、蓝印花布作坊,西湖北线游——曲院风荷(西湖十景之一,含荷风景区、九曲桥景区、南宋文化馆、碧血丹心坊等等)。宿杭州家嘉酒店(三星级双人标准间,含中、晚餐)。

D3:早餐后游杭州"浓妆淡抹总相宜"的西子湖,观三潭印月、苏堤春晓、平湖秋月等西湖美景,西湖不仅有如画的自然风光可供游赏,还流传有《白蛇传》、《梁山伯与祝英台》等美丽传说,游花港观鱼,含红鱼池、孔雀园、御碑亭等,观看江南丝绸表演,12:37乘D95次于16:45返至南昌,回到温馨的家(含早、中餐)。

学习任务 ❷ 掌握旅行社产品的定价方法

【想一想,做一做】

　　在旅行社大打价格战的时候,游客对产品的不信任程度增强,对服务质量有所怀疑。人们不愿意花高的价格,不是因为花不起,而是太多的旅游经历告诉他们,旅行社的服务仅值这个价。有调查显示,以北京游为例,有81.6%的人更看中质量而非价格。事实上,这一调查结果在消费者中具有普遍性。所以,旅行社要想在价格竞争中独树一帜,必须以质量取胜,从而在消费者满意的基础上获得稳定、高额的利润。

　　S省一家旅行社,在其他旅行社为应对价格战疲惫不堪的时候,逆向打出"优质高价"的线路。更加特别的是,他们采用了"透明报价",从交通、餐饮、住宿、门票到导游,每项服务都标出了具体的价格,然后加上一定数额的客人可接受的毛利润值,就是最后的报价。当有客人拿着别家旅行社的行程和总报价来做比较时,会清楚地看到别家旅行社与该旅行社的服务质量的差距。

　　资料来源:改编自刘桂莲的文章《关于旅行社定价策略的研究》。

想一想

　　"透明报价"采用的是哪种定价方法?此种定价方法有何利与弊?

知识储备

定价方法，是旅行社在特定的定价目标指导下，依据对成本、需求及竞争等状况的研究，运用价格决策理论，对旅行社产品价格进行计算的具体方法。旅行社产品的定价方法主要包括成本导向定价法、需求导向定价法、竞争导向定价法三种类型。

2.1 成本导向定价法

成本导向定价法是指在旅行社产品成本的基础上加上一定比例的利润来确定该产品价格的方法。这种定价方法简单易行，是许多旅行社目前最基本、最常用的一种定价方法。由于产品的成本形态不同，以及在成本基础上核算利润的方法不同，成本导向定价法又可分为成本加成定价法、目标利润定价法、边际贡献定价法等几种具体形式。

2.1.1 成本加成定价法

这种方法是把所有为生产某种旅行社产品而发生的耗费均计入成本的范围，计算单位产品的变动成本，合理分摊相应的固定成本（固定资产折旧费、销售代理商佣金、营销费用和各种费用等），再按一定的成本利润率来决定价格。其计算公式为：

单位产品价格=单位产品总成本×（1+成本利润率）

例如，某旅行社黄山三日游的产品成本是500元，旅行社确定的成本利润率为20%，则：

黄山三日游产品价格=500×（1+20%）=600（元）

成本加成定价方法是旅行社的一种常见定价方法，其主要优点就是简便易行。采用成本加成定价法，确定合理的成本利润率是关键问题，而成本利润率的确定，必须考虑市场环境、行业特点等多种因素。绝大多数旅行社采用的都是行业平均的利润率。旅行社产品在特定市场以相同的价格出售时，成本低的企业能够获得较高的利润率，并且在进行价格竞争时可以拥有更大的回旋空间。

2.1.2 目标利润定价法

这种方法是根据旅行社的总成本、投资总额、预期销量和目标利润等因素来确定价格。其基本公式为：

单位产品价格=（总成本+目标利润）/预期销售量

即单位产品价格=总固定成本/预期销售量+单位产品变动成本+单位产品目标利润

例如，某旅行社以接待国内旅游团队为主营业务，该旅行社2009年的目标利润总额是570 000元，固定成本是760 000元，旅行社接待每一位旅游者的变动成本是115元。同时，根据预测，该旅行社2009年将接待38 000人次的国内团体包价旅游者。那么，该旅行社接待国内旅游者每人/天的收费是：

〔（760 000+38 000×115）+570 000〕/38 000=150（元）

在理论上，此种方法可以保证旅行社实现既定的目标利润，但由于此方法是以预计销售量来推算单价，而忽略了价格对销售量的直接影响，只有经营垄断性产品或具有很高市场占有率的旅行社才有可能依靠其垄断力量按此方法进行定价。

2.1.3　边际贡献定价法

这种定价法只计算变动成本，而不计算固定成本，以预期的边际贡献补偿固定成本并获得盈利。边际贡献是产品销售收入与变动成本的差额，若边际贡献大于固定成本，企业就有盈利，反之则亏本；若边际贡献等于固定成本，则企业保本。

例如，某旅行社在3月8日推出一日游团体包价旅行社产品，每人市内交通费40元，正餐费30元，导游费15元，门票费30元，共计115元。由于市场竞争激烈，旅行社难以用111元的价格招徕大量的旅游者。在这种情况下，旅行社将价格降为108元进行销售，虽然比总成本价低7元，但由于该旅行社产品的单位售价高于变动成本（100元），仍可获得边际贡献8元。

这种定价方法能给旅行社提供衡量销售价格的客观标准，便于旅行社掌握降价幅度，开展价格竞争。只要边际贡献大于零，旅行社就可以在更大的范围内实行价格竞争，争取市场优势。

2.2　需求导向定价法

需求导向定价法是以市场需求为中心，以顾客对旅行社产品价值的认知为依据的定价方法。需求导向定价法主要包括理解价值定价法、需求差异定价法等。

2.2.1　理解价值定价法

所谓"理解价值"，是指消费者对某种商品价值的主观评判。理解价值定价法是指旅行社以旅游者对旅行社产品价值的理解度为定价依据，运用各种营销策略和手段，影响旅游者对旅行社产品价值的认知，形成对旅行社有利的价值观念，再根据产品在旅游者心目中的价值来制定价格。

理解价值定价法的关键和难点，是获得旅游者对有关旅行社产品价值理解的准确资料。旅行社如果过高估计旅游者的理解价值，其价格就可能过高，难以达到应有的销量；反之，若旅行社低估了旅游者的理解价值，其定价就可能低于应有水平，使旅行社收入减少。因此，旅行社必须通过广泛的市场调研，了解旅游者的需求偏好，根据产品的质量、品牌、服务等要素，判定旅游者对产品的理解价值，制定产品的价格。

2.2.2　需求差异定价法

这种方法是指旅行社根据不同购买力、不同数量、不同种类、不同地点、不同时间等因素采取不同价格的定价方法。该方法并不是基于成本的变化，而是基于不同的旅游者收入水平、偏好和市场信息掌握程度，因而对同一旅行社产品有不同的认知价值。在不同的时间和季节，旅游者的需求偏好和强度也有所不同，因而在认可程度高、需求强度高的地区和时间就可以制定高价格，反之只有制定较低的价格以应对市场竞争。

例如，相同的旅行社产品有儿童价与成人价的差别、国内游客和国外游客的差别、学生价与一般游客的差别、淡季价与旺季价的差别等。

2.3 竞争导向定价法

竞争导向定价法是指在竞争十分激烈的市场上，旅行社通过研究竞争对手的生产条件、服务状况、价格水平等因素，依据自身的竞争实力，参考成本和供求状况来确定旅行社产品价格的定价方法。竞争导向定价法主要包括率先定价法、随行就市定价法、企业协议定价法、追随核心企业定价法等。

2.3.1 率先定价法

这是一种主动竞争的定价方法，一般为实力雄厚或产品独具特色的旅行社所采用。旅行社自行制定价格后，在对外报价时先于同行报出，可以在同行中取得"价格领袖"的地位，获取较高的利润。

2.3.2 随行就市定价法

此定价法一般适用于"完全竞争型市场"。在完全竞争的市场结构条件下，任何一家旅行社都无法凭借自己的实力在市场上取得绝对的优势，为了避免价格竞争带来的损失，大多数旅行社都采用随行就市定价法，即将本企业某产品价格保持在市场平均价格水平上，利用这样的价格来获得平均报酬。此外，采用随行就市定价法，旅行社就不必去全面了解旅游者对不同价差的反应，也不会引起价格波动。

2.3.3 企业协议定价法

此定价法适用于"寡头垄断竞争市场"。寡头垄断竞争市场是指整个市场由几家大型企业控制，其供给量占据了整个市场份额的很大比重，如中国旅行社行业在20世纪80年代初期一直由中旅、国旅、青旅三家所控制。由于寡头垄断市场只有几家大型企业，它们之间的经济行为相互牵制、互相影响，因此，它们多采用企业协议定价方法，即为避免企业间价格战，企业间定好协议，互相信任，互相制约，共同控制和操纵价格，这样市场价格也相对稳定。

2.3.4 追随核心企业定价法

市场中往往自然形成一个或几个核心旅行社企业，它们大多实力雄厚，大多数中小型旅行社市场竞争力有限，无力也不愿与生产经营同类旅行社产品的大企业作"硬碰硬"的正面竞争，就跟随核心企业同类产品的价格，从而制定大致相仿的价格并随其价格的变化而相应地调整本企业的价格。这样做风险不大，但也不易得到更多的利润。

实践要点

1. 定价方法是旅行社在特定的定价目标指导下，依据对成本、需求及竞争等状况的研究，运用价格决策理论，对旅行社产品价格进行计算的具体方法。

2. 企业定价方法很多，企业应根据不同的经营战略和价格策略、市场环境和经济发展状况等，选择不同的定价方法。

3. 旅行社产品的定价方法主要包括成本导向定价法、需求导向定价法和竞争导向定价法三种类型。

实战演练

• 主题：对特殊旅行社产品定价方法和策略失当，北京旅行社错失F1商机

• 目的：了解旅行社产品的定价方法

• 过程设计

1. 结合教学内容，分析资料，进行讨论。

2. 讨论的内容：如果你是北京CY旅行社的总经理，你会采取什么样的定价方法？

3. 可按每组5~6人进行分组讨论，实行小组长负责制，每组派一名代表总结发言。

• 情景再现

2004年9月，F1上海站比赛26日盛装落幕，十余万名来自国内外的观众一齐涌到上海。其中北京的游客，没将自助散客计算在内至少也有2 000人。但遗憾的是，北京的旅行社却没能成功地组出一个"F1赛事游"团来，让人大跌眼镜。

此前在7月，北京CY旅行社曾向媒体表示要借助票源优势，对该社北京出发的华东5日游添加F1赛场参观以及观赛项目，打造成"F1观光游"。而该旅行社杨总苦笑着说，北京CY旅行社基本没有组织人进行"F1观光游"，目前走的还是普通的华东5日游。问其原因，他只表示"说来话长"。

记者向北京其他几家规模较大的旅行社了解的情况也不乐观。各社负责人纷纷表示，由于没有获得门票的代销权，缺乏首要的成团因素——观赛票，且向北京CY旅行社买票来再卖成本更高，加上F1有一定专业性，所以他们根本没有开发F1相关旅行社产品的想法。因而，虽然北京有庞大的F1迷群体，北京旅行社在相关旅行社产品和配套服务的开发与运作上几乎是一片空白。

谈到这次几乎交了白卷的原因，杨总说到，北京CY旅行社拥有了卖票权之后不是不想赚钱，而实在是不确定因素太多。

1. 上海当地的交通问题。本来以为可以像以前一样采用普通包车，每位游客每天20元即可，后来却发现上海临时规定每辆包车都需要购买专用通行证，每天场外400元、场内600元，而且不同车之间不能转用；如果用出租车，只能停在离赛场3公里的地方，游客只能步行，所以多出来的成本让旅行社措手不及。

2. 酒店房价问题。普通三星级酒店在平时每人只要150元人民币，而F1期间临时涨到700~1 000元，五星级酒店如新锦江更是从260美元涨到600美元，对于需要

提前向客人报价的旅行社来说，实在是动作跟不上变化。

3. 游客消费心理问题。真正资金实力雄厚的、专业的车迷不会选择跟旅行社去看F1，会自己定好住宿和交通，不会在意价格。相当一部分人是公司买单，也不通过旅行社。

综合而言，旅行社需要在基础报价上加2 000元才能保本，比如原来的华东5日游报价需从1 800元涨到3 800元，这是令普通游客无法承受也无法理解的。此外，还有机票折扣变化和当地临时政策变化，都令北京的旅行社晕头转向，所以旅行社没有对F1专项旅行社产品做宣传和包装。

本项目总结

知识梳理

1. 掌握旅行社的价格策略

① 企业营销目标和财务目标　② 产品成本　③ 供求关系　④ 竞争对手的价格　⑤ 政府及法律因素

2. 旅行社产品的定价方法

① 成本导向定价法　② 需求导向定价法　③ 竞争导向定价法

主要概念

旅行社产品定价依据　旅行社产品定价方法

习题与技能训练

1. 填空题

① 旅行社产品所包含的价值量的多少，是旅游价格制定的主要依据。除此之外，旅行社在进行产品定价的过程中，应综合考虑企业营销目标和财务目标、_____、竞争关系、_____等因素。

② 旅行社产品定价方法包括_____、_____和竞争导向定价法三种类型。

2. 名词解释

边际贡献定价法　理解价值定价法

3. 简答题

① 旅行社产品价格的决定因素是什么？

② 竞争导向定价法主要有哪几种类型？

4. 论述题

① 请举例说明政府及法律因素如何影响旅行社产品定价。

② 运用成本加成定价法对旅行社产品进行定价有何局限性？

项目 **7** 了解旅行社的销售策略

■ 学习目标

■ 知识目标

1. 了解旅行社的销售渠道类型及销售过程。

2. 熟悉销售渠道的长度、宽度策略。

3. 掌握旅行社的售后服务的方式。

■ 技能目标

1. 能够有针对性地选择旅行社销售渠道的长度与宽度。

2. 会运用一定的策略选择中间商并对其实施管理。

3. 会使用常见的旅行社售后服务方式。

■ 案例目标

运用所学的旅行社产品销售的相关理论来分析相关案例，培养和提高对旅行社产品销售及售后服务工作的能力。

■ 实训目标

引导学生参加旅行社销售、中间商选择、旅行社售后服务等业务实践，切实体验销售过程的复杂性和售后服务的重要性，培养专业能力与职业核心能力，促进销售水平的提高。

■ 教学建议

1. 共用6课时，其中理论课4课时，实践操作课2课时。

2. 本项目建议采用讲授与案例相结合的方式，并通过课堂讨论来完成，实务训练由教师与学生共同完成。

3. 案例尽量多从身边事例着手，运用多种形式讲深讲透，注重学生"动手"与"动脑"的结合。

学习任务 ① 熟悉旅行社的渠道策略

【想一想，做一做】

三位美国游客在中国相聚

从北京八达岭长城的游客群中传来一阵欢呼和掌声，只见三位美国游客紧紧地拥抱在一起，他们是查理、布什和约翰逊。三人都曾经是美国休斯顿大学橄榄球队的主力队员，自大学毕业后已有多年没有谋面了。然而，对中国的热爱和向往，使他们不约而同地来我国旅游。虽然他们在昆明世博园和迪庆香格里拉失之交臂，却意外惊喜地欢聚于万里长城之上。那么，他们是怎样购得我们的旅游产品的？或者从企业市场营销的角度看，我国旅行社是通过什么途径将产品销售给这些生活在西半球的美国朋友们，使其中国之游美梦成真呢？从这三位老朋友的交谈中得知，查理先生是因工作成绩卓著而受到公司奖励，与同事们一起来中国观光度假旅游的；布什及妻子是参加由美国某旅行社组织的全包价团队旅游的；而约翰逊先生则是背包旅游爱好者，通过互联网预订到机票和旅馆床位，独自来华旅游的。

想一想

从三位美国游客相聚，你对旅行社销售渠道获得了哪些启示？

知识储备

1.1 旅行社产品的销售渠道

旅行社产品的销售渠道是旅行社将其产品销售给旅游者（最终消费者）的途径，又称为销售分配系统。它是由一系列参与销售并促使旅游产品向最终消费者转移，且被最终消费者购买和消费的组织与个人所组成。其中，行、食、住、游、娱、购等单项旅游产品的提供者位于旅行社销售渠道的起始点，各种旅游中介组织位于旅行社销售渠道的中间环节，而最终消费者则位于旅行社销售渠道的终点。

没有畅通、经济、合理的销售渠道，即使是再受消费者欢迎的旅游产品及再成功的促销活动，也无法实现产品的大量销售和盈利。因此，建立高效、畅通而又经济、合理的现代销售渠道网络系统，是我国旅行社开拓旅游市场，特别是开拓国际旅游市场的关键环节。

旅行社的销售渠道有长度和宽度两类，与此相对应，旅行社的销售渠道有长度策略和宽度策略两种（见图7-1）。所谓长度策略是指旅行社是否选择中间商以及选择几个中间商的策略。宽度策略一般只针对有中间商的销售渠道，它是指旅行社同时在一个层次选择一个或几个中间商的策略。

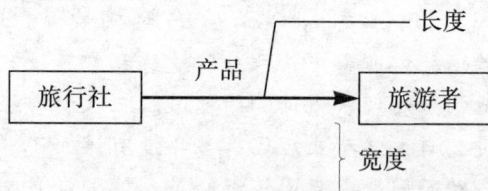

图7-1　旅行社的销售渠道示意图

1.2　旅行社销售渠道的长度策略

1.2.1　直接销售渠道

旅行社不经过任何旅游中介组织（统称为旅游中间商）而由旅游产品生产者直接将产品销售给最终消费者的渠道，称为直接销售渠道，又称零层次渠道（见图7-2）。直接销售渠道一般有两种形式：第一，采用直接销售渠道进行产品销售的旅行社通常在其所在地直接向当地的潜在旅游者销售其产品，如当地居民到本地旅行社的门市部报名参加由该旅行社组织的市郊一日游；第二，旅行社在主要客源地区建立分支机构或销售点，通过这些机构或销售点向当地居民销售该旅行社的旅游产品。直接销售渠道一般用于新产品投放市场之时或新市场开辟之初。

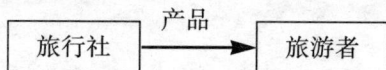

图7-2　旅行社直接销售渠道

1. 直接销售渠道的优点

（1）简便。旅行社直接向旅游者销售产品，手续简便，易于操作。

（2）灵活。旅行社在销售过程中可以随时根据旅游者的要求对产品进行适当的修改和补充。

（3）及时。旅行社通过直接向旅游者销售产品，可以及时将旅行社开发的最新产品信息尽快送到旅游者面前，有利于旅行社抢先于其竞争对手占领该产品的市场。

（4）附加值高。旅行社在销售某项产品时可以随机向旅游者推荐旅行社的其他产品（如回程机票、车票、品尝地方风味等），增加产品的附加值。

（5）利润多。直接销售渠道避开了横亘在旅行社和旅游者之间的中间环节，节省了旅游中间商的手续费等销售费用，增加了旅行社的利润。

2. 直接销售渠道的缺点

直接销售渠道的主要不足之处是覆盖面比较窄，影响力相对较差。旅行社受其财力、人力等因素的限制，难以在所有客源地区均设立分支机构或销售点，从而使旅行社在招徕客源方面蒙受不利影响。

1.2.2 间接销售渠道

1. 间接销售渠道的类型

间接销售渠道是指旅行社通过旅游中间商向旅游者销售旅行社产品的营销渠道。常见的间接销售渠道包括单层次销售渠道、双层次销售渠道和多层次销售渠道。

（1）单层次渠道，是指在生产旅游产品的旅行社和旅游者之间存在着一个中间环节（见图7-3）。由于各种旅游业务的差异，旅游中间商的角色由不同的旅行社充当。在国内旅游业务方面，充当这个中间环节的主要是旅游客源地的组团旅行社；在入境旅游业务方面，往往由境外旅游批发商、旅游经营商或旅游代理商担任中间商的角色；在出境旅游方面，旅游客源地的组团旅行社则成为中间商。

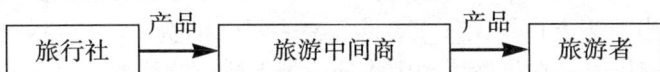

图7-3 旅行社单层次销售渠道

（2）双层次渠道，是指在生产旅游产品的旅行社和购买该产品的旅游者之间存在两个中间环节（见图7-4）。这种销售渠道多用于入境旅游产品的销售。在双层次销售渠道中，生产产品的旅行社先将产品提供给境外的旅游批发商或旅游经营商，然后再由他们出售给各个客源地的旅游代理商，由客源地旅游代理商最终售给旅游者。

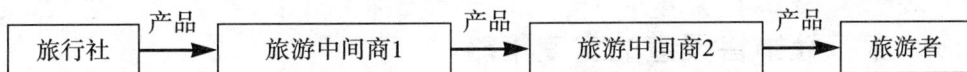

图7-4 旅行社双层次销售渠道

（3）多层次渠道。多层次销售渠道包括三个或更多个中间环节，主要用于销售量大、差异性小的某些入境旅游产品，如某个旅游线路的系列团体包价旅游产品（见图7-5）。多层次销售渠道的操作程序是先由生产产品的旅行社将产品售给境外的一家旅游批发商或旅游经营商。这家旅游批发商或旅游经营商充当该旅行社在某个国家或地区的产品销售总代理，然后将产品分别批发给该国或该地内不同客源地区的旅游批发商或旅游经营商，再由他们将产品提供给散落各地的旅游代理商，最后由各地的旅游代理商将产品出售给旅游者。

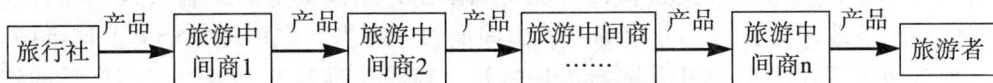

图7-5 旅行社多层次销售渠道

2.间接销售渠道的优缺点

（1）间接销售渠道的优点

第一，覆盖面广泛。旅游中间商往往在客源地区拥有销售网络或同当地的其他旅游机构保持着广泛的联系，能对广大的潜在旅游者施加广泛的影响。

第二，针对性强。旅游中间商对所在地区旅游者的特点及其需求比较了解，能够有针对性地推销最适合旅游者需要的产品。

第三，销售量大。旅游中间商是以营利为目的，专门经营旅游业务的企业，具有较强的招徕能力，能够成批量地购买和销售旅行社的产品。

（2）间接销售渠道的缺点

第一，中间环节多。因层层加码将使我国旅游产品对最终消费者的直观报价偏高，从而降低了市场竞争力。

第二，旅行社利用间接销售渠道在获得大批量销售产品好处的同时也必然将销售产品的权力部分甚至全部让渡给旅游中间商。这意味着旅游产品生产者将部分丧失对目标市场的控制权，也必须将销售产品的利润部分让渡给旅游中间商。

第三，在当前买方市场条件下，除非有令最终消费者十分感兴趣的旅游产品，否则旅游产品的供给者在价格谈判中将处于相当被动的地位，为了扩大销售往往不得不更多地让利给旅游中间商，从而导致潜在利润的流失。

第四，旅游中间商有自身独立的经济利益，其价值取向和行为准则往往是其自身利润最大化。因此，一旦他们认为无利可图，将会丧失积极推销我国旅游产品的热情。此外，旅游业是比较脆弱的产业，极易受各种不稳定性因素影响，旅游中间商为避免自己利润的损失和分散市场风险，必然会将精力转向其他国家或地区。

1.3　旅行社销售渠道的宽度策略

根据旅行社在一个层次所选择的中间商数量的多少，我们可以将旅行社的销售渠道策略分成专营性策略、选择性策略、广泛性策略三种。

1.3.1　专营性策略

专营性策略是指旅行社在一定时期、一定地区内只选择一家中间商的渠道策略，即为销售总代理制。双方建立这种关系后，均不再和对方的竞争对手发生合作关系（见图7-6）。这种销售渠道的优点是比较稳定，彼此间的利害关系比较一致，双方可以建立起比较好的合作关系，可以提高中间商的积极性和推销效率，可以降低销售成本。这种销售渠道的缺点是风险很大，只靠一家批发商销售产品，销售面和销售量都可能受到限制，中间商一旦经营失误，旅行社就可能在该地区失去一部分市场：若中间商选择不当，则可能完全失去该市场。这种策略一般用于旅行社开辟新市场之初，或限于推销某些客源层不广泛的特殊旅游产品。

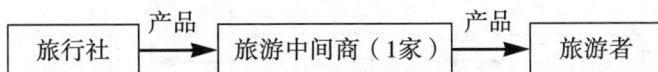

图7-6 旅行社专营性销售渠道

1.3.2 选择性策略

选择性销售渠道策略，是指旅行社在一个市场上从众多的中间商中选择几家信誉较好、推销能力较强、经营范围和自己对口的批发商，设法同他们建立比较稳定的合作关系。这种销售渠道的优点是可以集中少数有销售能力的中间商进行推销，可以降低成本，另外还可以与一些客户建立稳定的合作关系；缺点是如果中间商选择不当，则有可能影响相关市场的销售，另外在实际合作过程当中操作起来也比较困难。选择性销售渠道适用于市场发展成熟之时。当新开辟的市场发展到一定程度且合作伙伴众多的情况下，旅行社应该保留一些信誉好、发团多、合作关系稳定的合作伙伴；而对那些信誉差、付款不及时、发团量有限、合作得不好的经营者，旅行社应果断与其终止合作（见图7-7）。

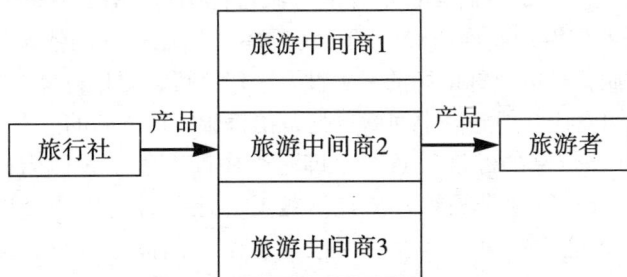

图7-7 旅行社选择性销售渠道

1.3.3 广泛性策略

旅行社通过多家旅游中间商将产品广泛散布到目标市场上，以便及时满足旅游者的需求。旅行社建立一个由大量中间商组成的松散销售网络，同任何愿意与旅行社合作的中间商建立联系（见图7-8）。它的优点是可以广泛委托各地旅行社销售产品、招徕客源，可以把现实的和一部分潜在的消费者变成本公司的客源，同时在与中间商联系的过程中，便于发现理想的中间商。它的缺点是与众多的中间商联系所需费用较高，一般接待能力较弱的旅行社难以承受；另外由于销售过于分散，难以建立较固定的销售网。广泛性销售渠道多用于旅行社市场发展之时，但在现实中，由于旅游销售一般都供大于求，使得多数旅行社感到客源不足，都希望利用广泛性销售渠道与更多的中间商建立联系。

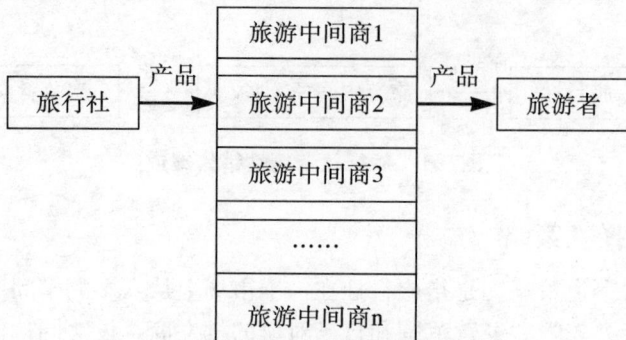

图7-8 旅行社广泛性销售渠道

1.4 旅游中间商的选择与管理

1.4.1 旅游中间商的选择

1. 较强的合作意向。合作的意向和拓展业务的积极性，是旅行社考察旅游中间商的重点内容之一。旅游中间商的合作意向和开拓业务的积极性，直接影响着旅行社产品的销售效果，是他们能否很好配合旅行社销售工作的衡量标准。此外，旅行社还应设法了解旅游中间商所经营的业务对本地区旅行社的依赖程度。

2. 中间商与旅行社的目标市场的一致性。一般来说，目标群体与旅行社目标市场相一致的旅游中间商比其他旅游中间商更具备销售旅行社产品的能力、经验和愿望。

3. 中间商可能带来的经济效益。也即考察中间商的销售能力，因为能力强的中间商才有可能给旅行社带来较好的经济效益。旅行社可以通过以下指标来衡量旅游中间商的销售能力：第一，经营手段。旅游中间商应该具有优良的经营头脑和高效率的管理组织，而不是盲目地跟随别人，毫无主见。第二，分销能力。旅游中间商应在旅游市场上有较大的覆盖面，与其他旅游代理商保持良好的合作关系。第三，财力资源。旅游中间商应该拥有较雄厚的运营资金和较强的筹集资金的能力，这是衡量旅游中间商能力强弱的一项硬指标。

4. 商业信誉、信用等级及经济实力。旅游中间商的信誉是旅行社与其合作的基础。旅行社应重点考察旅游中间商的经济实力和偿付能力，并设法了解他们在与其他旅行社交往过程中是否守信，有无长期拖欠应付账款或无理拒付欠款的历史。旅行社必须选择信誉良好的旅游中间商作为合作伙伴，坚决避免与信誉差的旅游中间商进行业务来往，以防蒙受经济损失。

5. 控制适当的中间商数量与规模。旅行社在同一地区选择中间商，应数量适当、规模适当。从数量上来看，中间商数量过多，易形成"僧多粥少"的局面，影响中间商的销售积极性；中间商的数量过少，易造成垄断性经营或销售不畅的局面。从规模上来看，中间商规模过大，易形成垄断性销售，使旅行社受制于中间商；中间商规模过小，组团能力相对差，不利于旅行社的产品推销。

1.4.2 旅游中间商的管理

1. 建立中间商关系管理系统。建立中间商关系管理系统在业界主要表现为建立中间商档案。中间商档案可包括不同内容，可详细、可简单，但要包括中间商的基本信息。对中间商档案信息的积极备案在旅行社与中间商合作过程中起着决定作用。随着双方合作的进一步推进，中间商的资料要及时更新，增加新的内容或删减某些信息，比如经济效益的好坏、推销速度的快慢等，为扩大合作或中止合作提供决策依据。表7-1为中间商档案内容，以供参考。

表7-1　中间商档案表

中间商名称		注册国别	
法人地址		营业执照编号	
营业地址		业务联系人	
电子信箱		电话与传真	
与我社建立业务途径及时间			
与我社联系部门及联系人			
客户详细信息			
备注			

2. 及时沟通信息。旅行社向中间商及时、准确、完整地提供产品信息，是保证中间商有效推销的重要途径；而从中间商处获得有效市场需求信息，则是旅行社进行产品改造和产品开发的重要依据。

3. 提供有针对性的优惠和奖励。旅行社对中间商提供有针对性的优惠和奖励可以调动中间商推销的积极性。旅行社常用的优惠和奖励形式有减收或免收预订金、组织奖励旅游、组织中间商考察旅行、领队减免、联合促销等。

4. 适时对中间商进行调整。旅行社应根据自身发展情况和中间商发展情况，适时调整中间商队伍。旅行社在下述情况下要作出调整中间商的决策：原有中间商质量发生变化；旅行社产品种类和档次发生变化；旅行社需要扩大销售；旅行社要开辟新的市场；旅行社的客源结构发生变化；市场竞争加剧等。

实践要点

1. 旅行社产品销售渠道是旅行社将其产品销售给旅游者（最终消费者）的途径，又称为销售分配系统。

2. 旅行社不经过任何旅游中介组织（统称为旅游中间商）而由旅游产品生产者直接将产品销售给最终消费者的渠道，称为直接销售渠道。

3. 旅行社通过旅游中间商向旅游者销售旅行社产品的营销渠道称为间接销售渠道。

4. 旅行社要根据具体情况来选择销售渠道。

实战演练

- 主题：同一种销售渠道策略带来的不同效果
- 目的：理解旅行社销售渠道的选择策略
- 过程设计

1. 结合教学内容，分析资料，讨论案例。

2. 讨论的内容：旅行社在选择分销渠道策略时，需要从哪些方面考虑？

3. 可按每组5~6人进行分组讨论，各组讨论后，推选一名代表上台演讲。

- 情景再现

20世纪80年代，随着中国改革开放步伐的加快，越来越多的境外旅行社开始将目光转移到中国，组织本国居民到中国旅游观光。J市的TF国际旅行社在姚总经理的领导下，积极与欧洲旅游批发经营商接触，寻求与他们的合作。对于销售渠道，姚总经理有个人的见解。他认为，广泛地接触大量旅游批发经营商，并同他们都保持合作关系，可能会导致客源的不稳定和销售成本的大幅度上涨。因此，他决定采取专营性的销售渠道策略，选择一家实力雄厚、信誉良好、目标市场与TF国际旅行社一致或接近的旅游批发经营商作为长期合作的伙伴。

经过一段时间的考察，TF国际旅行社发现欧洲地区A国的AL旅行社基本上符合姚总经理对合作伙伴的要求，遂决定立即与其联系。由于TF国际旅行社在J市的旅行社行业颇有知名度和良好的信誉纪录，因此，AL旅行社也欣然同意与其合作。这样，双方的合作关系便正式确立了。一年后，TF国际旅行社和AL旅行社签订了长期合作协议，约定TF国际旅行社授权AL旅行社为其在A国旅游市场唯一的合作伙伴，并不再同A国的其他旅行社进行业务方面的联系，也不再接待除了AL旅行社之外任何一家A国旅行社组织的来自A国的旅游团队或散客。作为回报，AL旅行社将其在A国组织的全部旅游客源交给TF国际旅行社接待，并且不再授权J市的其他旅行社为其接待旅游者。

在此后的十余年里，TF国际旅行社和AL旅行社一直进行着十分愉快的合作，并且都获得了良好的经济效益。

在欧洲市场上获得成功之后，姚总经理决定继续采取专营性销售渠道策略，打开北美地区的旅游客源市场。然而，TF国际旅行社的市场开发部副经理小王却对此提出了不同的看法。小王认为，在A国的旅游市场上，旅游客源集中程度比较高，采取专营性销售渠道策略完全符合当地的市场条件，是一项正确的决策。但是，北美地区旅游客源市场条件与地处欧洲的A国不同。北美地区地域广阔，人口是A国的三倍，拥有三万多家旅行社，其中大型的旅游批发经营商不下百余家，它们都拥有较强的客源招徕和组织能力。另外，像美国YT公司这样的超大型旅行社不可能屈尊与J市的一家中型旅行社建立如同AL旅行社与TF国际旅行社这样的排他性合作关系。因此，小王建议，TF国际旅行社在北美地区的旅游市场上先采取广泛性销售渠道策略，同众多的旅游批发经营商建立起比较松散的合作关系，并通过一段时间的考察，逐步在该地区的不同州（省）选择数家具有强烈合作愿望、市场声誉和企业信誉良好、客源招徕和组织能力较强的旅游批发经营商建立较为稳定的合作关系。换言之，小王建议TF国际旅行社在北美地区旅游市场上采取选择性销售渠道策略，而不是采取专营性销售渠道策略。姚总经理对小王的建议不以为然，认为他是"嘴上无毛，办事不牢"，所提的建议是"书生之见，不切实际"。由于姚总经理在TF国际旅行社享有较高的威信，加上他本人历来十分自负，听不进他人尤其是年轻人的不同意见，导致社内的民主空气稀薄，员工们不敢也不愿向姚总经理提出不同意见。所以，小王的建议被轻率地否决了。TF国际旅行社决定选择北美地区的一家旅游批发经营商作为在该地区旅游市场上唯一的合作伙伴。

在这种销售渠道策略的指导下，TF国际旅行社很快就同位于B地的XD旅行社建立起专营性销售关系，并正式签订了对双方都有很大约束力的合作协议，规定双方不得在对方的旅游市场上与其他旅行社进行合作。

在合作初始阶段，双方都表现出一定的诚意，合作也是愉快的。但是，不久，TF国际旅行社发现，XD旅行社只在B地拥有较大的影响，而对北美地区的其他州（省）的旅游者和广大公众则毫无影响力。因此，TF国际旅行社无法通过XD旅行社打开整个北美地区的旅游市场。后来XD旅行社开始拖欠TF国际旅行社的旅游团费，使得TF国际旅行社出现了坏账的风险。财务部的马经理多次提醒姚总经理，但是姚总经理总是以"疑人不用，用人不疑"为由不听劝谏。一年后，XD旅行社通知TF国际旅行社终止双方的合作关系，并拒绝偿还拖欠的旅游团费。这时，姚总经理才如梦初醒，后悔当初听不进别人的不同意见，导致TF国际旅行社既丢失了北美地区的旅游客源市场份额，又蒙受了重大的经济损失。

资料来源：梁智，刘春梅，张杰. 旅行社经营管理精选案例解析. 北京：旅游教育出版社，2007

学习任务 ❷ 了解旅行社产品销售过程的管理

【想一想，做一做】

深圳市HW国际旅行社网络营销

深圳市HW国际旅行社有限公司是经国家旅游局批准，具有独立法人资格的国际旅行社，是深圳最有实力的旅行社之一，更是一家重视品牌、重视质量、富有朝气和活力的旅行社。

媒体营销经验：近两年的金融危机对旅游行业影响较严重，所以我们选择了在互联网上做推广，尝试过很多网络推广方式（搜狗、百度、谷歌）。经过认真调查发现：搜狗竞价服务价格不高，非常适合中小企业，尤其是市场预算有限的企业。在短期的投入中，搜狗给我们带来了大量的咨询信息，但是花费却不是很大，大多数中小企业都能够承受这个费用。同样的推广时间，同样的推广效果，搜狗的花费是最少的。

搜索营销技巧：

1. 旅游业关键词较多，热门的关键词需排在前三位，普通的关键词可以往后一点，这样能让更多的潜在客户容易找到我们；

2. 在广告语方面，要突出公司的优势；

3. 为了符合更多网民的搜索习惯，我们在更多的平台做推广。

企业宣传语：

经营宗旨：高质量的服务、高素质的员工、高水平的旅游；

经营目标：让合作者放心，让旅游者满意。

资料来源：搜狐财经，编选：中国电子商务研究中心。

想一想

深圳市HW国际旅行社是如何开展网络营销的？

知识储备

2.1 旅行社产品的销售方式

旅行社产品的形态各种各样，但在销售的过程中主要有两种基本形态：单项服务和包价旅游。

2.1.1 单项服务

单项服务的销售方式分为直接销售和委托销售两种方式。直接销售是指旅行社通过其销售柜台为本地或已到达本地的旅游者提供各种相关服务，如预订客房、票务等。委托销售是指旅行社委托海外或国内其他旅行社为旅游者预订到达该地后所需要的各种旅游服务。

2.1.2　包价旅游

旅游目的地旅行社的团体包价旅游产品一般以客源产生地的旅游经营商或旅游零售商为直接销售对象，这在我国入境旅游中表现得更加突出。包价旅游的销售方式又分为系列团和非系列团。

1. 系列团

系列团是指多次重复安排某一旅游线路，地接社和组团社达成一次性协议，分批发团、分批接待和结算。这种销售方式的优势在于：对地接社而言，可获取批量的利润，而且手续简单；对组团社而言，可获取批量的优惠，节约了成本开支。比如，2001年建党80周年期间的"井冈山红色之旅"迎来了许多系列团。

2. 非系列团

非系列团指针对一次性销售的旅游产品，地接社和组团社每次都要达成一个新的协议，来确认接待计划。非系列团的比重相当大，特别是奖励旅游团、会议旅游团及各种专业旅游团几乎都是非系列团。

2.2　旅行社产品销售过程

旅行社产品的销售需要经过复杂的过程，而且不同产品的销售过程也不尽相同。但是，一般来说，旅行社的销售过程通常由以下几个步骤组成：第一步，旅行社销售人员推出旅游产品；第二步，旅行社根据旅游者的意愿有针对性地修订旅游产品，并将其反馈给旅游者或中间商，请其确认；第三步，销售人员将确认的情况反馈给旅行社；第四步，旅行社将资料移交给接待人员，由接待人员具体落实。

2.3　旅行社产品的销售过程管理

2.3.1　管理比较复杂

与其他产品的销售相比，旅行社产品的销售方式和销售过程更为复杂，这主要表现在以下几个方面：第一，产品构成比较复杂，形态多样；第二，生产与消费的同步性；第三，交易周期长，且手续复杂。

2.3.2　管理内容

针对旅行社产品销售过程管理比较复杂的特点，旅行社要确保销售工作的顺利进行就必须防止发生两种情况：其一是交易双方发生经济纠纷，其二是销售工作效率低下。要防止这两种情况的发生，需要有严密的交易合同来规范买卖双方的行为，或者需要有科学的销售工作程序、制度和方法，以确保效率，减少失误。因此，旅行社销售过程的管理主要应包括如下内容。

1. 建立旅游交易合同制度。这里的交易合同从实质上讲与旅行社的采购合同是相似的，只是在这里旅行社成为旅游交易的供给方，而旅游客源产生地的旅游中间商或旅游者成为需求方而已。

2. 制定科学的销售工作程序。旅行社的销售程序大致如前所述，关键是旅行社应对每个环节制定明确的工作流程、文书格式、授权范围和岗位责任等，特别注意每个环节之间的衔接和配合，以免产生差错和失误。

3. 加强对销售人员的管理。加强对销售人员的管理，内容包括选择适当的销售人员，不断提高销售人员的精力素质，明确业务人员的责、权、利，通过制度约束销售人员的责任心，以及充分发挥销售人员的积极性等。

实 践 要 点

1. 旅行社产品的形态各种各样，但在销售的过程中主要有两种基本形态：单项服务和包价旅游。

2. 旅行社的销售过程通常由以下几个步骤组成：第一步，旅行社销售人员推出旅游产品；第二步，旅行社根据旅游者的意愿有针对性地修订旅游产品，并将其反馈给旅游者或中间商，请其确认；第三步：销售人员将确认的情况反馈给旅行社；第四步，旅行社将资料移交给接待人员，由接待人员具体落实。

3. 旅行社销售过程的管理主要应包括建立旅游交易合同制度、制定科学的销售工作程序和加强对销售人员的管理。

实 战 演 练

• 主题：无锡TY景区的销售渠道

• 目的：理解旅行社对销售过程的管理

• 过程设计

1. 结合教学内容，分析资料，讨论案例。

2. 讨论的内容：无锡TY景区在销售渠道管理上有何失误？如果你是旅行社的经理，你认为在与无锡TY这类景区合作中要注意哪些问题？

3. 可按每组5~6人进行分组讨论，各组讨论后，推选一名代表上台演讲。

• 情景再现

无锡的城市地位，决定了它只是旅游的过境地，而非旅游目的地。景区要获得规模较大、持续稳定的外省市客源，就必须纳入"华东线"。经过一段时间的努力，无锡的TY景区一度成功地说服了本地部分旅行社，向游客大力推荐景区。与此同时，上海、南京等地的部分旅行社也开始积极为景区组团，并有意逐步将TY景区纳入"华东线"。

然而，面对这样的有利形势，景区营销人员为了在黄金周期间获得短期利益，竟然置早已与旅行社签订的协议于不顾，突然抬高旅游团队票价，以至于让已经发团的旅行社陷入进退两难的尴尬境地。更有甚者，由于景区内部的人事变动，相关决策者竟然宣布已经派发出去的大量赠券作废，造成许多不必要的争执。

景区在营销管理方面的鲁莽草率，在事实上形成了对旅游分销商和社会公众的一种背信弃义，使企业的商业信誉一落千丈。而景区初步建立起来的旅游分销渠道，也在顷刻之间土崩瓦解。

学习任务 ❸ 掌握旅行社的售后服务

【想一想，做一做】

"不放过"任何一位老顾客

2002年农历九月初九，广东的FM旅行社组织了一个夕阳红团到广西贺州游玩。他们的旅程安排是到了贺州之后先去爬姑婆山，然后再到山下的路花温泉泡温泉，时间来回为一天。这个团的游客平均年龄都在60岁左右，所以这对于FM旅行社的相关人员来说是一项艰巨的旅程。他们不仅要考虑到游客的安全，还要让游客过上一个愉快的重阳节。在FM旅行社周密谨慎的旅游计划安排下，这个旅程顺利结束了。但这并不意味着FM旅行社的服务就结束了。九月初十，FM旅行社负责售后服务的工作人员一一给参加旅游的游客打电话，向他们问候；顺便还咨询了游客对他们服务的有关意见，而且还寄去了节日礼物。这让游客非常地满意，觉得没花错钱。

FM旅行社每年都举行一次回馈活动，邀请一些FM旅行社的老顾客参加他们免费组织的持续三天的旅行。FM旅行社的服务宗旨是：顾客满意至上！尽量争取新顾客，不放过任何一位老顾客！

资料来源：张红，李天顺. 旅行社经营管理实例评析. 天津：南开大学出版社，2000

想一想

从上例中，你获得了哪些启示？

知识储备

3.1 旅行社售后服务的内涵与作用

3.1.1 内涵

售后服务，是企业整体服务的重要组成部分，是实现产品的物权转移之后企业经营理念的后期延伸。良好的售后服务不仅能为企业赢得市场，扩大市场占有率，获得良好的经济效益，而且企业通过售后服务还可以获得来自市场的最新信息，更好地改进产品和服务，为实现可持续发展战略提供决策依据。

旅行社的售后服务是指在旅游者结束旅游后，由旅行社向游客继续提供一系列服务，旨在加强同游客的联系和解决游客遇到的问题，争取保持已有的客源和开拓新的客源。从性质上看，它是旅行社产品整体效能的组成部分。

3.1.2　作用

美国《旅游代理人》杂志曾对旅游者不愿光顾原旅行社的原因做调查，结果显示，2/3的客人是因为原旅行社不重视售后服务和不积极争取回头客造成的（见表7-2）。售后服务对于保障旅行社经济效益，提高旅行社服务信誉以及树立良好的旅行社企业形象都有着直接意义。在当前旅游市场竞争日益激烈的条件下，如何保持住旅行社的"忠诚客户"，除了在创新旅游产品、提高服务质量上下工夫外，重视和完善售后服务工作是十分必要的。具体而言，旅行社的售后服务有如下作用：第一，对不满的旅游者，可以化解其抱怨和不满，尽量减少负面影响；第二，对无所谓的旅游者，可强化其对旅行社良好的印象，尽力促成其重复购买；第三，对满意的旅游者，可以保持已有客源并开拓新的客源，使其帮助旅行社做口碑宣传。

表7-2　旅游者不再光顾旅行社的原因

不再光顾的原因	所占比例
客人投诉没有得到处理或没有得到令人满意的处理	14%
其他旅行社提供了价格更低、服务更好的旅游	9%
经朋友建议，转而订购了其他旅行社组织的旅游	5%
搬到别处居住了	3%
由于年老多病、丧偶原因而放弃旅游	12%
旅行社缺乏售后服务，顾客觉得是否继续订购该旅行社的旅行对旅行社来说是无所谓的	68%

3.2　旅行社售后服务体系的构建策略

建立完善而又齐全的售后服务体系，继续为旅游者提供服务，争取每一个旅游者，已经成为世界发达国家旅行社的共识。综观国内旅行社的售后服务，大多数的旅行社都是被动的。对于强烈依赖旅游者消费的旅行社行业而言，稳定而忠诚的顾客对价格波动的承受力强，对服务失误持宽容态度，他们无疑是旅行社宝贵的财富。因此，为了培育旅行社固定的消费群体，建设良好的经营环境，旅行社应该对传统的服务内涵加以延伸，为旅游者提供周到的售后服务和跟踪联系，使良好的顾客关系能得到强化。

3.2.1 培育售后服务意识

售后服务意识的欠缺是当前我国旅行社行业普遍存在的问题。很多旅行社企业认为售后服务可有可无，旅游者参加旅游团，只要按要求做好旅游接待工作，游览结束后就没有再与游客联络的必要；旅行社工作的重点是放在开发新顾客上，对老顾客则不闻不问。实际上，开发一个新客户的成本是留住一个老客户所花费成本的六倍，20%的重要老客户则可能为企业带来80%的收益，巩固老客户比开发新客户更为经济有效。我国旅行社企业应充分认识到售后服务对企业长期稳定发展的重要性，曾经来参团的客人是宝贵的资源，要尽一切可能留住对企业有价值的客户，满足他们的需求，以吸引他们再次出游，成为旅行社的忠诚客户。

3.2.2 建立顾客档案

旅行社应当建立完善的顾客管理档案，建立客户管理系统，以利于开展有针对性的个性化服务。顾客档案要包括以下几个方面的内容：一是常规档案，内容主要包括旅游者的姓名、性别、年龄、出生日期、婚姻状况以及通信地址、电话号码、职业、经济收入水平等，收集这些资料有利于旅行社了解目标市场的基本情况，及时与顾客沟通；二是消费档案，内容主要包括旅游者获取产品信息的来源、预订产品的方式、出外旅行和逗留时间以及购买的产品类型等，掌握这些资料有助于旅行社选择销售的渠道，做好促销工作；三是习俗、爱好档案，内容主要包括旅游者的爱好、生活习惯、对活动项目的特殊需求、宗教信仰等，了解这些资料，有助于旅行社提供针对性强的个性化服务。

此外，旅行社还可以对旅游者实行会员制度。随着经济水平和居民收入的提高，人们追求更高的生活品质，外出旅游的次数显著增多。对旅游者而言，如果对某一家旅行社提供的服务和产品比较熟悉且相对满意，是不愿意冒更大的风险去购买自己不熟悉或没有把握的旅行社产品的。因此，与顾客建立一种长期的、连续性的会员关系是十分有利的。我国旅行社企业要善于在售后与游客保持联系，鼓励游客再次出游，再次参团可以获得一定的折扣，第三次参团就可成为本社会员，享有会员待遇，并逐步丰富和完善对会员的服务，使会员成为旅行社的主要客源。

3.2.3 建立旅游者跟踪联系制度

现代企业往往把争取新顾客作为重要任务，却忽视了对原有顾客的关心。旅行社对旅游者进行跟踪联系的直接目的在于了解旅游者是否对接受的服务感到满意，发现可能产生的各种问题，及时予以解决，以示企业的诚信和顾客导向的理念行为，以促使旅游者产生对旅行社有利的购后行为。

旅行社应当建立完善的游客回访制度，具体方式主要有以下几种：一是问卷调查，在旅游活动即将结束时向旅游者发放调查问卷，如意见征询单；二是电话回访，在旅游者结束旅游活动的几天后，旅行社可以向旅游者打电话进行回访；三是登门访问，旅行社在旅游者离开后主动登门访问；四是问候信，虽然信件的方式不如电话直接和有人情味，但由于其方式比较委婉，不那么唐突，而且也给旅游者更多的时间考虑如何答复，因此更容易被旅游者接受。另外，还有寄明信片和节日祝贺信等，这些方式可以让旅游者感到旅行社非常关心他们而对旅行社产生好感，旅行社也可以借此了解旅游者对旅行社服务工作的感受和评价，了解自身服务存在的缺陷和顾客的需要，以便改进；同时还可以了解旅游者可能有的抱怨和投诉，争取主动，早做工作，妥善处理。

随着科技的发展，信息技术被广泛应用到旅行社中，在条件许可的情况下，旅行社还可以尽量利用现代化设施，通过原有顾客数据库资料不断地、有针对性地向顾客传递相关信息，保持与顾客之间的联系和沟通，如设立客户服务热线、投诉电话呼叫中心、800免费电话等；设立企业网站，提供在线售后服务功能；开设客户在线论坛或提供顾客能够与企业联系的企业邮箱等。

3.3　旅行社售后服务的方式

旅行社可以采取的售后服务方式很多，下面仅选择几种做简单介绍。

3.3.1　问候电话

问候电话是指旅行社在旅游活动结束、旅游者返回后的第二天，立即向旅游者打电话进行问候的一种售后服务形式。这种做法主要要达到以下三个目的。

第一，使旅游者对旅行社产生亲切感。旅行社通过与旅游者的通话，让旅游者感觉到旅行社非常关心他们，从而对旅行社产生亲切感和良好的印象。

第二，了解情况。旅行社及时与旅游者通电话，可以直接从旅游者那里了解旅游接待服务质量的真实水平和旅游者对旅行社服务质量的评价，从而获得宝贵的服务质量信息。

第三，消除不满情绪。旅行社通过与旅游者的通话，可以及时掌握旅游过程中发生的麻烦及旅游者可能提出的投诉，并进行安抚，可以在一定程度上消除误解或缓解旅游者的不满情绪，甚至可以避免旅游者转向其他竞争对手或采取激烈对抗手段，给旅行社造成更大的声誉和经济损失。

3.3.2　意见征询单

旅行社可以采用寄送意见征询表的方式，向旅游者提供售后服务。在意见征询表里，应该以总经理的名义向旅游者表示问候，并且请他（她）对刚刚结束的旅游接待服务发表意见。旅行社应注重对意见征询表的设计，内容应繁简适当，不应占用旅游者过多的时间；条目必须清楚，便于旅游者填写；印制应精美，给旅游者一种郑重其事的印象；应附有回寄信封，并预付邮资，以提高回收率。

3.3.3　生日及纪念日的祝贺

旅行社可以通过对客户档案的查询，选择一些特殊的日子，如客人生日或节日之时，向客人发去贺卡以示祝贺，也可打电话祝贺。这些祝贺常使客人在惊喜之余，觉得旅行社与他个人的关系很亲近,从而乐意购买旅行社的产品。

3.3.4 游客招待会

旅行社可通过在社内或饭店内举办风景点幻灯片和照片欣赏介绍活动以及旅游者招待会等方式,与顾客进行直接的面对面接触。这些活动不仅能密切旅行社同客人的联系,还能提高旅行社的知名度和威信。这些直接进行接触的做法使得顾客同旅行社的联系犹如一个家庭那样自然、轻松、愉快,从而给旅行社的推销工作带来诸多益处。

3.3.5 旅行社开放日

为密切和顾客的关系,旅行社可以举行旅行社开放日活动,有针对性地邀请一些顾客到旅行社参观及观看录像、光盘等,并向他们介绍有名望的顾客、旅游专家、飞机机长、旅游新闻工作者或旅游题材的作家。通过这些活动,可以让顾客了解旅行社的各种设备及社会关系,从而使顾客坚信这家旅行社完全有能力为他们提供旅游咨询服务以及为他们安排好旅游活动。这样,顾客就会乐意继续订购该旅行社的旅游产品了。

除了以上几种售后服务方式以外,还有以下方式可供选择,如发促销性明信片,即旅行社在考察旅游胜地时向顾客寄送有关旅游胜地的明信片;书信往来,即旅行社挑选一定的老顾客给他们写亲笔信;寄送影印材料,如旅游者外出旅游时,旅行社为其收集一些当地的重要报纸,等游客返回时,一次性地送给游客;又如赠送游客DVD,内容为旅游者在旅游过程中的实景拍摄等。

实践要点

1. 旅行社的售后服务是指在旅游者结束旅游活动后,由旅行社向游客继续提供一系列服务,旨在加强同游客的联系和解决游客遇到的问题,争取保持已有的客源和开拓新的客源。

2. 旅行社售后服务体系构建的策略包括:培育售后服务意识、建立顾客档案、建立旅游者跟踪联系制度等。

3. 旅行社可以采取的售后服务方式很多,旅行社要灵活选择。

实战演练

• 主题:美国KL旅游公司的售后服务
• 目的:了解旅行社的售后服务策略
• 过程设计
1. 结合教学内容,分析资料,讨论案例。
2. 讨论内容:美国KL旅游公司采用了哪些售后服务方式?
3. 可按每组5~6人进行分组讨论,各组讨论后,推选一名代表上台演讲。
4. 请学生模拟美国KL旅游公司一种售后服务的整个过程,由学生分别扮演旅游者、导游、总经理及其他工作人员等。

• 情景再现

美国KL旅游公司主要从以下三个方面开展售后服务管理工作。

1. 注重服务质量的追踪监督

每一位参加KL公司组织的旅游活动的客人，在结束旅游之后必定会收到公司寄来的对整个旅程进行服务质量评判的表格。表格内容设计详尽，评价项目全面，主要包括两大部分：第一部分是对旅游总体质量的评价，主要包括对领队、旅程总体探索和发现、旅程总体游览步调的评价，其中对领队的评价又分为讲解能力、沟通能力、解决问题的能力、性格等方面的评价；第二部分是对各地服务质量的评价，包括对游览全程各地地陪、酒店、用餐、用车、景点、购物等方面的评价。每一项评价均分为优秀、良好、一般、较差四项，游客根据自己的亲身经历和感受来选择。

KL旅游公司领队奖励薪酬的获得和日后排团量的保证都取决于团队客人在服务质量反馈表上所打"优秀"的项目数量，因此领队在带团过程中会恳请客人填写服务质量反馈表，再加上美国游客注重保护自身的权利，愿意表达自己的想法，通常都会非常认真地填写表格并寄回KL旅游公司，这些都保证了服务质量反馈表的回收率。

所有KL旅游公司客人的服务质量反馈表都会回收至其精密的质量评价计算机管理系统。在KL旅游公司美国波士顿总部，有100多名员工为其质量监督体系工作，当发现游客对旅程有不满意之处时，他们会与游客及时取得联系，安抚客人，采取一系列积极的补救措施，努力消除客人的不满情绪；同时将发生的问题及时反馈至相关服务部门，避免影响服务质量的事件再次产生。

2. 运用多样的售后联络手段

KL旅游公司为每一位客人设立了完整的客户档案，包括旅游者的基本信息、曾经出游的目的地、兴趣爱好、对游览活动的特殊需求等。每个月和一些特定的假期，公司会根据客人的兴趣和可能的需求给曾经参加过KL公司组织的旅游活动的客人寄发世界各国或地区精美的旅游宣传册。在宣传册上，不仅有漂亮的图片、详尽的线路设计和丰富的游览介绍，还附有游览或消费的优惠券，以吸引游客再次出游。

客人过生日时会收到KL旅游公司发来的生日贺卡，这会让客人感到被重视和尊重，觉得旅游公司和他很亲近。每隔一段时间KL旅游公司还会分区域举办开放日活动，与客人直接接触。届时，公司会有针对性地邀请一些客人到俱乐部、酒吧或其他一些公共场所，开展旅游讲座，宣传公司新推出的旅游产品，发放广告资料，观赏风光片并推出优惠活动，加深客人对旅行社旅游产品的印象并愿意再次购买。公司所采取的一系列售后服务联络手段让客人感受到KL旅游公司无处不在，只要去旅游，就一定会选择KL旅游公司。

3. 完善的会员制度体系

第三次选择KL旅游公司出游的客人即可成为KL旅游公司的核心集团成员（简称ICMember）。ICMember是公司的生命线，是KL旅游公司重点服务的对象。KL旅游公司对ICMember的服务可谓是无微不至，除了前面所谈到的常规的售后服务手段，ICMember的客户档案会更加具体，每年的生日、圣诞节、感恩节等节日，ICMember的客户会收到公司寄来的纪念品，如旅行包、雨衣、手杖、帽子等。ICMember还可在网上的ICMember俱乐部里兑换实用精美的出游前礼物。

为保证ICMember能享受到优先服务，公司特为ICMember设立了超长服务时间的免费服务电话。通过电话，游客可以直接与专业的旅游顾问沟通，旅游顾问可以根据客人的旅游需求精心安排下一次出游，并帮助解决客人在出游前后的任何问题。ICMember还可通过E-mail与旅游顾问进行联系，公司保证在收到邮件24小时内给予回复。ICMember可以得到特别的航程安排和住宿安排，公司根据ICMember的需求可以安排客人提前抵达或推迟离开目的地，某些城市的住宿安排也可根据客人的需要进行调整。

在整个旅程中，ICMember可享受到更高级别的待遇。每到一地旅游，KL旅游公司的地区经理都会给他们发出欢迎信。他们享有优先就座、优先办理登机和入住登记手续的待遇，他们可以参加专为ICMember举行的鸡尾酒招待会，并在某些商店购物时享受10%的优惠。

ICMember的成员如果能够招徕五名以上的游客参加KL旅游公司的团队旅游，还可获得免费旅游的机会。

KL旅游公司也更加重视ICMember所填写的服务质量反馈表。若团队中有超过15%的ICMember时，对领队工作的评价则着重取决于ICMember在服务质量反馈表上所打"优秀"的数量，即使非ICMember对领队的评价不是很高，但只要ICMember认可了领队的服务，他的工作同样能得到公司的肯定。反之，即使团队中所有其他客人都对领队的工作评价较高，但只要有一位ICMember没有评价"优秀"，领队的辛苦工作可能就会白费。这也意味着领队在带团过程中做好对ICMember的服务工作是多么重要。

KL旅游公司为ICMember所做的一切会让老顾客感到自己是企业的主人，和企业非常亲密，自然而然就会再次消费企业的产品。有数据显示，KL旅游公司80%以上的生意都是由ICMember和与ICMember有关的人带来的，ICMember为KL旅游公司带来了稳定并不断增加的客源市场。

本项目总结

知识梳理

1. 了解旅行社的销售策略

① 旅行社产品的销售渠道　② 旅行社销售渠道的长度策略　③ 旅行社销售渠道的宽度策略　④ 旅游中间商的选择与管理

2. 旅行社产品销售过程的管理

① 旅行社产品的销售方式 　② 旅行社产品销售过程 　③ 旅行社产品的销售过程管理

3. 旅行社的售后服务

① 旅行社售后服务的内涵与作用 　② 旅行社售后服务体系构建的策略 　③ 旅行社售后服务的方式

主要概念

旅行社产品的销售渠道 　旅行社直接销售渠道 　旅行社间接销售渠道 　旅行社专营性策略 　旅行社选择性策略 　旅行社广泛性策略 　旅游中间商 　单项服务 　包价旅游 　旅行社的售后服务

习题与技能训练

1. 填空题

① 旅行社产品销售渠道是旅行社将其产品销售给_____的途径，又称为_____。

② 常见的间接销售渠道包括单层次销售渠道、_____、多层次销售渠道。

③ 根据旅行社在一个层次所选择的中间商的数量的多少，我们可以将旅行社销售渠道的宽度策略分成_____、选择性策略、广泛性策略三种。

④ 包价旅游的销售方式又分为_____和非系列团。

2. 判断题

① 与其他产品的销售相比，旅行社产品的销售方式和销售过程相对简单。（　　）

② 单项服务的销售方式分为直接销售和委托销售两种方式。（　　）

③ 旅游目的地旅行社的团体包价旅游产品一般以客源产生地的旅游经营商或旅游零售商为直接销售对象，这在我国出境旅游中表现得更加突出。（　　）

3. 名词解释

旅行社产品的销售渠道 　旅游中间商 　旅行社的售后服务

4. 简答题

① 旅行社在选择销售渠道时要注意哪些问题？

② 旅行社如何对中间商加强管理？

③ 旅行社售后服务的作用有哪些？

项目 **8** 运用旅行社的促销策略

■ 学习目标

■ 知识目标
1. 了解旅行社促销的目标。
2. 熟悉旅行社制定促销策略的步骤。
3. 掌握促销预算的方法，并懂得如何对促销效果进行评价。

■ 技能目标
1. 能够针对不同目标制定合理的促销方案。
2. 会运用销售额和利润额等方法进行促销方案的预算。
3. 掌握对各种促销要素的运用。

■ 案例目标
通过案例分析，提升学生运用促销策略的能力。

■ 实训目标
通过实训，能让学生将相关理论运用于实践，使学生能够掌握促销策略制定的细节，懂得旅行社促销策略制定的方法。

■ 教学建议
1. 共用4课时，其中理论课3课时，实践操作课1课时。
2. 通过举一些实例加深学生对旅行社促销行为和促销效果的了解。
3. 对旅行社促销要素组合应着重阐述，并结合当地旅行社业的环境背景，引导学生思考旅行社应如何制定合理有效的促销方案。

学习任务 ❶ 制定旅行社促销策略

【想一想，做一做】

三江旅游热法国

广西柳州三江侗族自治区拥有丰富的民族风情及程阳侗族风雨桥与马胖鼓楼等重要人文旅游资源。但是三江地处偏僻的大山之中，交通不便，缺乏知名度，以致旅游不旺、外宾罕见。

20世纪90年代初，某国际旅行社针对欧洲人对东方文化的神秘感，在法国推出了桂林—三江风情旅游线的特种旅游产品。经过一段时间促销后，该社驻巴黎办事处在检查促销效果时发现收效不大。通过调研，他们发现法国人特别崇拜时装模特，于是经过一系列策划后，邀请了数名法国当红知名服装模特到中国三江来拍摄广告照片。当法国某著名时装杂志登出了名模们头戴别满毛泽东像章的军帽、背倚侗家木楼休闲相对以及在以侗族风雨桥为背景的水田中赤脚插秧等一组专题照片后，三江在法国知名度大涨。如今，只要到了桂林，法国团多半要去游览三江。法国旅游者们希望在品味东方神秘少数民族风情的同时，能寻找到当年名模们异国留影的足迹。

想一想

1. 为了实现此次模特促销，旅行社要与哪些机构联系以共同实施促销计划？
2. 能将利用时装模特促销的模式推广到其他客源国吗？为什么？

知识储备

1.1　旅行社促销的定义

旅行社促销就是旅行社用特定的方式传递旅游产品信息，从而对旅游中间商和旅游者的购买行为产生影响，促使他们了解、信赖并购买旅行社产品，达到扩大销售目的的一系列活动。旅游促销的根本目的在于激发潜在旅游者的购买欲望，最终导致购买行为的发生。良好的旅行社促销，可以刺激旅游需求，扩大旅游产品销售；提供信息，沟通供需关系；突出特点，强化竞争优势；树立良好形象，提高抗风险能力。

1.2 旅行社促销策略的制定过程

旅行社促销策略制定的基础，是旅行社总体发展战略和总体发展战略指导下的市场营销策略，因为促销策略只是旅行社市场营销策略的一个组成部分，它不可能孤立于旅行社的总体营销策略而存在。单就旅行社的促销策略而言，总体目标是基础，总体预算是保障，而所有促销要素目标都必须为总体目标服务，所有促销要素预算都受总体要素的限制。旅行社促销效果既是检验促销策略有效性的重要环节，也是旅行社不断提高促销管理水平的重要途径。图8-1显示了旅行社产品促销策略的制定过程。

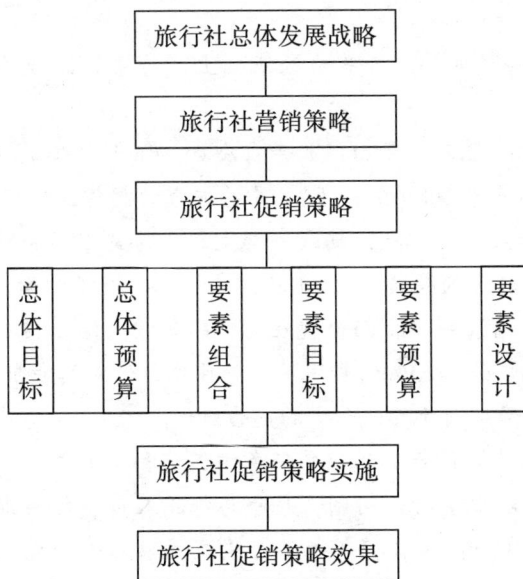

图8-1　旅行社产品促销策略的制定过程

实践要点

1. 旅游促销的根本目的在于激发潜在旅游者的购买欲望，最终导致购买行为的发生。

2. 旅行社促销策略的制定有一个严格的过程。

实战演练

• 主题：XF品牌化妆品的促销策略

• 目的：了解旅行社促销策略的制定过程

• 过程设计

1. 结合教学内容，分析资料，讨论案例。

2. 讨论：XF品牌化妆品促销策略的制定过程及对旅行社促销策略的启示。

3. 可按每组5~6人进行分组讨论，各组讨论后，推选一名代表上台演讲。

4. 模拟当地一家中小型旅行社制定一套适用的促销策略。

• 情景再现

XF品牌化妆品厂针对促销对象，设计了两种类型的促销组合：（1）以最终消费者为对象的促销组合，其基本策略是：以塑造产品形象为目标进行广告宣传活动，并辅之以一定的零售点营业推广活动；（2）以中间商为对象的促销组合，其基本策略是：以人员促销为主导要素，配合以交易折扣和耗费巨大的年度订货会为主要特征的营业推广活动。

XF品牌在制定两种促销组合策略的基础上，对促销组合的几个方面都做了十分广泛而深入的工作。

在广告方面，广告策划历年由厂长亲自决策：（1）广告费投入十分庞大，1991年为2 400万元，占当年产值的6%；（2）广告内容的制作，除聘请著名影星参与外，还把强化企业整体形象作为重点，播映一部主题宣传片，同时利用中国驰名商标的优势，强调"国货精品"的品质；（3）在广告媒体的选择方面，因其目标市场是国内广大中低收入水平的消费者，而电视在他们的日常生活中占有重要地位，因而将70%的费用用于电视广告，20%的费用用于制作各种形式的城市商业广告和霓虹灯、广告牌，其余10%的费用用于其他形式的广告媒体。

在人员推销方面，全厂产品的销售任务由销售科全面负责，该科占全厂总人数的1/10。厂方对推销人员实行合同制，每年与推销人员签订为期一年的合同。推销人员若不能完成销售指标，第二年厂方即不与其续签。对推销人员的报酬实行包干制，按销售实到货款提取0.5%的费用。对推销人员的工作实行地区负责制，每一省区配一至三名推销人员。此外，厂方还派出营业员进驻全国各大百货商店的联销专柜，以提高推销主动性。

在公共关系方面，厂方每年大约投入120万至150万元，主要公关活动有：（1）召开新闻发布会；（2）举办和支持社会公益活动，如赞助"全国出租车优质服务竞赛"、上海"应急电话网络"，特别是针对女性对文艺活动的偏好等特点，赞助华东地区越剧大奖赛。

在营业推广方面，XF品牌化妆品厂对零售环节采取一些常规性的推广活动，对批发环节集中主要精力，主要包括两类手段：（1）经常性手段，如交易折扣、促销津贴等；（2）即时性手段，每年都举办隆重的订货会，既显示企业强大的实力，同时又进行感情投资，融洽客户关系。

资料改编自：www.docin.com。

学习任务 ❷ 确定旅行社促销目标与促销预算

【想一想，做一做】

过度竞争造就"负团费"

近日，有旅游业资深人士向记者透露，N市的一些旅行社在接待东北、西南等距华东较远地区来的旅游团时，只向对方组团旅行社收取很少的接待费用，有的甚至不收费用并向对方支付每个客人数十元、上百元费用，也就是"零团费"、"负团费"。

当然，N市作为接待方的旅行社并不会白出力，只要客人一到N市，就会有导游上前收取每人600元到800元不等的二次费用，也就是"落地收钱"；而且，接待方最稳定可靠的财源并不在此，而在于这些远方客人在N市或华东地区购物、游览等方面的消费。由于做"地接"相对于做组团赚钱更可靠些，N市大大小小的400余家旅行社有很多涉足"地接"业务。

据了解，做"零团费"、"负团费"生意的旅行社，明显地带有"看人下菜碟"的倾向。像山东、河南等省份来华东的旅游团一般"享受"不到这种"待遇"，原因是地缘相近，风景、物产方面的差异性不太显著，客人在购物等方面的需求不强；而离华东较远的东北以及重庆、四川等地来华东的旅游团，则是"零团费"、"负团费"的主要目标，原因一是地区差异性较大，华东物产很容易成为客人看中并买下带走的旅游商品，二是来自那些地方的客人相对豪爽且经济条件不错，有购买能力。一些旅行社经营者认为，其实"零团费"、"负团费"也有风险，本来以为会掏钱购物、加景点的客人，来了以后就是不肯额外花钞票，你奈他何？说白了，旅行社这么做是在"赌"，赌的就是客人肯不肯另外花钱。但是，有位旅行社经理算了这样一笔账：旅游团在华东地区按每个客人进7个店计算，每个店会按每人10元支付给旅行社"人头费"，这钱进不了导游、司机的腰包，回来得如数上交；客人如有购物，返点中的一部分也归旅行社所有。两项加起来，平均每人上百元的"暗扣"就成了地接社稳定的收入。

想一想

此例中采用了何种促销策略？旅行社在促销预算方面存在什么问题？

📚 知识储备

2.1 旅行社促销目标的确定

简单地讲，旅行社的促销目标就是旅行社在一定时期内，通过各种推销要素的有机组合而要达到的总体目的。在旅行社采用直接销售渠道的情况下，促销目标的确定和表达一般较为直观；在旅行社广泛采用间接销售渠道的情况下，旅行社促销活动的对象并不是最终的消费者，而是旅游中间商，因此旅行社促销活动的主要目的也随之变化，这主要表现在以下三个方面。

2.1.1 向旅游中间商提供信息

旅行社应经常通过不同的途径向中间商提供最新的产品信息，使中间商随时掌握产品的变化情况。实践证明，邀请中间商进行实地考察是行之有效的方法，这既可以使中间商亲自了解旅游目的地的情况，又可以借此机会与中间商建立最好的私人联系，这种私人联系在旅行社产品的销售过程中极为重要。当然，这种推销方式费用较高，一般只适用于较为重要的客户。

2.1.2 将旅行社产品纳入中间商编印的产品目录

旅游中间商一般都编印自己的产品目录，以备客人索取。国外旅游经营商在编印产品目录后，广泛发送给旅游批发商和旅游代理商。旅游经营商的产品目录一般印制精美，图文并茂，并附有价位表，以备客人选择。由于这一推销方式影响大、效果好，所以能在主要客源产生地中间商印制的产品目录中占有一席之地，也就成为旅行社产品推销活动的基本目标之一。

2.1.3 签订合同

合同是指当事人之间为实现一定的经济目的、明确相互权利和义务关系的协议。旅行社与中间商签订合同的目的在于以法律的形式明确双方的合作关系，并确保各自利益的实现，它是双方合作的基础和依据。合同的具体内容由当事人双方协商确定，国家旅游局制定的《中外旅行社组团业务合同范本》可供参考。

旅行社的促销目标一般应符合以下要求：目标必须具体、准确；目标必须量化、可测定；目标必须现实可行；各促销要素目标必须协调一致。

2.2 旅行社的促销预算

2.2.1 理论上的促销预算

只要促销活动尚有利可图，旅行社就应继续进行。

例如，某旅行社当前促销预算为10万元，计划增加3万元，那么是否应该增加这部分促销预算呢？答案很简单，只要能带来比追加的3万元更大的利益，该旅行社就应追加这部分预算；反之则否。根据上述理论，旅行社在确定促销预算时需要回答一系列具有因果关系的问题，这就是说，只有在确知促销结果的条件下促销预算才可能是准确的。但事实上，旅行社的决策者在进行预算时根本无法确知这一结果，因而上述理论也就无法付诸实践。

2.2.2 实践中的促销预算

旅行社在实践中作促销预算时应尽量综合考虑以下几个因素：促销目标、竞争因素、可利用的资金，因为有些促销后的效用不一定完全是由促销所带来的。

2.2.3　确定促销预算的方法

1. 销售额百分比法

促销额=销售额×百分比

（1）计划销售额百分比法：根据下年度计划销售额确定。比如，2005年某旅行社销售额为100万，确定百分比为0.4％，则促销费为4 000元。

（2）上年度销售额百分比法：根据上年或过去数年的平均销售额确定。

（3）平均折中销售额百分比法：根据计划销售和上年度销售额的平均值确定。

（4）计划销售增加百分比法：以上年度促销预算为基础，再加下年度计划销售增加比例确定。

2. 利润额百分比法

利润额百分比法类似于销售额百分比法，有计划利润额百分比法、上年度利润额百分比法、平均折中利润额百分比法、计划利润增加百分比法四种。

3. 目标达成法

目标达成法是以促销要达到的某个目标来决定促销预算的方法。

4. 竞争对抗法

促销预算根据竞争对手的情况来确定，适应于财力雄厚的大旅行社。

（1）市场占有率法。促销预算根据竞争对手在特定时期的市场占有率及促销预算来确定。

促销预算=（竞争对手特定时期的促销预算/竞争对手市场占有率）×本旅行社预计的市场占有率

例如，2008年上海A旅行社促销费用预算为100万元，市场占有率为5％，其竞争对手B旅行社的市场占有率为2％，那么2009年其促销费用预算则计算如下：

2009年促销预算=100万/5％×2％=40万元

（2）增减百分比法。

促销预算=（1±竞争对手促销预算增减率）×本旅行社上年促销预算

5. 支出可能法

支出可能法也称全力投入法，它是按照旅行社财力可能支付的金额来确定促销预算的方法，可以根据市场供求变化情况灵活地调整促销预算，是一种较适应旅行社财务支出状况的方法，但其局限性也是显而易见的。

在实际操作中，旅行社通常采用几种不同的方法确定促销预算。

实践要点

1. 促销预算是旅行社促销管理中极为重要的决策，因为促销预算过多必然影响旅行社利润水平，促销预算过小则会影响销售量，从而也会影响旅行社的利润。

2. 预算应以保证促销目标的实现为前提，目标大则预算必然大，目标小则预算也应小。

实战演练

• 主题：促销预算的运用
• 目的：掌握旅行社做促销预算的方法
• 过程设计
1. 结合教学内容，分析资料，讨论案例。
2. 讨论的内容：如果你是小刘，你可以使用哪些促销预算的方法来达成目标？
3. 可按每组5~6人进行分组讨论，各组讨论后，推选一名代表上台演讲。
• 情景再现

小刘是某旅行社的市场负责人，最近正为一些无法兑现的市场费用苦恼，因为中秋节申请搞的促销活动目标虽然达成了，但实际促销费用比促销计划中预算申请的费用超支了很多，找老总去批复追加的费用申请又被退了回来，因为无法向客户交待当初自己已经承诺的费用而陷入困境。这种情况在现实中最为常见，由于当初的预算申请与实际操作出现较大的偏差，尽管也达成了目标但超支的费用却无法兑现，会导致市场停滞。

学习任务❸ 评价旅行社的促销要素组合与促销效果

【想一想，做一做】

ZL国际旅行社抛砖引玉"优惠50~500元"

ZL国际旅行社股份有限公司是A市旅行社当中规模最大、实力最强、美誉度最高的旅行社，是国内唯一获得"全国用户满意服务明星企业"称号的综合性旅行社，是全国旅行社中唯一被国家信息产业部指定的"国家电子商务试点单位"，公司在成立15周年纪念日期间，推出一项直接降低旅游费用的促销方案，在一个月内省外游、海外游合线优惠50~500元不等。这则广告既突出了降价优惠的促销方式，也强调了ZL国际旅行社的企业形象：追求卓越、质量保证、服务周到、游线广泛。

想一想

ZL国际旅行社采用了何种促销技巧？

知识储备

3.1 旅行社促销要素组合

旅行社促销要素组合是指旅行社在特定促销目标和特定促销预算的指导下，对不同促销技巧的结合形式。旅行社促销要素组合既取决于旅行社的促销目标和促销预算，也取决于具体产品的特征和目标市场的特点，还取决于不同促销技巧的特点和适用性。一般而言，旅行社的促销要素包括以下五种：媒体广告、销售推广、营销公关、现场传播、直接营销（见表8-1）。

表8-1　五种旅行社促销要素

媒体广告	销售推广	营销公关	现场传播	直接营销
印刷和电台广告	竞赛游戏	报刊稿子	推销展示陈说	目录
外包装公告	兑奖	演讲	销售会议	邮购
电影画面	彩票	研讨会	奖励节目	电话营销
简订本和小册子	赠品	慈善捐助	样品	电子购买
招贴和传单	样品	年度报告	交易会与展销会	电子信箱
工商名录	交易会和展销会	出版物		
广告牌	示范表演	游说		
销售点陈列	回扣	关系		
视听材料	低息融资	事件		
标记和标识	款待	公司杂志		

3.1.1 媒体广告

这里所说的媒体指的是大众传播媒体。媒体广告主要包括电视广告、杂志广告、报纸广告和广播广告四类。每种媒体又存在为数众多的载体，如特定的电视节目、杂志等。媒体广告作为重要的旅游促销方式由来已久，但是要了解和掌握不同媒体的特点（见表8-2）。

表8-2　媒体广告及特点

媒体类别	优点	缺点
电视	① 传播性能多样	① 费用高
	② 传播范围广泛	② 印象逝去快
	③ 及时，灵活	③ 缺乏选择性
报纸	① 覆盖面广	① 内容繁杂，阅读仓促
	② 时效性强	② 缺少形象表达手段
	③ 灵活性强	

（续）

媒体类别	优点	缺点
杂志	① 对象明确，选择性强	① 缺乏灵活性
	② 阅读和保存时间长	② 传播范围有限
	③ 印刷效果良好	③ 时效性差
广播	① 传播速度快	① 不能持久保存
	② 传播空间广泛	② 选择性差
	③ 传播方式灵活	③ 产生听觉错误

3.1.2 销售推广

销售推广又称销售促进，是近年来发展极为迅速的一种促销方式。它包括面向行业（旅游中间商）的销售推广和面向消费者（旅游者）的销售推广两类。在旅游业中，前者更为普及。另外，以提高旅行社销售人员销售积极性为目的的销售推广，也是旅行社常用的促销方式。

面向中间商的销售推广活动包括熟悉业务旅行、旅游博览会、变异折扣、联合（合作）广告、销售竞赛与奖励和提供宣传品等众多不同的方式。

中间商考察旅行是目前国际上常用的推销手段，即组织中间商来旅游目的地进行考察，向他们介绍旅游线路和活动，特别是介绍旅行社新的产品，使他们通过实地考察了解旅行社的产品和旅游目的地的情况，产生来本地旅游的愿望。尽管邀请中间商的成本较高，但这种推销手段往往可以收到较好的推销效果。

旅行社在组织中间商考察旅行时，应特别注意以下几点。

1. 正确选择中间商。一般来说，选择中间商首先考虑市场针对性，亦即邀请旅行社主要客源地或机会市场的中间商参加考察旅行；其次最好能邀请实力较强的中间商，因为一旦考察成功，中间商愿意组团，便可为旅行社带来为数可观的客源。当然，这并不意味着全然忽视小的中间商，因为他们在不断发展，旅行社应视具体情况而定。

2. 考察团规模适中。考察团的规模一般以20~30人为宜，以便于旅行社组织接待，达到主客双方都满意的效果。

3. 准备合理可行的旅行计划。旅行社应拟定周密的旅行计划，并逐项落实，确保考察旅行的顺利进行。需要特别指出的是，考察团在考察过程中参与和经历的活动，尤其是交通、住宿、膳食、参观游览和文娱活动等，应与将来中间商组团成行的旅游者活动相一致，否则便可能带来严重的后果。

4. 旅行社推销人员要善于创造融洽的气氛，利用各种机会与中间商建立良好的私人关系，这将有利于双方合作关系的建立和发展。

3.1.3 营销公关

公关的目的是与所有的企业公众建立良好的关系，而营销公关的一切活动都是以具体的产品品牌为中心进行的，如借助新闻媒介传播产品信息、以品牌形式赞助公益活动等。营销公关有主动性营销公关和防御性营销公关之别。

3.1.4 现场传播

现场传播是指旅行社通过营业场所的布局、宣传品的陈列与内部装饰等向旅游者传播产品信息，以增强旅游者的购买信心，促成旅游者购买行为的发生。

3.1.5 直接营销

直接营销是近年来发展迅速的一种促销方式，它包括三种主要形式。

1. 人员推销，是指旅行社委派销售人员直接上门向旅游者推销产品。这是一种比较传统的直接营销方式。

2. 直接邮寄，这是近年来普及的一种新的直接营销方式。它是指旅行社通过直接向旅行者寄送产品目录或宣传品来推销产品。

3. 电话营销，包括向内（inbound）和向外（outbound）两种方式：向内，是指旅行社通过公布800等免费电话，吸引旅游者使用电话查询或预订产品；向外，是指旅行社销售人员通过电话劝说旅游者购买其产品。

3.2 旅行社促销效果评价

3.2.1 销售效果的测定

对促销效果进行测定的方法主要包括两种：比值法和增长速度比较法。

1. 比值法

这种方法是根据促销前后产品销售量的变化来进行测定的，由于简便易行，所以在旅行社中较为通用，其公式为：

$$R = (S2 - S1) / P$$

在公式中：R表示促销效益，S2表示本期促销后的平均销售量（一月或一年），S1表示促销前的平均销售量（一月或一年），P表示促销费用。

由于促销效益和销售量之间并非绝对呈正比关系，因而，运用这种方法评价促销效果必须注意排除促销以外其他因素的作用，如市场的变化、竞争对手促销活动的加强与削弱、偶然性事件的影响等，不应将销售量的增长都归因于促销活动。

2. 增长速度比较法

这种方法是将几个时期的销售额与促销费用的平均增长速度相比较，观察促销活动在一个较长时期内的销售效果。如果销售额增长的速度大于促销费用的增长速度，则说明促销效果比较好。

3.2.2 自身效果的衡量

促销的自身效果又叫接触效果，是指以促销活动的视听率、记忆度和产品的知名度等因素为依据测定的促销效果。

旅行社的促销活动推出以后，也许由于社会、自然、经济、市场等方面的原因或各种意想不到的变化，产品的销售量并没有大幅度增长，甚至可能出现下降。在此情况下，只要有更多的人认识了旅行社促销的产品，就可以认为是达到了促销的自身效果。另外，旅游消费者最终的购买行为的发生，往往也不是某一项或某一次促销活动的结果，而是旅行社一系列促销活动共同作用的产物。因此，那种单纯以销售量的变化来衡量促销效果的做法，显然具有局限性。衡量促销自身效果的指标主要有视听率、记忆度、理解度、知名度和注意度等。

实践要点

1. 旅行社促销要素组合是指旅行社在特定促销目标和特定促销预算的指导下，对不同促销技巧的结合形式。

2. 一般而言，旅行社的促销要素包括以下五种：媒体广告、销售推广、营销公关、现场传播、直接营销。

3. 不同旅行社要根据实际情况采用相应的促销方式。

实战演练

- 主题：小旅行社的促销
- 目的：了解旅行社的促销方式选择
- 过程设计

1. 结合教学内容，分析资料，讨论案例。

2. 模仿旅行社的陈安华，为旅行社写一封"求爱信"。

3. 可按每组5~6人进行分组，各组合作撰写出信，最后推选一名代表上台演讲，朗读信的内容并指出这是何种方式的促销。

- 情景再现

1982年，陈安华在上海长寿路创办了普陀旅行社。社址设在弄堂里的一个过街楼下，面积13.8平方米。当时上海已有十几家旅行社，均设在繁华路段上，镀金的招牌和耀眼的霓虹灯十分引人注目。陈安华明白他的旅行社地理条件不足，而且做不起广告，于是他就想到用发"求爱信"的方式获得客源，信中开诚布公地表明：敝社开张不久，希望各方大力支持。一并附上的是旅游路线、服务项目及收费标准。陈安华从此开始"求爱信"的批量生产，此后的八年中他共发出了一百万封"求爱信"，春夏秋冬每季一封。无论对方有意无意，陈安华一往情深，从不间断，他的"求爱信"遍及全国各地。如今普陀旅行社生意越做越旺，社址也迁到了长寿路的街面房子，年营业额已突破百万元。

资料来源：张红，李天顺. 旅行社经营管理实例评析. 天津：南开大学出版社，2000

本项目总结

知识梳理

1. 运用旅行社促销策略

① 旅行社促销的定义　② 旅行社促销策略的制定过程

2. 旅行社促销目标的确定与促销预算

① 旅行社促销目标的确定　② 旅行社的促销预算

3. 旅行社的促销要素组合与促销效果评价

① 旅行社促销要素组合　② 旅行社促销效果评价

主要概念

旅行社促销　促销目标　促销预算　促销要素组合　促销效果评价

习题与技能训练

1. 填空题

① 促销的自身效果又叫_____，是指以促销活动的视听率、记忆度和产品的知名度等因素为依据测定的促销效果。

② 媒体广告主要包括_____、杂志广告、_____和广播广告四类。

③ 考察团的规模一般以_____人为宜，以便于旅行社组织接待，达到主客双方都满意的效果。

2. 选择题

① 在众多广告媒体当中，旅行社使用最多的是（　　）。

A. 电视　　B. 杂志　　C. 广播　　D. 报纸

② （　　）是旅游者从事旅游活动的前提。

A. 交通　　B. 信息　　C. 金钱　　D. 兴趣

③ 一般来说，选择中间商应首先考虑（　　），亦即邀请旅行社主要客源地或机会市场的中间商参加考察旅行。

A. 地区性　　B. 对方财力　　C. 市场针对性　　D. 自身实力

3. 名词解释

旅行社促销管理　促销预算　促销要素组合

4. 简答题

① 简要说明指定旅行社促销策略的基本思路。

② 试述旅行社促销活动中常用的促销方式及其各自的优缺点。

③ 旅行社制定促销预算的方法主要有哪些？各自的优势和劣势分别是什么？

④ 如何对促销的效果进行评价？

⑤ 分组设计不同的促销活动组合方案，各自阐释方案的利弊。

项目 9　创建旅行社品牌

■ 学习目标

■ 知识目标

1. 理解我国旅行社品牌存在的几个误区。
2. 熟悉旅行社品牌的概念及基本要素。
3. 掌握旅行社创建品牌的方法。

■ 技能目标

会运用品牌的相关理论为旅行社创建品牌。

■ 案例目标

运用品牌学和管理学的相关理论来分析相关案例，培养和提高创建、维护旅行社品牌的能力。

■ 实训目标

引导学生了解一些旅行社的经营管理工作，从中提炼出旅行社创建品牌的内容，为今后从事旅行社品牌创建与维护工作打下基础。

■ 教学建议

1. 共用4课时，其中理论课2课时，实践操作课2课时。
2. 本项目建议采用讲授与案例相结合的方式，并结合学生的课堂讨论来完成，实务训练由教师与学生共同完成。
3. 案例举例建议从正反两个方面着手，引导学生多做思考，提高学生分析问题的能力。

学习任务 ❶ 认识旅行社的品牌

【想一想，做一做】

国旅"商标注册"

近年来，商标抢注现象愈演愈烈，权益纠纷有增无减，"国旅"商标案历时两年结案，为旅游企业从中汲取经验立了一面镜子。

1994年7月20日，当国旅总社申请"国旅"商标注册时，遇到被抢注的麻烦，使正宗"国旅"商标难以注册，甚至无法进入市场。根据《商标法》第二十七条规定：已注册商标以欺骗手段或其他不正当手段取得注册的，予以吊销。至此，"国旅"以胜利的结果为此次抢注纠纷案画上了圆满的句号。

资料来源：张红，李天顺. 旅行社经营管理实例评析. 天津：南开大学出版社，2000

想一想

"国旅"的失而复得告诉我们什么？

知识储备

1.1 品牌的一般知识

1.1.1 品牌的概念

什么是品牌？很多人可能认为，只有名牌才是品牌。实际上，品牌是指用以区别不同销售者所售产品或服务的名称、符号、标记、图案、色彩或其他特征。

1. 品牌名称。品牌中可以用语言表达的部分，包括文字、数字，通常是识别产品的唯一标志，它是品牌的核心。没有品牌名称，生产者就无法识别自己的产品。对消费者而言，品牌名称是产品的基本组成部分。

2. 品牌标志。品牌中非文字或数字表述的部分，通常是具有一定颜色的图案、符号或标记。这就是我们一般所说的 LOGO，如右图中国国旅的品牌标志。

3. 品牌内涵。是指营销者为特定品牌创造并用以与目标市场进行沟通的特定含义，是区别不同销售者的关键内在因素，其意义附着在品牌名称和品牌标志这一表层上。

品牌内涵包括两大部分：第一，营销者给品牌名称、品牌标志所赋予的含义及设计品牌的其他含义（营销者的感受）；第二，营销者在经营中给旅游者所带

来的实际感受上的含义（旅游者的感受），其实这是品牌内涵最真实的体现。

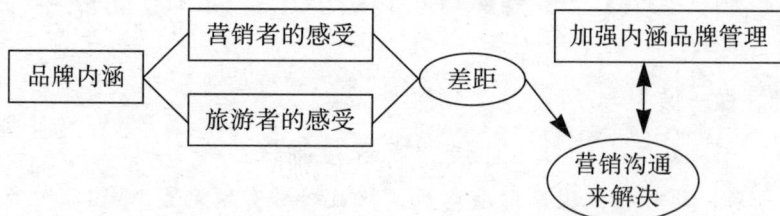

4. 营销沟通：确定品牌内涵并不是最终目的，最终目的在于将创造出来的品牌内涵传递给消费者，使消费者认识、认同并最终建立起品牌忠诚度。

5. 品牌内涵管理：就是指企业在特定品牌生命周期的全过程对其内涵进行的策划、传播与控制。品牌内涵管理的最终目的在于不断增加品牌资本。

6. 注册商标：是指企业依法注册的标记或名称，如日本交通公社的"Look Word"、中国国旅集团的"熊猫旅游"等。

1.1.2 品牌的作用

品牌对于生产者和消费者都有重要意义。对于生产者来说，品牌有助于他们区分不同的产品，有助于他们进行产品介绍和促销，有助于他们培育回头客，并在此基础上形成顾客的忠诚。对于购买者而言，品牌可以帮助他们识别、选择和评价不同生产者生产的产品，并可以通过诸如消费名牌产品等方式获得心理的满足和回报。

1.2 旅行社品牌知识

1.2.1 旅行社品牌概念

旅行社品牌是指用以区别不同旅行社所售服务或产品的名称、符号、标记、图案、色彩或其他特征。旅行社品牌不同于一般的工业品牌：工业品牌易被假冒，而且易被模仿；旅行社品牌易被模仿，但不易被假冒，这是因为目前消费者很少对旅行社有品牌意识，而对工业产品则表现出较强的品牌意识，所以旅行社没有必要假冒品牌。

1.2.2 旅行社的品牌策略

对有形产品而言，产品品牌是最主要的；而对于无形的服务来说，企业品牌则是首要的。这一研究结论对于旅行社具有同样的适用性，因为旅行社提供的服务具有服务产品的无形性特征，而正是这一特征使得服务产品的品牌化变得比较困难。此外，旅行社旅游经营活动中对于大量公用物品的依赖性进一步提高了其产品品牌化的难度，因为旅行社不能无视其他企业和社会公众对诸如长城、故宫和桂林山水等旅游资源的使用权而将这些社会公共物品的使用权排他性地据为己有。非但如此，旅游活动分布的广泛性和地域性使得某个企业即使想垄断对某一类旅游活动的经营也是很难实现的。

旅行社在良好的企业品牌之下，可以进行产品品牌的建设，但要注意的是旅行社产品的品牌不适合以旅游线路的名称命名，如"丝绸之路游"、"长江三峡游"、"欧洲风情游"和"夏威夷游"等。因为以上线路名称是旅行社产品的通用名称，其他旅行社有权经营类似的旅游活动，使用这样的名称作为产品品牌，将很难使本旅行社的产品与其他旅行社的产品区分开来，因而起不到品牌区分产品这一最基本的作用。一般来说，旅行社的产品名称用一个概念性的名字比较合适，如台湾专门针对生态旅游产品的"苹果旅游"，国旅总社针对中国公民推出的"环球行"品牌，以及春秋国旅的"贵族之旅"纯玩团、"春之旅"（中外宾客同车游）、"自游人"、"爸妈之旅"等特色旅游产品。

实 践 要 点

1. 品牌是指用以区别不同销售者所售产品或服务的名称、符号、标记、图案、色彩或其他特征。

2. 品牌对于生产者和消费者都有重要意义。

3. 旅行社品牌是指用以区别不同旅行社所售服务或产品的名称、符号、标记、图案、色彩或其他特征。

4. 旅行社的品牌建设必须讲究策略。

实 战 演 练

• 主题：中旅品牌设计

• 目的：理解旅行社品牌的含义

• 过程设计

1. 结合教学内容，分析资料，讨论案例。

2. 讨论：中旅徽标的含义。

3. 可按每组5~6人进行分组讨论，各组讨论后，推选一名代表上台演讲。

4. 如果你是地方中旅（如江西中旅）的负责人，请你为地方中旅设计一个旅行社品牌。

• 情景再现

近年来，随着我国旅游事业的快速发展，旅行社为了争夺客源，往往大做广告。在众多的旅游广告中，我们可以看到，许多都是"某某中旅"，并加上中旅徽标（如右图所示），其实就是"地名加中旅"。对中旅总社这样的大社而言，无形中加大了品牌风险，因为只要有一家中旅出了事，消费者就会对整个中旅系统不信任；对"某某中旅"来说，长期以来自己对品牌做的投资都将成为别人的资产，说到底就是没有自己的品牌。

学习任务 ❷ 掌握旅行社创建品牌的方法

【想一想，做一做】

康辉旅行社的品牌创建

中国康辉旅行社集团有限责任公司（原中国康辉旅行社总社）创建于1984年，历经二十余年的发展，已成为全国大型旅行社集团企业之一，是北京"首旅集团"旗下的专业化旅行社集团公司，总部设在北京。

康辉旅游集团以振兴和发展中国民族旅游业、服务于社会日益增长的精神文化需求为己任，大力实施"网络化"、"规模化"、"品牌化"发展战略，积极推进"国内成网"的营销、接待体系建设，目前已在全国设有100多家以资本为纽带的子公司。日臻完善的网络化营销、接待体系和垂直管理模式在旅行社行业已形成独特的综合优势，遍及海内外的业务协作体系以及由近万名员工组成的优秀团队具备为国内外旅游者提供全方位综合服务的实力。2006年，"康辉旅游"连续第三次入选世界品牌实验室评选的"中国最具品牌价值的500家企业"名录；截至2005年，在国家旅游局评定的"全国旅行社百强企业"年度综合业绩排名中，康辉旅游集团继续位列三甲。康辉旅游集团对中国旅游行业和国内外旅游大众的影响力正日益显现。

中国康辉旅行社集团有限责任公司是国家特许的经营中国公民出境旅游的组团社，经营范围包括入境旅游、出境旅游、国内旅游及会奖商务、差旅管理等全方位的旅游服务。成为行业领头的大型旅游运营商是康辉旅游集团的企业愿景，让合作者放心、让旅游者满意是康辉旅游集团的经营理念。

资料来源：改编自中国康辉旅行社网站。

想一想

1. 康辉旅行社是如何创建品牌的？
2. 做大做强旅行社品牌有哪些方法？

 知识储备

2.1 我国旅行社品牌经营存在的问题

2.1.1 品牌经营意识淡薄

我国旅行社所提供的产品大多是"某某地点至某某地点几日游"的模式，主题

形象模糊,旅游者无法从中了解到旅行社的经营特色和其所提供的旅游产品内容,更无从知道他们能从旅游产品中得到的利益。可以说,正是由于旅行社无品牌概念,才给市场中出现的"劣货驱逐良货"的现象提供了大行其道的天地,依赖保护、拉关系、复制他人的产品、恶性价格竞争等现象在业内仍较为普遍。

2.1.2　品牌雷同,品牌策划毫无创意

目前我国旅行社业的品牌经营甚为匮乏,各家旅行社相互克隆、相互模仿,真正有创意的品牌策划寥寥无几。如"广之旅"刚推出,市场反响较好,但紧接着"信之旅"、"爱之旅"等一系列面目相似的"品牌"铺天盖地而来,充斥着旅游市场。有些旅行社片面追求品牌措辞华美,过分强调广告宣传、品牌包装,难以真正将品牌内涵渗透到旅游服务的各个环节中,致使打造出的"品牌"千篇一律,毫无个性可言。

2.1.3　品牌经营重点不明确

很多旅行社像经营有形产品的企业一样,对其提供的服务设计品牌,甚至进行商标注册申请,其结果是既不能杜绝"剽窃"行为,又可能陷入旷日持久的官司,徒费人力物力。因为旅行社提供的产品组合涉及大量公用物品,一条线路、一项节事活动很难通过产品品牌注册获得垄断经营,其他旅行社完全能以相似的名称,合法经营同样的线路和节事活动。但内容相同的旅游活动,旅游者得到的服务和旅游后的体验不同,原因在于企业素质不同。因此,对无形的服务来说,企业品牌则是首要的。

2.1.4　对内部管理强化品牌的认识不到位

旅行社还没有意识到加强内部管理就是从根本上增强旅行社品牌的意识,重市场、轻管理的现象普遍存在,内部管理松散,缺乏有效的管理机制。如企业财务管理欠佳、利益分配不合理、佣金流入个人腰包等,这些都严重影响了旅行社品牌的形成。尤其是对作为旅行社"形象大使"的导游人员,目前仍处于粗放式管理状态。

2.2　旅行社品牌建设的方法

旅行社应加强品牌建设,因为品牌建设是提高旅行社竞争力的王牌:第一,品牌建设是强化旅游产品差异化的有力手段,是旅行社赢得竞争优势的关键环节;第二,品牌建设是旅游消费者购买风险的减速器,有助于发展旅行社与顾客的牢固关系;第三,品牌建设是提高旅游产品附加值的利器,能给旅行社带来可观的经济效益。

2.2.1　品牌命名应遵循的原则

1. 易读易记原则。具体体现在旅行社的命名方面有:第一,简洁。名字单纯、简洁明快,字数不能太多,要易于传播,如春秋之旅。第二,独特。名字要张显出独特的个性,并与其他品牌名有明显的区分或表达独特的品牌内涵,如扬帆之旅。第三,新颖。品牌名要有新鲜感,要与时俱进,有时尚感,创造新概念,如888旅行社。第四,

响亮。品牌名称要朗朗上口，发音响亮，避免出现难发音或音韵不好的字，如广之旅。

2. 尊重文化与跨越地理限制。这具体体现为旅行社在命名方面应该做到：第一，尊重文化，如龙行天下旅行社（龙为中国吉祥物）。第二，跨越地理限制，如仙鹤在中国和日本代表着长寿，但在法国则被认为有不好的喻意；菊花在意大利是国花，但在法国则是不吉利的象征，在拉丁美洲有些国家则被认为是妖花；如"仙鹤"旅行社接待法国游客时要变通名字。此外，我国多数品牌只以汉字命名，因受国度、语言、文化等因素差异，已成为国内品牌国际化的一大障碍。

3. 无歧义原则。品牌的命名可以让消费者浮想联翩，但千万不能让消费者产生歧义，因此旅行社在命名时要注意不要让旅游者产生一些对旅行社的误读，给旅行社的经营带来一些麻烦，如今日旅行社的命名就不太恰当。

4. 暗示产品特点。旅行社在进行品牌命名时，可以从产品的特点、功能和形态等属性来命名，这样能让消费者通过名字来识别产品，如广之旅就暗示了旅游范围广、旅游者来源广、旅游形式广等。

2.2.2　在服务质量、产品创新上狠下工夫

1. 在服务质量方面

（1）设计经营的旅游产品主题鲜明，内容丰富，线路合理，劳逸适度，符合对应细分市场旅游者物质和精神的需求；（2）恪守合同，严格按产品计划安排旅游活动，兑现约定的服务质量承诺，保证食宿的档次质量、车船的规格、导游的水平等；（3）保障游客的生命财产安全，处理好团体活动与个人相对自由的关系；（4）旅游接待人员讲究职业道德并具有过硬的业务素质；（5）整个服务过程洋溢着真情、细腻和个性化，以突现人的服务魅力。

2. 在产品创新方面

对旅行社来说，产品创新就是以旅游市场需求新趋势为导向，正确运用市场细分原则，对旅行社现有的旅游产品进行更新或设计开发新的旅游产品，开拓新的经营领域和经营线路。

2.2.3　做好售后服务，完善服务功能

旅行社开展并做好售后服务对创立品牌也十分重要：一是可以培育与旅游者的感情；二是可以以游客为镜，知晓服务的不足，以求日后改进；三是可以了解他们的新需求，以便推出更符合潮流的旅游产品。旅行社可建立顾客数据库，通过电话、信函、网络与客户联系，进行售后跟踪服务。

2.2.4　强化宣传意识，提高宣传功效

当今社会，旅游宣传已成为旅行社在竞争中得以生存的生命线，旅行社品牌也在宣传中诞生：一方面，宣传可形成和加强消费者对旅行社品牌的认知；另一方面，宣传的费用可转化到旅行社品牌之中，从而形成品牌的一部分资产。

实践要点

1. 我国旅行社在品牌经营中存在着不少的问题，如品牌经营意识淡薄、品牌雷同、品牌策划毫无创意、品牌经营重点不明、对内部管理强化品牌的认识不到位等。

2. 品牌建设是提高旅行社竞争力的王牌，做好旅行社的品牌可以在四个方面做文章，即科学做好品牌命名、抓好服务质量与产品创新、做好售后服务、强化宣传意识等。

实战演练

- 主题：一起放眼"新景界"
- 目的：掌握旅行社创建品牌的方法
- 过程设计

1. 结合教学内容，分析资料，讨论案例。

2. 讨论内容：深圳国旅是如何做品牌的？如果你是一家刚成立的旅行社的经理，你将如何搞好品牌建设？

3. 可按每组5~6人进行分组讨论，各组讨论后，形成结论，组与组之间进行辩论。

- 情景再现

深圳国旅于1954年成立，是目前深圳乃至全国都有一定影响力的区域性品牌旅行社。进入新世纪以来，深圳国旅立足于品牌化建设之路，不断提高品牌知名度，在发展的过程中，与其他旅行社创建品牌一样也面临着品牌泛化的问题。在这种背景下，经过对市场的周密调查和分析，针对行业自身的特点和存在的问题，深圳国旅决定推出"新景界"品牌战略，在激烈、低层次且无序的竞争环境下，导入品牌战略，走出一条自己的路来。

何为"新景界"？"新景界"源于"新境界"，它带给消费者的是和以往"到此一游"、"走马观花"完全不同的经历和感受，是每一次都有新发现的、一生难忘的旅游体验，是人性化、个性化的旅游，是旅行社业一道全新的风景线。

"新景界"的品牌定位为"新时代、人性化的专业旅游"，其内涵为："以新的服务理念、服务模式和崭新的形象展现在社会面前，提供高品质和富有特色的产品和服务，既是传统意义上的旅游服务企业，又是新型旅游文化的创造者、开拓者和传播者，更是现代生活方式的创造者。它强调人性的自由、自在、自我，强调对生态环境和特色文化的保护，强调人与自然的和谐新境界，强调生活的质量和品位，推崇积极向上的生活态度。它既充分尊重人，又更强调大自然的生态环境，注重人和自然的沟通，激发人的灵性和潜力，从心创造有意义的人生体验。"

在品牌理念的指导下，"新景界"细分了市场并规划了不同子品牌，推出的一系列产品均获得成功，如"寻源香格里拉"、"千名长者温馨结伴游港澳"等品牌线路产品。

"新景界"在推广策略上，全方位推出新旅游概念、新形象推广、新产品包装、新服务体系、新促销举措；所有的媒体宣传、公关活动都围绕"新"字展开，一改旅行社在人们心目中无新意、无特色、无差异、无保障的陈旧印象，塑造国旅"新景界"的崭新品牌形象。其推广口号是：一样的旅游，不一样的新景界！

深圳国旅实施新品牌战略，并非一蹴而就，而是有策略、有步骤地从"深圳国旅新景界"，到"国旅新景界"，再过渡到"新景界"，并通过整合品牌营销的一系列手段，一步一步走向健康良性发展的道路。

资料来源：改编自网址www.eachtravel.com。

本项目总结

知识梳理

1. 认识旅行社的品牌

① 品牌的一般知识　② 旅行社品牌知识

2. 掌握旅行社创建品牌的方法

① 我国旅行社品牌经营存在的问题　② 旅行社品牌建设四法

主要概念

品牌　品牌标志　品牌内涵　品牌营销　注册商标　旅行社品牌

习题与技能训练

1. 填空题

① _____是品牌中可以用语言表达的部分，包括文字、数字，通常是识别产品的唯一标志，它是品牌的核心。

② 我们一般所说的 **LOGO** 是指_____。

③ 对有形产品而言，产品品牌是最主要的；而对于无形的服务来说，_____则是首要的。

2. 判断题

① 品牌对于生产者和消费者都有重要意义。（　　）

② 旅行社只有成为名牌才算有品牌。（　　）

③ 旅行社品牌和一般的工业品牌一样易被假冒、易被模仿。（　　）

3. 名词解释

品牌　注册商标　旅行社品牌

4. 简答题

① 品牌有什么作用？

② 为什么说品牌建设是提高旅行社竞争力的王牌？

项目 *10* 剖析旅行社的人力资源管理

■ 学习目标

■ 知识目标

1. 了解旅行社人力资源管理的特点和内涵。

2. 熟悉旅行社经理人的职责和素质；熟悉旅行社员工的选聘程序和培训内容；熟悉旅行社企业文化建设的作用和策略。

3. 掌握对员工进行考评的方法。

■ 技能目标

1. 能够根据旅行社需要制订选聘计划。

2. 会使用相对标准法、绝对标准法等方法对员工绩效进行测评。

3. 能够根据薪金、奖金和福利等收入形式制定简单的收入分配方案。

■ 案例目标

通过案例分析，提升学生人事管理方面的能力，增加学生对制订选聘计划、员工绩效评估、设计收入分配方案等的现实认知。

■ 实训目标

1. 学会设计员工选聘计划。

2. 能够制定员工绩效评估方案和收入分配方案。

3. 根据某一旅行社的背景和环境，为其设计合理的企业核心文化。

■ 教学建议

1. 共用6课时，其中理论课4课时，实践操作课2课时。

2. 通过举一些实例加深学生对旅行社人力资源管理的了解。

3. 对旅行社员工的选聘与培训应着重阐述，并结合当地旅行社的实际情况，引导学生思考旅行社应如何制定合理有效的选聘与培训方案。

4. 对旅行社员工绩效的考评及收入分配制度环节的教学应融入实训教学当中，让学生先行而后知。

学习任务 ❶ 认识旅行社人力资源管理

【想一想，做一做】

旅行社员工跳槽事件

旅行社员工跳槽事件相当频繁。1995年7~8月，国内某大旅行社总社欧美部的10余名业务骨干，没经批准和办理相关手续，便集体跳槽加入另一旅行社总社，并将在工作中使用、保管的客户档案大部分带走。与此同时，他们新任职的旅行社用这些人组建了欧美二部，致使原旅行社的国外客户在一周的时间内纷纷以种种理由取消了原定8月至12月的旅游团队151个，约占同期预订团队总数的2/3。此举使原旅行社减少计划收入2 000多万元，损失利润300多万元。在旅行社行业中，此类集体或重要员工跳槽事件时有发生，许多旅行社因此遭受重大损失。

想一想

1. 你如何看待旅行社员工跳槽问题？
2. 你认为旅行社员工跳槽现象的主要原因有哪些？
3. 要减少企业员工跳槽，你认为旅行社应从哪些方面加强工作？

知识储备

1.1 旅行社人力资源管理的内涵与特点

1.1.1 旅行社人力资源管理的内涵

目前学术界对人力资源管理的认识不尽相同，概括起来主要有两大类。一是从人力资源管理的实质内涵出发，侧重于人力资源规划、开发性研究和一般化策略探讨的描述，如我国学者李美云关于人力资源管理的定义是："人力资源管理是指在人力资源的取得、开发、保持和使用等方面所进行的计划、组织、激励和控制的活动。"二是从人力资源管理的最具体、最实际的形态出发，着重强调为实现人与事的恰当配合而进行的招聘、选拔、录用、调动、提升、培训、考核、奖惩、工资和福利等管理职能的内涵及其运作。例如，美国学者利昂·梅金森认为，在所有的管理中，只要涉及对组织中人力资源的招聘、选拔、录用、使用、报酬及潜能的发挥等方面的规划和实施的活动，都称为人力资源管理。

综上所述，旅行社人力资源管理的定义是，运用现代管理的科学方法，对旅行社组织中的人力进行合理的组织、培训和调配，使人力、物力经常保持最佳比例，同时对人的思想、心理和行为进行恰当的诱导、控制和协调，充分发挥人的主观能动性，使人尽其才、事得其人、人事相宜，以实现旅行社的发展目标。

1.1.2 旅行社人力资源管理的特点

传统的人事管理是依照企业管理职能的划分而形成的一项具体职能，它将企业中的人只是作为一种简单的生产要素来进行管理；与传统的人事管理方式相比（见表10-1），人力资源管理则是"以人为本"，将人作为管理中最关键的因素，认为具有良好素质的专业化员工队伍不是自然形成的，而是通过管理人员的精心选择、培养和积累才能形成、维持和发展的。人力资源管理的核心思想是"以人为本"的管理理念。

表10-1 人力资源管理与传统人事管理的区别

序号	比较项目	传统的人事管理	人力资源管理
1	管理观念	视员工为成本负担	视员工为有价值的重要资源
2	管理目的	保障企业短期目标的实现	企业长远利益与员工自我发展的统一
3	管理性质	就事论事，属战术性、业务性管理	重视整体开发、预测和远景规划，属战略性、策略性管理
4	管理模式	以事为中心	以人为中心
5	管理视野	狭窄性、短期性	广阔性、远程性
6	管理形式	静态（事后式），多为被动反应，注重管好	动态（事前式），多为主动开发、立体开发，注重对员工的培养和使用的有效性与政策性
7	管理内容	简单	丰富
8	管理方式	制度控制	人性化管理，充分考虑员工的情感、自尊和价值体现，强调透明、参与
9	管理地位	处于执行层，按上级命令办事	处于决策层，参与企业决策
10	管理态度	命令、独裁、管理、控制	尊重、民主、帮助、服务
11	管理关系	对立、抵触	和谐、合作
12	管理技术	照章办事，机械呆板	在变化中不断追求科学性和艺术性
13	管理手段	简单粗糙	立体细致
14	管理体制	强调按领导意图办事	强调按企业发展要求办事
15	管理属性	非生产与效益部门	生产与效益部门

旅行社人力资源管理的对象是旅行社的全部人力资源，包括决策层、管理层和操作层，这三个层次的员工各有不同的职能，共同构成了旅行社的人力资源体

系（见图10-1）。

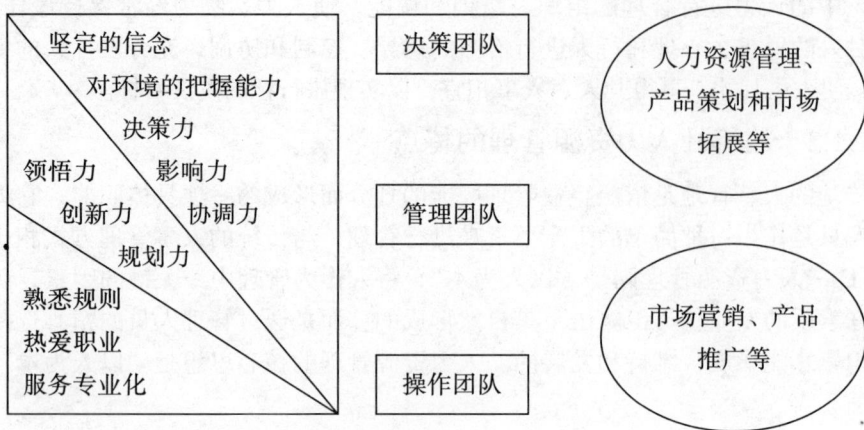

图10-1　旅行社的人力资源体系

　　我国旅行社中从事人力资源管理的传统部门是人事部。目前，大多数企业仍然只有人事部，只有极少数规模较大的企业设立了人力资源部。不论名称是否改变，作为旅行社的管理者，必须牢固树立人力资源管理的观念。

　　相对于其他类型的企业而言，旅行社企业的人力资源管理具有以下特点。

　　1. 规模普遍偏小，一人从事多项工作的现象大量存在

　　在我国现阶段，中小旅行社占行业的绝大多数。企业规模偏小，导致人员分工不够明晰，员工往往需要一专多能，并在不同情况下从事不同的工作，比如既做计调又带团做导游。这种情况，尽管从某种意义上讲，节约了一定的人力成本，但由于分工的不明确与人员归属的不确定，使各部门的管理往往难以奏效，增加了人力资源管理的难度。

　　2. 工作内容较灵活，绩效考核难度大

　　旅行社的业务涉及方方面面，旅行社员工的工作性质也非常灵活。尤其是导游人员，经常性地在外面带团，在社里时间很少，管理者很难了解员工工作的全过程；同时，旅行社对旅游者提供的是无形服务，对其服务质量的评价标准很大程度上来自于旅游者的感受，不像有形产品一样易于按照明确的标准来考核。这就增加了旅行社人力资源管理部门对员工绩效考核的难度。

　　3. 员工流动性大，招募、培训任务比较重

　　旅行社行业是一个人员流动极大的行业，企业间、行业间的人员流动现象都很突出。这样，旅行社的人力资源管理部门就要经常性地招募新员工补充到员工队伍中去。同时，各行业、各企业的操作规范和企业文化都有所区别，旅行社管理者还必须对新加盟的员工进行必要的培训。在员工队伍相对稳定的行业，这方面的工作就轻松得多。

1.2　我国目前旅行社人力资源管理概况

经过多年的旅行社管理实践，我国旅行社行业人力资源管理方式不断科学，管理经验不断丰富。然而，目前旅行社行业在人力资源管理方面存在一些问题，这些问题主要表现在以下几个方面。

1.2.1　人力资源管理观念落后，机构设置不完善

大多数旅行社人力资源及管理意识淡薄。对人力资源管理的认识仅停留在招聘、简单培训及待遇规划等方面，很少涉及职业系统培训及绩效考核等。在小规模的旅行社中，基本上是家长式管理，管理随意性强；在初具规模的旅行社中，设立人力资源部的也是寥寥无几。多数旅行社更注重实际经验，将人力资源的重点放在待遇提高方面，却不能将人才管理与旅行社发展有机地结合起来。例如规模为50人左右的某大型旅行社，设置了计调、外联、出境、导游和办公室等部门，但是人力资源部尚在筹备之中。

1.2.2　高层次的管理人才及专业技术人才缺乏

旅行社的管理人员大多有着丰富的实际从业经验，但由于种种原因，大多数管理人员缺乏良好的教育背景，员工的综合素质有着相当的局限性，因此造成了旅游产品单一、思路狭窄、缺少特色线路的状况。在当今日益激烈的旅游业竞争中，如何吸引更多的游客、留住游客，如何开发特色性的线路及旅游产品便成为决定旅行社发展的重要前提。而只有高素质、高层次的管理人才及专业技术人员才能帮助旅行社真正造就自己独特的市场竞争优势。

1.2.3　员工流动性大，人才流失严重

旅行社从业人员流动频繁。在其他行业，正常的人员流失率一般为5%~10%，而旅行社业的人员流失率高达40%，尤其是旅行社高级管理人员更是流失严重，有另立门户的，也有脱离旅游行业的。在持导游证的流失人员中，不再从事导游行业的超过半数。

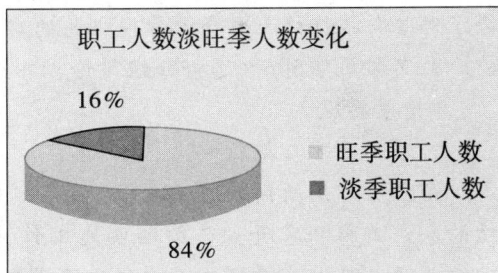

职工人数淡旺季人数变化

16%

旺季职工人数
淡季职工人数

84%

导致这种现象的原因有很多，主要是有些城市旅游业的季节性极强。以秦皇岛为例，从下图中我们可以看出，旅行社的职工人数在淡旺季浮动非常大，旺季和淡季的比例达到五倍之多。这就造成了大多数旅行社"干半年休半年"的行业现状，不能为员工提供稳定的工作条件和良好的职业发展前景，因此造成相当高的人员流失率。

现代化企业的实践证明，企业人力资源管理的水平决定着企业的兴衰成败。由于旅行社具有规模偏小的特点，在人力资源管理上存在问题引发的后果，可能在短

期内表现不会特别明显。但是，我们可以看到，一些大型旅行社已经意识到企业发展的"瓶颈"，开始着手建立人力资源部门、提高人力资源管理水平、提升企业素质，这标志着旅行社业的发展进入到一个新的阶段。可以预见的是，随着旅行社行业的激烈市场竞争，为了提升旅行社的竞争力，确保生存和不断发展，旅行社需要逐步建立健全既与现代管理制度接轨又适合旅游业发展需要的人才培养和开发机制，使旅游人才供给在数量、质量、结构上适应行业发展的需要。

实践要点

1. 人力资源管理是指在人力资源的取得、开发、保持和使用等方面所进行的计划、组织、激励和控制的活动。

2. 传统的人事管理是依照企业管理职能的划分而形成的一项具体职能，它将企业中的人只是作为一种简单的生产要素来进行管理；人力资源管理则是"以人为本"，将人作为管理中最关键的因素。

3. 在所有的管理中，只要涉及对组织中人力资源的招聘、选拔、录用、使用、报酬及潜能的发挥等方面的规划和实施的活动，都称为人力资源管理。

实战演练

• 主题：麦当劳的人力资源管理
• 目的：了解人力资源管理的内涵
• 过程设计
1. 结合教学内容，分析资料，讨论案例。
2. 讨论内容：人力资源管理有哪些职能？从麦当劳的人力资源管理中，你获得了哪些与旅行社人力资源管理相关的启示？
3. 可按每组5~6人进行分组讨论，各组讨论后，推选一名代表上台演讲。
• 情景再现
1. 不用天才与花瓶
麦当劳不用所谓的"天才"，因为"天才"是留不住的。想在麦当劳里取得成功的人，都得从零开始，脚踏实地工作，炸薯条、做汉堡包，是在麦当劳走向成功的必经之路。这对那些不愿从小事做起、踌躇满志想要大展宏图的年轻人来说，是难以接受的。但是，他们必须懂得，麦当劳请的是最适合的人才，是愿意努力工作的人，脚踏实地从头做起才是在这一行业中成功的必要条件。在麦当劳餐厅，女服务员的长相也大都是普通的，员工既有年轻人，也有年纪大的人。与其他公司不同，人才的多样化是麦当劳的一大特点。麦当劳的员工不是来自一个方面，而是从不同渠道请人。麦当劳不讲求员工是否长得漂亮，只在乎员工是否工作负责、待人热情，让顾客有宾至如归的感觉。

2. 没有试用期

一般企业试用期要3个月，有的甚至6个月，但麦当劳只要3天就够了，但它有长期的考核目标。麦当劳有一种360度的评估制度，就是让周围的人来评估某个员工：你的同事对你的感受怎么样？你的上司对你的感受怎么样？以此考核员工。

3. 培训模式标准化

麦当劳的员工培训，也同样有一套标准化管理模式，麦当劳的全部管理人员都要学习员工的基本工作程序。尤其重要的是，作为一名麦当劳新员工，从进店伊始，就在日常的点滴工作中边工作边培训，在工作和培训合二为一中贯彻麦当劳Q.S.C&V黄金准则，Q.S.C&V分别是质量（quality）、服务（service）、清洁（clean）和价值（value）。这就是麦当劳培训新员工的方式，在他们看来，边学边用比学后再用的效果更好，在工作、培训一体化中将企业文化逐渐融入麦当劳每一位员工的日常行为中。

4. 晋升机会公平合理

在麦当劳，晋升对每个人都是公平合理的，适应快、能力强的人能迅速掌握各个阶段的技术，从而更快地得到晋升。面试合格的人先要做4~6个月的见习经理，其间他们以普通员工的身份投入到餐厅的各个基层工作岗位，如炸薯条、做汉堡包等，并参加BOC课程（基本营运课程）培训，通过考核的见习经理可以升迁为第二副理，负责餐厅的日常营运。之后还将参加BMC（基本管理课程）和IOC（中间管理课程）培训，经过这些培训后已能独立承担餐厅的订货、接待、训练等部分管理工作。表现优异的第二副理在进行完IOC课程培训之后，将接受培训部和营运部的考核，考核通过后，将被升迁为第一副理，即餐厅经理的助手。以后他们的培训，全部由设在美国及海外的汉堡大学完成，汉堡大学都配备有先进的教学设备及资深的具有麦当劳管理知识的教授，并提供两种课程的培训：一种是基本操作讲座课程，另一种是高级操作讲习课程（AOC）。

5. 培训成为一种激励

麦当劳的培训理念是：培训就是让员工得到尽快发展。麦当劳的管理人员都要从基层员工做起，升到餐厅经理这一层，就该知道怎样去培训自己的团队，从而对自己的团队不断进行打造。麦当劳公司的总经理每三个月就要给部门经理做一次绩效考核，考核之初，先给定工作目标，其中有一条必须写进目标中，那就是如何训练你的下属——什么课程在什么时候完成，并且明确告诉部门经理，一定要培训出能接替你的人，你才有机会升迁。如果事先未培养出自己的接班人，那么无论谁都不能提级晋升，这是麦当劳一项真正实用的原则。由于麦当劳各个级别的管理者，会在培训自己的继承人上花相当多的精力和时间，麦当劳公司也因此成为一个发现和培养人才的大课堂，并使自己在竞争中长盛不衰。

资料来源：改编自网址wenku.baidu.com。

学习任务 ❷ 熟悉旅行社经理人的职责与素质

【想一想，做一做】

一名旅行社经理人的总结

与其他行业相比，旅游行业的职业经理人是幸运的。大学毕业后进入一家规模中等的旅行社，先做导游，再做计调，用不到几年就有可能升迁做经理。而一些头脑活络、手里又掌握客户资源的人，则有更多的机会在业内流动，甚至自立门户做老总。这样的前景，对于立志投身旅游业的年轻人，无疑具有极大的诱惑。

1. 成功者勇字当头

作为职业经理人，首要的是勇字当头。做市场就是要不怕困难，一往无前，始终保持一种激情和信念。成功的人不一定是智商最高的，但一定是意志最坚定、最有韧劲的，对于自己认定的东西不容易动摇，特别能坚持。做市场就是要敢想敢干，市场实战的成功体验非常重要，它能树立人的自信。你不能等到所有的理论都学好了再去做市场。应该勇敢地冲进市场里面去，在实战中学习。

2. 大格局是一种视野

什么是"大格局"？"大格局"就是一种宏观的、开阔的视野。做一个成功的旅游经理人，尤其需要大格局、大视野。到目前为止，中国旅游业的市场发育并不充分，市场营销的水平普遍较低，旅行社的总体状况还是小、散、弱。全国15 000多家旅行社，有那么多好的资源，有那么多优秀的旅游经理人，为什么没有一家能够完成同程网那样的业内整合？为什么没有发展出一家携程网那样的旅行服务公司？说到底，就是由于大家都盯着眼皮底下的这块团队市场，认为做团队来钱快、操作简单，而忽视了在未来最有发展潜力的自助游市场。结果就是价格战打得大家头破血流，谁都没有钱赚。

3. 培养颠覆性思维

颠覆性思维，追求的不是改良，而是变革。它是"无中生有"，是彻底的改变。它在本质上是一种富有前瞻性的战略性思维，来自于决策者对于产业未来变动趋势的深刻洞察。旅行社业者如果不能对这一点有所认识，只是简单地模仿别人表面的东西，是很难在市场竞争中取胜的。实际上，要在别人已有的基础上做得更好是很困难的。正确的做法应该是尽量去做别人不做的事情，而且要做得跟别人不同。比如携程网，它的商业模式跟传统旅行社就完全不同，而且它所针对的自助游市场正是传统旅行社所不重视的。所以，这块市场一旦启动起来，传统旅行社便很难跟它竞争。当然，颠覆性思维不仅体现在决策上面，还体现在操作市场的手法上，比如怎样掌握市场主导权、怎样实现由弱势到强势的转化、怎样改变做生意的游戏规则等。

4. 用心感知消费者

市场发展到今天，只是产品质量好已经很难满足消费者的需求。要真正做好市场，必须超越产品的物质层面，深入研究消费者精神层面的东西。其实，旅游者在许多时候并不真正清楚自己需要什么，作为旅游经理人，要善于体察人性，用心去感知消费者，要仔细分析消费者的价值观、生活形态和文化心理，要一直深入研究到消费者的潜意识。真正的需求往往是隐而不见的，要把隐秘的需求发掘出来，还需要洞察旅游者的心理需求。营销学研究人的购买决策过程，从知晓到兴趣，再到产生购买欲望，最后完成购买行为。

5. 掌握资讯，注重均衡

首先，获取海量信息需要"海量阅读"。"海量阅读"的重要作用之一，是可以让我们"在混沌中感知市场"。人的大脑天生就有一种在混沌中感知、归纳和整理信息的功能，在整理之后，有价值的信息就会自动有序地流出来。经理人商业直觉的形成，除了跟经验有关，还与信息的占有量密不可分。

其次，获取信息要学会"去粗取精"。市场信息要转化为有助于营销决策的资讯情报，需要一个"去粗取精"的过程。互联网就像一个深不可测的海洋，旅游经理人要重点关注那些浮出水面的东西。在网络的海洋里，一个帖子能够浮上来，并且得到"病毒式"的快速传播，总是有些道理的。那么，怎样便捷、快速地发现对我们有用的资讯呢？方法很简单，就是盯住每个行业中影响力最大的专业网站和论坛。通过这些专业网站和论坛，我们能够较快地了解整个行业的最新理论研究成果和实战操作技法。在此基础上，我们的视野还应放宽一些，做一些适当延伸，浏览一些相关的管理类、品牌类的优秀网站，比如中国管理传播网、全球品牌网等。

最后一点，要特别注意学习和研究我们所不熟悉的各种新知识、新理论。要做一个成功的旅游经理人，我们必须硬起头皮来学习和研究自己所不熟悉的许多东西，除了对本行业、本专业的理论知识要有透彻研究外，还必须阅历丰富、涉猎广泛，千万不能变成"跛脚鸭"。

想一想

1. 案例中提到的职业要求，你能否做到？
2. 你认为还存在其他的职业要求吗？

知识储备

2.1　旅行社经理人的内涵

如果说旅游企业家是旅游企业创新的源泉和动力，那么旅行社经理人则是实现创新的转化器和维持旅游业良性运作的内在力量。

职业经理人可能不像旅游企业家那样具有创新性和冲击力，但却更具持久性。一旦一家旅行社走出创业期进入成熟期，或者摆脱危机步入平稳期，旅游企业家的舞台空间就所剩无几了，但是这个时候也许正是旅行社经理人充分表现自我价值的时期。一个旅游企业家可能今天从事旅行社业，明天从事饭店业，后天又会从事航空运输业，在自己的创业生涯中经常会出现理性思考与感性冲动相互交替的状况。但是，一个旅行社职业经理人却一定会是一个长期从事本领域工作的资深专业人员。他们有着良好的专业背景，有着长期的职业经验，有着丰富而广泛的业缘和人际关系网，以理性思维主导着自己的职业生涯，对旅游企业的国际运作惯例、民族历史文化、员工与客人的需求特征与激励途径烂熟于胸。他们不一定从事开创性的工作，却一定在从事着旅游企业家创新意图的现实转化工作，以自己独到的管理方案和管理艺术实现着旅游企业家的创新冲动。如果说旅游企业家是为旅游业的需求而存在的话，那么旅行社职业经理人则是为旅游企业家的需求而存在的。

一个从未接触过旅游的人完全有可能成为旅游企业家，只要他以企业家的精神推动着旅游业的市场创新和制度创新，以企业家的目光关注着旅游者与旅游业界人士的欢乐和忧伤，这样的人物本身就是一个传奇。但是一个旅行社职业经理人却一定是要在旅游行业内真正做过管理和经营工作，有着本领域长期经历的人员。这样的人物可能没有让业内人士津津乐道的传说，但正是因为他们的存在，充满传奇色彩的旅游企业家才能有一个上演故事的舞台，才能有一个聚集传说的载体。

2.2　旅行社经理人的职责

旅行社经理人的敬业精神必须直接指向旅行社的资产所有人，为旅行社资产（包括无形资产）的增值而鞠躬尽瘁。旅行社经理人的价值取向也很明确，就是在为资本及其人格化代表服务的过程中不断提高自己的经济收入和非经济收益，努力使自己的经营管理能力的供给曲线变得陡峭起来。在职业导向观下，旅行社经理人的头衔也不再与某一行政级别挂钩，市场的进入与退出机制也就趋于正常化了——没有权力的起伏和落差，预期收入又能够保证，在这一背景下，我国旅行社经理人的心态才会比较平和。

旅行社经理人必须把经济收益和经理人市场的声望收益，而不是政治收益和上级领导的认可收益，放在自己函数的最大比重的位置上。经理人，特别是旅行社经理人是高投入、高风险、高回报的一种职业。无论是旅行社经理人本人、管理旅行社经理人的人，还是受旅行社经理人管理的人，都必须树立这样的一种观念：复杂劳动的价值是简单劳动价值的倍乘；在没有董事会的法人治理结构中，旅行社经理人应该享有旅行社的剩余索取权。对这句话更为通俗的解释就是旅行社经理人享有旅行社净利润的分配权，对旅行社经理人的最大激励不是把他"晋升"到某一个行政职位上去，而是建立一套有效的激励—约束机制，使旅行社经理人的收益正常化。

职业经理人应对公司忠诚，对旅行社的商业秘密自觉进行保护，包括曾经服务过的公司和正在服务的公司。客户关系和商业运营模式在旅行社中居于至关重要的地位，由于它们是附着于人际关系之中的，往往不能像制造业领域的知识产权那样受到有效的法律保护。在这种情况下，旅行社业的商业秘密很容易随着职业经理人和销售人员的流动而泄露。20世纪90年代的中国旅行社业就曾经发生过A企业销售部的全体员工集体跳槽到其竞争对手B企业，从而导致A企业损失巨大而将跳槽员工和B企业告上法庭的事情。从长期来看，这种状况不利于行业的有序发展，它将导致一个"人人自危"的丛林世界。如果整个行业陷入无序，旅行社和职业经理人个人的发展也就无法谈起了。所以，对于将要从事旅行社业的未来职业经理人来说，严守公司的商业秘密就成为一个基础性的管理理念了；对于曾经服务过的公司，虽然现在已经离开，但是过去在职时掌握的一些公司秘密仍不应透露给他人，特别是竞争对手；对于现在正在服务的公司，则更有义务保守公司的商业秘密。

2.3　旅行社经理人的素质

一个旅行社经理人只有具备如下条件时才称之为合格的经理人，并对民族旅游业的成长作出相应的贡献。

第一，对旅游业有着发自内心的热爱，把旅游业视为展示自身才华的神圣舞台。

第二，熟悉旅游业运行环境、操作技能并具有卓越的组织管理能力。这一条件要求旅行社经理人需要熟悉或掌握与旅行社运行有关的法律法规和行业惯例，了解对客服务和内部操作流程的基本技能。

第三，有一定的人文精神底蕴。因为旅游业也是典型意义上的服务业，现代旅行社已不仅仅是为外出旅行的人提供简单的代购票证、外出向导和迎来送往的小型代理商，更重要的是还提供相关的文化背景信息、心理愉悦和审美功能。所以，旅行社经理人肯定不会是只知道追求利润的人，而是能够以自己的行为提升相关群体的精神水准，并且能够以关怀的心境对待自己所从事的事业和为自己工作的员工。

第四，对旅游企业的规模、服务水准、市场开发、组织运行结构等要素有着强烈的创新欲望。

第五，在现阶段，尤其强调旅行社经理人对现有市场资源的再利用能力。

实践要点

1. 旅行社职业经理人是长期从事本领域工作的资深专业人员，他们有着良好的专业背景，有着长期的职业经验，有着丰富而广泛的业缘和人际关系网，以理性思维主导着自己的职业生涯。

2. 如果说旅游企业家是旅游企业创新的源泉和生生不息的动力，那么旅行社经理人则是实现创新的转化器和维持旅游业良性运作的内在力量。

3. 旅行社经理人的价值取向就是在为资本及其人格化代表服务的过程中不断提高自己的经济收入和非经济收益，努力使自己的经营管理能力的供给曲线变得陡峭起来。

实战演练

- 主题：旅行社职业经理人的素质
- 目的：熟悉旅行社经理人的素质要求
- 过程设计

1. 学生以3~4人为一小组，实行组长负责，由组员分别扮演旅行社员工、旅行社部门经理、旅行社总经理等。

2. 模拟旅行社员工对素质不高的旅行社总经理提出一些合理化建议的过程。

3. 组与组之间互相指出其存在的问题，交流讨论，形成统一意见，可用文字形式，也可用PPT课件形式列出。

学习任务 ❸ 熟悉旅行社员工的选聘与培训

【想一想，做一做】

WS旅行社的"总经理选举"

2005年，J市WS旅行社的张总经理因年满六旬，申请退休。该社所属的TBS旅游发展集团（控股）总公司经过研究决定，同意张总经理退休。同时，总公司决定派总公司的纪律检察委员会孙副书记、人力资源部刘总监和工会李副主席前往WS旅行社，召集中层干部以上的人员，进行民主测评，推荐新的总经理人选。

然而，WS旅行社是一家成立时间较早的国有企业，由于历史原因该社存在着严重的派系。其中，该社散客部王副总经理曾任接待部经理，三年前，他因擅自向旅游者索要小费和多次带旅游者到非定点商场购物，收取大量回扣，而遭到旅游者投诉。当时，该社石副总经理在社务会上提出，应该给予王某行政处理，并且调离接待部门。张总经理接受了石某的建议，给予王某行政记过处分，并将其调到散客部任副经理。另一名副总经理赵某为了拉拢王某，私自将会议情况告诉了王某。从此，王某便对石某怀恨在心，伺机报复。另外，销售部经理许某认为，石某年富力强是其升迁的障碍。于是王某找到许某，说明将联络其他人反对提名石某继任总经理，而要推选赵某出任此职，两人一拍即合。随后，他们便分头私下串联，煽动对石某的不满情绪，极力吹捧赵某。总公司派来的孙某、刘某、李某来到WS旅行社后，不做任何调查研究，立即召开中层会议，宣布进行民主测评，推选总经理的继任人选。孙某甚至在会议上说，这次充分发扬民主，谁得到的选票多谁就是下一任总经理。当时张总经理曾表示异议，向他们提出忠告，建议他们谨慎行事。但是，孙某等人置若罔闻，依然一意孤行。选举后，孙某直接将选票带回总公司。不出所料，赵某获得的选票最多，顺理成章地当上了总经理。

赵某就任总经理后，王某等人认为他们为赵某的"荣升"立下"汗马功劳"，要求赵某予以"报答"。赵某不顾其他副总经理的反对，擅自决定为王某"平反"和"恢复名誉"。不久，赵某又提拔许某为总经理助理。赵某的做法在员工中间引起强烈的不满。另外，由于赵某只善于拉帮结派，以小恩小惠收买他人，对于旅行社业务一窍不通，特别是他顽固地认为旅行社开展促销活动是"浪费金钱"，应该实行个人承包，导游接待旅游团应向旅行社缴纳"人头费"。结果，不到两年，WS旅行社在赵某的领导下，市场份额日渐缩小，接待质量下降，旅游者投诉不断，经营效益连年滑坡，甚至到了亏损的地步。WS旅行社开始拖欠员工工资，一部分业务骨干纷纷跳槽，转到其竞争对手那里去另谋出路。

直到此时，总公司的领导们才发现赵某不能胜任，决定将其调到总公司担任"处级调研员"，行政级别不变。同时，总公司的领导们考虑再派孙某等人到WS旅行社，召开中层干部会，进行民主推荐，选举该社新的总经理。

资料来源：广东轻工职业技术学院的《旅行社经营管理》精品课件。

想一想

1. 旅行社该如何选择合适的管理人员以避免出现案例中的现象？

2. 该案例的失败教训给予了旅行社的人力资源管理什么启示？

 **知识储备**

3.1　旅行社员工的选聘

旅行社员工的选聘工作主要包括四个阶段，即：确定招聘需求，制订招聘计划，准备招聘信息、实施招聘计划和挑选录用。

3.1.1　确定招聘需求

确定旅行社用人需求是员工选聘工作的第一个阶段。人员变动导致职位空缺，必然会引起招聘的需要，而工作分析可以说明工作的性质和对工作责任人的要求，这种分析可以发现工作效率不高的原因有时是因为人力资源使用不当，这就需要调整人力资源的结构，而这种结构调整也会导致招聘的需要。同时，旅行社由于不同时期对人员有不同的需要，特别是旅行社到了新的发展阶段，会由于业务扩大、规模扩大或结构调整等原因而需要进行人员招聘。

3.1.2　制订招聘计划

在决定招聘后，就要制订招聘计划。计划内容包括确定招聘的人员数量、类别和条件，组成招聘工作小组，制定招聘政策，选择招聘方案，以及制定预算等。

招聘的人员数量、类别和条件是由职务分析或人力资源规划决定的，实际上是由对人的要求决定的。这个要求在使用前一般应经过高级主管人员和使用部门的认可。

招聘小组的组成有多种形式，可以由使用部门主持，而人力资源部门提供参谋，或由人力资源管理部门来单独完成。对于大型的招聘（招聘的人很多），可以由一名高级主管人员主持，形成专门的招聘小组负责招聘，也可以委托人才市场或有经验的招聘公司进行招聘。

招聘政策是指确定选择内部招聘还是外部招聘。在市场经济时代，用人单位与应聘者之间是双向选择的关系。作为旅行社是想挑选满意的员工，为此，在选聘人才时，可采用旅行社内部招聘和外部招聘，尽力将旅行社的目标与应聘者个人的目标、旅行社的需要与应聘者个人的需要统一协调起来，兼顾双方的利益。事实上，内部招聘和外部招聘各有优劣（见表10-2）。

表10-2　内部招聘和外部招聘的优劣比较

	内部招聘	外部招聘
优点	• 可以提供员工的发展机会 • 对新用人员了解更多 • 促进组织内人员的合理流动 • 稳定人心 • 适应期短	• 新知识和新经验 • 新的工作方法和新思维 • 可能更了解外部情况 • 一般招之即用，不用专门培训
缺点	• 近亲繁殖，不利于创新 • 易于形成职位继承观念和争斗	• 新成员适应期长 • 选择起来很困难 • 影响内部员工的积极性

招聘方案的选择就是要确定招聘方法、广告形式及招聘范围等。另外，招聘计划内容还包括预算的制定。一般而言，预算的多少受下列因素影响。

1. 招聘方法的选择。

2. 该项工作具备资格的申请人的可获得性。

3. 工作的类型和在旅行社的地位。

4. 该项工作应付的报酬。

5. 要考虑是否需要调动。

3.1.3　准备招聘信息，实施招聘计划

招聘信息包括旅行社的基本情况、岗位的具体要求、工作条件、工资福利、必备能力等信息。实施招聘计划指选择适当的方法和途径（即内部招聘或外部招聘），做好招聘工作。

3.1.4　挑选录用

选择是招聘工作的后续工作，也是整个招聘工作的重点，其目的就是从应聘者中选出能胜任工作的优秀人才，保证招聘的质量。人员的选录方法有很多，归纳起来有三种：笔试、面试和心理测试。

1. 笔试。笔试是我国选拔人才最常用的传统考核方法。笔试一般采用论文式笔试和直答式笔试两种。论文式笔试，通常是应试人按照论文题目，写出一定字数的文章，发表自己的观点、看法和主张。论文式笔试主要是了解应试者的创造能力、决策能力、推理判断能力和综合分析能力以及应试者对某一问题的独特见解与态度。直答式笔试，是通过填空、判断、选择、问答等形式来测试应试者的知识水平，主要考察应试者的学历以及记忆能力和理解能力。

2. 面试。面试是挑选员工的一种重要方法。面试人员可由人力资源和管理人员或用人部门的工作人员来担当或由双方组成面试小组共同承担。面试可使面试人员有机会直观地了解申请人的外表、举止、表达与社交能力，以及某些气质和对人的基本态度等。面试为旅行社和应聘者之间提供了一次交换信息的机会，有利于加强双方的相互了解，有利于双方作出是否录用或是否应聘的决定。

3. 心理测试。所谓心理测试，就是在控制的情境下，对应聘者提供一组标准化的刺激，以所引起的反应作为代表行为样本，从而对其个人的行为作出量的评定。心理测试的目的是用以判断应试者的心理品质与能力，从而考察应试者对招聘职位的适应性和显示应试者在某些工作上的可能成就。

在经过各种程序并得到了可以录用的结论之后，旅行社要作出正式的录用决定，并将录用决定正式书面通知或电话通知被聘者。在经被聘者认可接收后，双方依法签订录用合同，旅行社的选聘工作成功完成。

3.2　旅行社员工的培训

旅行社员工的培训，主要在于对员工能力的培养、技能的训练和潜在能力的发掘与提高上，其内容包括培训内容的选择和培训方式的确定。

3.2.1 培训内容

1. 思想水平和职业道德的培训。旅行社工作的特点对员工的素质提出很高的要求，它不仅要求员工必须具备良好的思想品德、高尚的情操，还必须具备良好的职业道德和社会公德。通过这方面的培训，可以使员工了解本企业的文化特征，引导他们的思想和行为与企业的思想文化建设的要求统一起来，同时还可以增强员工的责任感、成就感和自信心，感受到自己的价值和旅行社的重用，对工作满腔热情、对自己充满信心，从而自觉地维护企业和行业的良好形象。

2. 知识的培训。旅行社要顺应时代的需要，就必须实现现代化、知识化，而这首先要使旅行社的人现代化、知识化，要求员工掌握现代科学知识和技能，具有现代人的意识、行为方式和适应能力。况且，旅行社是知识密集型企业，要求员工必须具备渊博的知识和敬业爱岗的精神，因此，对旅行社员工的知识培训显得必不可少。

3. 能力的培训。"入世"后，我国整个旅行社行业面临巨大挑战，国外旅行社大批涌进国内市场并展开激烈的竞争，这种竞争主要表现在对高素质人才的需求上。企业国际竞争的国内化和人才竞争的国际化，对人才需求提出了更高的要求，要求旅行社员工具备独立分析、解决问题的能力，较强的组织协调能力、交际能力、外语能力、创新能力以及国际视野等。这必将促进旅行社不断加强和提高员工的素质，为迎接不断的竞争与挑战打下坚实的人才基础。

4. 思维的培训。旅行社作为服务性的企业，要求所有员工具有服务导向型思维方式和行为。思维的培训目的是激发员工的服务导向型思维方式和行为，要求员工必须具备以下知识：

懂得服务性企业是怎样运转的；

懂得企业与消费者关系的含义是什么；

懂得自己在企业的整个经营过程中和企业与消费者关系中的作用；

懂得上司要求自己做什么。

不懂得企业正在做什么和企业为什么这么做，企业员工就不可能按照上级的要求积极地工作。下面用故事说明企业员工懂得工作任务的重要性。

两个采石工人正在切割大理石。一个去采石场的参观者问他们正在做什么。第一个工人对工作很不耐烦，咕哝道："我正在把这块该死的石头锯成方块。"另一个工人则很满意他的工作，骄傲地回答道："我正为修建大教堂干活。"

企业要积极推行服务导向型思维培训，通过培训改变员工的自我认识，从而协调员工与工作、员工与旅行社的关系，也就是要培训员工的适应性。员工只有懂得了自己工作的意义，才会想方设法把工作做好。

3.2.2 培训方式

旅行社员工培训的形式是多种多样的。

1. 从培训与工作关系来划分，可分为在职培训和脱产离职培训。在职培训就是职工不脱离工作岗位，一边工作，一边利用业余时间或结合工作实践接受培训。脱产离职培训也称为非在职培训，即离开工作岗位，到学校、其他培训机构或其他旅行社集中学习或进修。

2. 从培训的组织形式来划分，可分为正规学校、非正规学校、短训班等形式。正规学校包括高等学校、中等专业学校等。非正规大学是指电大、业大、函大、夜大、职大（又叫"五大"），广泛采用电视、广播、录像、录音等现代化教学手段，实行分散办学、集中指导、统一考核的一种社会化办学形式。

3. 从培训的目的来分，有学历培训、文化补课、岗位职务培训等。学历培训和文化补课的目的是增加科学文化知识，为进一步提高奠定文化基础。岗位职务培训是从工作实际需要出发，围绕职位特点进行有计划的培训。

4. 从培训的层次方面来划分，可分为高层培训、中层培训和初级培训。在旅行社行业中，可分为高层领导（总经理、副总经理）、中层领导（各部门经理）、基层职员（各部门的员工）等，对不同层次的人员，培训的内容和方式各有侧重。

5. 从培训的对象划分，可分为职前培训教育、新员工培训、在职培训、全员培训等。职前培训是指在就业前先培训后上岗的就业制度。新员工培训是指刚刚进入旅行社的新员工，必须经过三至四周的入社教育，其目的是让新员工了解企业制度、企业作风、企业宗旨、企业精神、企业道德、企业哲理等。在职培训是指员工在岗位工作上接受的继续教育，目的是提高员工的素质。全员培训，是对旅行社内部各部门的全部员工都进行有计划的培训，以尽快提高职工队伍的整体素质。

实践要点

1. 旅行社对员工的培训主要包括：思想水平和职业道德的培训；知识的培训；能力的培训；思维培训。

2. 旅行社对员工的培训方式多种多样，要针对不同情况做好选择。

实战演练

• 主题：如何为旅行社员工做培训

• 目的：了解员工培训的意义和方式

• 过程设计

1. 结合教学内容，分析资料，讨论案例。

2. 可按每组5~6人进行分组讨论。各组讨论后，设计好一个员工培训计划，推选一名代表上台演讲，也可形成文字稿用PPT展示。

• 情景再现

近年来，某旅行社接到了较多有关导游的投诉，投诉主要集中在导游的服务态度、讲解水平等方面。假设你是该旅行社的人力资源部经理，总经理请你设计一个培训计划，以减少投诉、提升企业形象。

学习任务 ❹ 熟悉旅行社员工绩效考评及收入分配制度

【想一想，做一做】

旅行社实行股金、职工分房

旅行社正在探索、寻求一套科学的企业管理办法，如有些旅行社实行旅行社的资产由职工参股，旅行社的员工拥有的股份多少与他们的贡献大小、与他们对旅行社的建设功绩大小，有直接的、密不可分的关系，同时也是职工参与旅行社建设工作时间长短的直接反映。

有些旅行社股金操作的基本方法是，从每个员工的个人奖金中提出15%，然后由旅行社基金中再贴进15%，即个人和旅行社各产生15%，两者相加占员工奖金30%成为股金总额。这样，奖金的多少，也涉及股金的多少。每到年底，职工分股息，员工每人持一股金卡。届时扣去多少，旅行社贴进多少，能分多少股息，员工们心里一目了然。

职工分房也是当前一些旅行社管理激励机制的一个方面，房子的分配也涉及个人对旅行社贡献的大小。按家庭人居住面积的比例因素考虑是很少的，一般是按对旅行社贡献大小进行分配，这样对稳定员工队伍、稳定骨干、增强员工的竞争意识都有很大的好处。大家在同一起跑线上竞争，可以使广大员工心服口服。

想一想

1. 案例中涉及了旅行社人力资源管理中的哪些内容？
2. 打开思路，想想是否有更加积极的人力资源管理策略。

知识储备

4.1 旅行社员工绩效考评

绩效考评是一种正式的员工评估制度，它是通过系统的方法、原理来评定与测量员工在职务上的工作行为和工作效果，它是管理者与员工之间的一项管理沟通活动。绩效考评的结果可以直接影响到奖金的发放、职务升降等诸多员工的切身利益。

4.1.1 绩效考评的目的

绩效考评的最终目的是改善员工的工作表现，以达到企业的经营目标，并提高员工的满意度和未来的成就感。美国组织行为学家约翰·伊凡斯维奇认为，绩效考评可以达到以下八个方面的目的：

1.为员工的晋升、降职、调职和离职提供依据；2.组织对员工绩效考评的反馈；3.对员工和团队对组织的贡献进行评估；4.为员工的薪酬决策提供依据；5.对招聘选择和工作分配的决策进行评估；6.了解员工和团队的培训和教育需要；7.评估培训和员工职业生涯规划的效果；8.为工作计划、预算评估和人力资源规划提供信息。

4.1.2 绩效考评的种类与内容

常见的对员工的考评可分为以下几种。

1. 职务考评

职务考评主要从两方面入手：一是考察员工对本职工作的熟练程度；二是考察员工的工作能力和适应性，以决定是否需要调动工作或调整职务。伴随着职务的调整，可能带来岗位职务工资的变化。

2. 奖金考评

奖金是对超额劳动的报酬，奖金考评实际上是对员工工作成绩的客观考评。

3. 提薪考评

提薪考评的结果会影响员工的收入，但它与奖金考评不同。奖金考评是"回顾性"的，是根据被考评者过去的工作成绩决定报酬的多少；提薪考评则是"展望性"的，是预计被考评者今后可能发挥多大的作用，以决定未来相应的工资水平。提薪考评既然是预计今后可能的贡献，当然要参考过去的工作成绩，同时还要对工作能力的提高程度作出评价。

4. 晋升考评

这是对晋升对象的特殊考评。由于晋升工作关系到旅行社管理者队伍的素质，关系到旅行社的发展前途，因此历来受到旅行社的高度重视。晋升考评时对被考评者的全面、综合的考评，主要依据的是平时积累的考评资料。晋升审查过程中的重点内容，也是依据平时的考评资料确定的。

对上述旅行社绩效考评的种类与内容可做如下概括（见表10-3）。

表10-3 旅行社绩效考评的种类与内容

考评种类	考评因素	考评手段、方法	考评对象	主要目的
职务考评	职务熟练程度、能力、适应性	熟练度评定表、能力评定档案、适应性考察	符合考评条件者	工作安排
奖金考评	成绩、工作态度能力	考评档案	全体员工	分配奖金
提薪考评	成绩、工作态度	考评档案	全体员工	决定提薪与否
晋升考评	能力、成绩、工作态度、适应性、人品	考评档案、晋升推荐书、面谈答辩、适应性考察、论文审查	符合考评条件者、被推荐的晋升对象	决定晋升与否

4.1.3 旅行社员工绩效考评的基本方法

在员工绩效考评过程中，应采用适当的方法。常见的绩效考评方法有相对标准法、绝对标准法、目标管理法和直接指标法。

1. 相对标准法

相对标准法是对各项考评项目，在员工之间进行相互比较和研究分析，确定相对标准，评估员工相对绩效的方法，如直接排序法、交替排序法、两两比较法和等级比例分配法等。

2. 绝对标准法

绝对标准法是对员工的工作情况直接考评，而不与其他员工相互比较的考评方法，如关键事件法、打分检查法、直接选择法等。

3. 目标管理法

目标管理法是事先制定具体、明确的目标，如经营额、利润、竞争地位、接待人数、接待收入、顾客投诉次数等目标，考评时通过工作实绩与目标比较，评定员工绩效的考评方法。这是现代企业管理中运用广泛的考评方法。这一方法的关键在于科学、合理、公正地制定和调整考评目标。

4. 直接指标法

直接指标法是如实记录能够体现员工工作状态的相关数据，通过对有关指标的量化分析进行绩效考评。

4.2 旅行社员工的收入分配制度

收入是旅行社员工从其职业工作中获取的各种劳动收入的总和，包括薪金、奖金和福利。旅行社是经营性企业，享有确定劳动报酬的自主权，如何设计员工收入分配制度，使其符合企业的经营战略和财务状况，体现员工的劳动价值，最大限度地促进企业的经营效率，是旅行社人力资源管理中的重点问题。

4.2.1 旅行社员工收入分配制度设计的依据

收入分配制度设计是旅行社内部确定收入方式、收入等级、收入调整等收入管理方案的活动。企业在收入政策、整体收入水平确定后，应具体设计员工的收入分配方案，其设计依据如下。

1. 绩效考评的结果

绩效考评结果是收入分配制度设计的基本依据之一，只有将绩效考评结果与报酬挂钩，才能将员工的贡献与收入联系起来。但绩效考评结果并不能与员工对企业的贡献简单画等号，在同类职务之间，绩效考评结果通常体现了该员工在本次考评期间内对企业的贡献，但它一般难以体现不同类型职务之间员工的贡献，以及员工的历史贡献和预期贡献。

2. 职务的相对价值

旅行社应当系统评定各种职务的相对价值，依据每种职务的工作性质、重要性、所需知识和技能含量、职业风险等因素，评定各种职务之间工作绩效的价值差异，作为收入制度设计的依据。

3. 员工的历史绩效

收入制度还应考虑员工以往的工作绩效，即员工对旅行社的历史贡献。历史绩效通常以员工的年龄、在旅行社工作的时间、以往的特殊贡献和历史荣誉等因素来衡量。

4. 员工的预期绩效

收入的确定具有一定的前瞻性，在确定某员工的基本收入时，要考虑员工可能给企业带来的绩效。员工的学历、职称、经验、特殊技能等，与员工未来可能创造的绩效一般成正比，也是确定员工收入分配制度的依据。

4.2.2 旅行社员工收入分配制度

旅行社员工收入分配制度通常有三种方案。

1. 薪金方案

薪金方案包括薪金、支付方式及薪金的调整等内容，其中薪金又可分为基本薪金、加班薪金、节日薪金等形式。这里主要介绍基本薪金结构方案，包括薪金结构形式和结构差异。

（1）薪金结构形式。薪金结构形式有结构式薪金模式、岗位等级薪金模式和计件薪金模式三种。

结构式薪金主要由基础工资、职务工资、工龄工资、效益工资和津贴等部分组成。基础工资是工资中相对固定的部分，岗位工资根据不同岗位的差异确定，工龄工资根据工龄或员工在旅行社的工作时间确定，效益工资以浮动形式根据企业效益和员工完成工作任务的情况确定。结构式工资操作较简单，直观、明确，比较适合于较小的旅行社。

岗位等级薪金是按照各个不同岗位和每种岗位中不同等级而确定薪金标准的薪金结构形式。岗位等级薪金要根据不同岗位的相对价值确定不同的薪金水平，并在每种岗位内进行合理分级。岗位的分类和岗位内的分级都是比较复杂的工作，需要深入地调查、分析、研究，并适时进行合理调整。

计件薪金是按照员工完成工作的数量和质量，如接待人数、完成收入数、顾客满意度等指标，根据事先规定的计算标准核算而支付员工劳动报酬的一种薪金形式。计件薪金形式在旅行社的接待业务人员中运用较广。计件薪金形式还可以与其他薪金结构形式结合运用。

（2）薪金结构差异。薪金结构差异是指薪金结构中员工薪金等级和薪金额的差异度。有的企业薪金结构差异度小，员工间薪金水平接近；有的企业薪金结构差异度大，员工之间薪金水平相差较大。企业可根据其报酬政策，合理选择、确定薪金结构差异度。

2. 奖金方案

奖金是旅行社对员工付出的超额劳动或优秀表现而支付的一种劳动报酬，它是员工薪金的必要补充，能够比较及时、准确地反映出员工劳动数量和质量的实际变化情况，起到薪金难以起到的激励作用。

奖金方案包括奖金种类、超额、对象、支付方式等内容。就奖金种类而言，旅行社常见主要是综合奖和单项奖。综合奖以综合考虑多项指标为依据，确定奖金等级。这种方法需要事先制定能够反映员工贡献的综合奖金考核指标，按员工完成考核指标的得分或分级情况作为计奖基础。一般来说，综合奖覆盖面广，与旅行社的企业效益挂钩，对企业经营起综合促进作用。单项奖以员工完成专项工作指标情况作为奖励条件。旅行社可以针对经营中的重点问题或薄弱环节，设立多种单项奖，通过专项考核和奖励，促进有关工作的改进和提高。单项奖的种类有合理化建议奖、服务标兵奖、特殊贡献奖、销售佣金奖等。单项奖的设立应当重点突出，以达到提高服务质量和提高经营效果的目的。

3. 福利方案

福利泛指旅行社向员工支付的间接报酬，一般不直接以金钱形式支付，而以实物或服务形式支付。福利通常不以按劳动报酬方式确定，而趋向于平均或根据特定需要确定，同一旅行社员工之间福利差别不明显。福利的主要作用是满足员工的保障需要和安全感，培养员工对企业的认同感和忠诚度。常见的福利类型如下。

（1）公共福利。主要指法律规定的一些福利，如医疗保险、失业保险、养老保险和工伤保险等。

（2）个人福利。如住房津贴、交通费、通信费、工作餐、人寿保险、女职工特殊津贴和旅游等。

（3）带薪假期。如公休、节假日和各种形式的休假安排。

实践要点

1. 绩效考评是一种正式的员工评估制度。它是通过系统的方法、原理来评定和测量员工在职务上的工作行为与工作效果，它是管理者与员工之间的一项管理沟通活动。

2. 绩效考评的最终目的是改善员工的工作表现，以达到企业的经营目标，并提高员工的满意度和未来的成就感。

3. 绩效考评结果是收入分配制度设计的基本依据之一。只有将绩效考评结果与报酬挂钩，才能将员工的贡献与收入联系起来。

实战演练

• 主题：将员工的评估细化到每天
• 目的：掌握员工绩效评估的内容和方法

• 过程设计

1. 结合教学内容，分析资料，讨论案例。

2. 讨论内容：员工绩效评估的作用？从案例中，你学到了哪些方法可以用于旅行社员工的绩效评诂？

3. 可按每组5~6人进行分组讨论，各组讨论后，推选一名代表上台演讲。

• 情景再现

朗讯公司的业绩评估系统是一个闭环反馈系统，这个系统有一个形象的模型，是一个3×3的矩阵。员工在工作业绩方面的最后评定，会通过这个矩阵形象地表达出来，就像一个矩阵形的"跳竹竿"游戏，如果跳不好就会被夹脚出局。朗讯公司的员工每年都有一次"跳竹竿"，但是评估过程从目标制定之日起就已经开始了，可以说是做到"评估每一天"。

每年年初，员工都要和自己的主管一起制定这一年的目标，包括员工的业务目标、行为目标和发展目标。在业务目标里，一个员工要描述未来一年里的职责是什么、具体要干什么。如果你是一名主管，还要制定对下属的帮助目标。制定业务目标时，员工可以通过客户、团队成员和主管的意见，来让自己的业务目标尽可能地和朗讯的战略目标紧密结合。制定发展目标时，从员工的职责描述、业务目标和主管那里来定义员工必需的技能与知识，评估当前具备的技能和知识，在主管的协助下，将这三大目标制定完毕，员工和主管双方在目标表上签字，员工和主管各保留一份，在将来的一年中员工随时可以以此参照自己的行为。

在制定了目标后的一年里，员工在执行目标时会受到来自反馈、指导和认可三个方面的互动影响，每位员工有义务通过这三种方式在日常行为中履行自己的目标。这样，朗讯将对员工的评估，通过这些方式细化到每天的工作中，每个员工都非常重视这些互动反馈的信息，因为业绩评估中反馈是一项重要的依据。在朗讯公司，对于有培养员工职责的主管来说，他还必须执行好指导职责，每个主管都要记录自己工作的执行情况，这些是其年终评估的一项。这项职责包括：指出对员工行为的看法；量化员工工作的指标；与员工要协商一致；指出员工能够实现的效率；要及时给员工提出反馈信息。认可是一种正向的反馈，通过这种机制可以让员工分享新的思想，也能鼓励不同的观点、共享信息，减少官僚作风，为做重大决策打下良好的基础。

朗讯公司的评估过程非常严谨和细致，目的是使这个评估尽可能地公平，尽可能反映每一位员工和主管在过去一年里的作为。评估工作围绕三个方面进行。首先是当前的业务结果，这是针对当初的业务目标进行的，通过比较每位员工自己设定的目标和完成的目标，以决定其工作效果如何；其次是朗讯公司的文化行为模式；最后是员工在发展自己的知识和技能方面做得如何。

资料来源：改编自网址www.100xuexi.com。

学习任务 ❺ 熟悉旅行社的企业文化建设

【想一想，做一做】

中国国际旅行社的企业文化

国旅精神：诚信为本、服务至上、拼搏奉献、永争第一。

国旅精神是其在50年历史中形成的宝贵财富，是国旅总社重要的无形资产，它培育了一代又一代国旅人。

国旅总社的核心价值观

"不做则已，做则必全力以赴，永争第一"，是国旅人的信念。

"为客户提供全方位服务，面向市场，培育旅游主业核心竞争能力；追求企业价值与个人价值的共同提升"，是国旅总社的企业核心价值观。

精神文明建设成果

长期以来国旅总社坚持两个文明一起抓，用物质文明创造更好的条件，开展多种形式的、活跃的精神文明建设，以良好的精神文明建设保障物质文明的持续发展，使企业弘扬正气，展示主流，欣欣向荣地取得新业绩。

2001年，国旅总社被中央企业团工委列入首批中央企业五四红旗团委创建单位，被北京市评为国家安全保卫工作先进集体。

国旅总社积极参与国家旅游局举办的争创文明导游活动和北京市"争奥运、展风采"导游电视大奖赛，荣获最佳组织奖，公民总部、国内公司受到表彰，接待中心孔祥萍、邝平洋、夏江、李佳，日本二部王贵平，美大部肖洋，国内公司白劲杰、杨冬丽、龚健红、任敏等人获得荣誉称号。

2002年，中央企业团工委发出《关于命名表彰2002年度中央企业青年文明号、青年岗位能手的决定》和《关于确定中央企业五四红旗团委、优秀共青团干部、优秀共青团员的决定》，通报表彰了国旅总社荣获2002年度中央企业优秀青年集体和个人荣誉称号。

中央企业团工委授予国旅总社中国公民总部"2002年度中央企业青年文明号"称号；授予美大部王心刚2002年度中央企业青年岗位能手"称号；授予日本一部团支部书记张松"2002年度中央企业优秀共青团干部"称号；授予公民总部饶田"2002年度中央企业优秀共青团员"称号。

资料来源：改编自网址www.cits.cn。

想一想

中国国际旅行社的企业文化有哪些优势？

知识储备

5.1 旅行社企业文化的特点

5.1.1 服务性

服务性是旅行社企业文化的一个显著特点。旅行社是以向旅游者提供旅游服务为主要经营业务的服务性企业，其产品是无形的旅游服务。对于旅行社来说，旅游者对其产品的满意程度是评价其产品质量的最终标准，也是旅行社能否在激烈的市场竞争中生存和发展的关键。尽管旅游者的满意度可能受到很多因素的影响，但是，对旅游者满意度影响最大的是旅行社员工的服务意识、服务态度和努力程度。因此，旅行社必须把培养员工的服务意识作为其企业文化建设的中心任务。

5.1.2 文化性

旅行社向旅游者提供具有浓厚的文化气息的特种服务产品，使旅游者获得文化性的享受。许多旅游者的旅游动机带有强烈的文化色彩，希望了解和欣赏旅游目的地的传统文化。旅行社应该加强对员工的培养，使其对本国文化有深入的了解，以满足旅游者的文化需求。另外，旅行社的员工还应努力学习和熟悉有关客源国或地区的文化背景和价值观，以便提供具有针对性的服务。因此，旅行社应该将提高员工的文化素养和培养员工的文化意识，作为企业文化建设的一项重要内容。

5.1.3 协调性

旅行社的产品具有高度的综合性，涉及旅游者旅游过程中的行、住、食、游、购、娱等方面。其中许多服务是旅行社自身所不能提供的，需要通过旅游服务的采购来满足其产品组合的需要。其中任何一个环节的服务质量，都会直接影响旅行社最终产品的质量和旅行社的形象。这就要求旅行社的各级管理人员和全体员工具有强烈的协作意识，以确保各个环节的服务质量和整个服务过程的顺利完成。

5.1.4 经营性

旅行社业务的特点决定了旅行社要经常面临市场供求关系不断波动和激烈的市场竞争带来的强大压力，经营难度很大。为了保证生存与发展，旅行社需要在全体员工中树立明确的市场导向观念、市场竞争观念和经济核算意识，即要求全体员工具有强烈的经营意识。

5.2 旅行社企业文化建设的作用

5.2.1 观念转变

旅行社进行企业文化建设，有利于帮助旅行社员工转变价值观念。一方面，旅行社应鼓励员工继承和弘扬优秀文化传统，积极主动地为旅游者提供优质服务。另一方面，旅行社应引导员工摒弃错误或落后的价值观念，努力学习国外先进的管理思想和经营方法，自觉地按经济规律办事，为实现企业的目标而努力。

5.2.2　完善制度

旅行社通过企业文化建设，鼓励员工参与制定和修订企业的各项制度，从而实现企业制度的完善与落实，并保证企业的正常运转。

5.2.3　群体识别

企业文化建设有助于旅行社的群体识别，使其与竞争对手之间出现明显的区别。这种群体识别能够帮助旅游者比较容易地在众多的旅行社中间进行选择，并成为本旅行社的忠诚顾客。

5.2.4　激励员工

旅行社实行企业文化建设，能够充分调动旅行社员工的积极性与创造性，以激励他们为企业的生存与发展作出自己最大的努力，创造更多、更高的企业成果。旅行社企业文化建设不仅要用先进的观念去鼓励员工，而且还应用生动活泼、丰富多彩的企业文化对他们加以熏陶，激励员工为企业的生存与发展作出自己最大的努力。

5.2.5　增强凝聚力

旅行社通过企业文化建设，可以使员工产生对本职工作的自豪感和使命感、对本企业的认同感和归属感，因而将自己的思想、目标、行为融合到企业中，从而产生强大的凝聚力。

5.2.6　增加辐射力

旅行社企业文化作为一个系统，不仅在企业内部产生影响，而且还要与外部环境进行交流，要受到外部环境的影响，并相应地对外部环境产生反作用。旅行社员工在与社会各方面交往中，会反映出自身的价值观念和文化特点，旅行社产品的销售、服务也会反映出该旅行社的文化内涵。旅行社企业文化的这种社会影响，能够加深社会对旅行社的精神、理念和作用的理解。

5.2.7　加强约束力

旅行社的企业文化是一种软约束，能够对全体成员的行为形成一种无形的群体压力。这种压力包括舆论的压力、理智的压力和情感的压力。企业文化带来的这种无形的、非正式的和不成文的行为准则，使员工们能够按照价值观的指导进行自我管理和控制，从而弥补了规章制度产生的硬约束所造成的不足和偏颇。

5.3 旅行社企业文化建设的策略

5.3.1 提高旅行社的物质文化

旅行社在建设企业文化的过程中，应大力增加对企业物质文化的投入，改善旅行社的企业环境。旅行社应努力做到：第一，整顿旅行社的社容、社貌、社风；第二，加强职工教育，注重智力投资和人才培养，丰富员工的业余文化生活，营造活跃的思想氛围；第三，提升旅行社产品与服务的美誉度，树立旅行社完美的社会形象。

5.3.2 加强旅行社的制度文化

旅行社的管理者应该加强企业的规章制度建设，切实弄清企业的家底，了解员工的心态，把握企业运行的脉搏。同时，旅行社的管理者还应该正确审视国家的政治、经济气候，把握政府的政策，掌握并预见市场动态和外界的变化，保持动态调适，为旅行社创造一个良好的制度环境。

5.3.3 丰富旅行社的精神文化

旅行社的管理者应努力促进企业文化的不断演进，建立起本企业的价值观，构筑出企业真正的、能反映企业特点并被员工所普遍认可的理念。另外，旅行社的管理者必须树立起能够真正鼓舞员工的斗志、激发员工热情、激励员工为企业目标而拼搏的企业精神，从而促使企业管理体制步入更高境界。

实践要点

1. 旅行社企业文化建设的作用主要有：观念转变、完善制度、群体识别、激励员工、增强凝聚力、增加辐射力、加强约束力。

2. 旅行社企业文化建设的策略包括：提高旅行社的物质文化，加强旅行社的制度文化，丰富旅行社的精神文化。

实战演练

• 主题：CH公司的情感激励——给员工家一般的归属感
• 目的：熟悉企业文化建设的作用和建设策略
• 过程设计
1. 结合教学内容，分析资料，讨论案例。
2. 讨论内容：CH公司是如何建设企业文化的？对于旅行社而言，有哪些可取之处？
3. 可按每组5~6人进行分组讨论，各组讨论后，推选一名代表上台演讲。
• 情景再现
CH中国公司市场部经理被一家很有实力、发展迅速的IT公司聘请为市场部经理,其工资将翻番,此外还有其他非常诱人的条件,但略加思索后,该经理却坚决地回绝了。

因为他爱这个团体,希望可以长期和CH公司一起成长,希望公司能够平稳发展。

在CH公司,员工的收入在IT行业中属于中等偏上。在薪金不占优势的条件下,公司主要靠感情投资来留住员工。CH公司就像一个大家庭,公司内部发电子邮件,开头都是CHER,就是大家都是CH人。在年度大会上,公司提出"一起创造、一起分享",给员工们一种家的感觉,大家共同努力,然后共同享受这种成果。

CH公司的家庭气氛与公司对内部沟通的重视是分不开的。领导鼓励全公司的人采用各种形式进行沟通。公司还设了OPEN DAY,领导专门利用半天的时间去跟员工交流。公司为员工提供相关的家政服务,定期举办聚会,提供相互交流的机会。在CH公司还有这样一个传统,就是谁要买了房子,大家都会去他家,帮他"暖房",气氛很是温馨。此外CH公司还有娱乐资金预算,主要分为两部分。一部分由公司内部组建员工委员会来控制每个预算的实施,用来推行和开展整个公司的娱乐活动。另一部分是由经理控制的,主要实施于项目小组之中。所有这些都是纯粹的娱乐费用,员工为此不经意间受到的关心而感动不已。

在CH公司工作的日子里,不论是老员工还是新员工,都很开心愉快。因为老员工见证了公司的诞生和成长,就像对待自己抚育的一个孩子,滋生出一种不离不弃的感情;而新员工正与公司一同前进,迎接着公司的一个又一个奇迹。

本项目总结

知识梳理

1. 认识旅行社人力资源管理

① 旅行社人力资源管理的内涵与特点　② 我国目前旅行社人力资源管理概况

2. 熟悉旅行社经理人的职责与素质

① 旅行社经理人的内涵　② 旅行社经理人的职责　③ 旅行社经理人的素质

3. 熟悉旅行社员工的选聘与培训

① 旅行社员工的选聘　② 旅行社员工的培训

4. 旅行社员工绩效考评及收入分配制度

① 旅行社员工绩效考评　② 旅行社员工的收入分配制度

5. 熟悉旅行社的企业文化建设

① 旅行社企业文化的特点　② 旅行社企业文化建设的作用　③ 旅行社企业文化建设的策略

主要概念

旅行社人力资源管理　旅行社经理人　绩效考评　收入分配制度　企业文化

习题与技能训练

1. 填空题

① 传统的人事管理是依照企业管理职能的划分而形成的一项具体职能，人力资源管理则是"_____"，将人作为管理中最关键的因素。

② 旅行社经理人必须把_____收益和经理人市场的_____收益，而不是政治收益和上级领导的认可收益，放在自己函数的最大比重的位置上。

③ 收入分配制度设计是旅行社内部确定_____、_____、收入调整等收入管理方案的活动。

2. 单项选择题

① （　）是人力资源的首要特征，是与其他一切资源最根本的区别。

A. 能动性　　B. 可增资源　　C. 以人为本　　D. 工资

② （　）反映出大家一个共同的价值观——向旅游者提供满意的服务是旅游业的生命力。

A. 特别服务　　B. 客人总是对的　　C. 满意服务　　D. 微笑

③ （　）是指确定选择内部招聘还是外部招聘。在市场经济时代，用人单位与应聘者之间是双向选择的关系，作为旅行社是想挑选满意的员工。

A. 用人计划　　B. 晋升方案　　C. 招聘政策　　D. 奖惩措施

3. 名词解释

旅行社经理人　绩效考评　企业文化

4. 简答题

① 如何理解旅行社人力资源管理的特征和意义？

② 什么是绩效考评？旅行社绩效考评的原则和方法有哪些？

项目 **11** 做好旅行社的接待管理工作

■ 学习目标

■ 知识目标

1. 了解导游人员的分类、工作特点。

2. 熟悉团队旅游接待业务的特点；熟悉散客旅游接待业务的特点、类型、承接方式。

3. 掌握团队旅游与散客旅游接待业务的接待要领；掌握旅行社客户的选择、巩固、培育的途径和方法。

■ 技能目标

1. 能够对导游人员进行选择、考察和管理。

2. 能够完成团队旅游和散客旅游接待业务流程的具体操作。

3. 会对旅行社的客户进行管理。

■ 案例目标

运用所学知识，培养和提高对旅行社的接待管理工作进行分析与决策的能力。

■ 实训目标

掌握对导游人员进行管理的能力，对团队旅游和散客旅游接待业务的操作能力，以及对旅行社的客户进行管理和巩固的能力。

■ 教学建议

1. 共用6课时，其中理论课3课时，实践操作课3课时。

2. 根据本项目的性质和特点，在具备相关条件情况下，增加实务操作，将理论知识与实践紧密结合。

3. 对教学内容的组织方式上，以讲授为主，结合案例教学、课堂讨论、课程实训共同进行。

4. 在进行团队旅游接待服务流程模拟等实战演练时可以将教室布置成旅行社，使模拟更具有真实性。

学习任务 ❶ 做好旅行社导游人员的管理工作

【想一想，做一做】

导游人员文花枝的事迹

2005年8月28日下午2点35分，在陕西省延安市洛川境内210国道上，一辆牌照为豫A51659的大货车不顾雨天路滑，突然超速改道超车，占用对面左车道，与湘潭市新天地文花枝所带团队的旅游车迎面相撞。车祸发生2分钟后，洛川县警方与当地群众就赶到现场施救。营救人员想先将坐在前排的文花枝抢救出来，当时她的左腿受创严重，胫骨断裂，骨头外露，腰以下部位被卡在座位里动弹不得。但是文花枝急切而镇定地说：“我是导游，后面都是我的游客，请你们先救游客。”在等待救援的时候，文花枝多次昏迷后苏醒，但每次醒来后她都忍着剧痛给受困的游客鼓气，她对游客们说：“我们一定要坚持，我们一定要活着回去。”在这起6人死亡、14人重伤、8人轻伤的重大交通事故中，文花枝是伤得最重的一个，但当施救人员一次次向她走过来时，她总是吃力地摇摇头说：“我是导游，我没事，请先救游客！”直到下午4点多，当最后一名游客被送上救护车后，她才接受救援。

在洛川县人民医院经检查后医生发现，文花枝伤势十分严重，随时都有生命危险。为了避免伤势的进一步恶化，西京医院专家小组决定立即为她做左大腿截肢手术，这个才23岁、正值青春年华的姑娘就这样失去了自己的一条腿。她的主治医生解放军第四军医大学附属西京医院李军教授十分惋惜地说，如果她能及早得到救治的话，就有可能避免截肢。

英勇善举感召中国。文花枝也获得了“全国十大杰出青年”、“全国五一劳动奖章”、“全国模范导游员”等多项荣誉。2006年10月27日，由中宣部、国家旅游局、全国妇联、湖南省委共同举办的“全国模范导游员文花枝先进事迹报告会”在人民大会堂举行，引起了社会的强烈反响。

资料来源：改编自网址www.news.sina.com.cn。

想一想

1. 文花枝为什么能做到常人不能做到的事？
2. 一名合格的导游人员应该具备什么样的素质和意识？

知识储备

1.1 导游人员的分类

导游人员是指按照《导游人员管理条例》的规定取得导游证，接受旅行社委派，为旅游者提供向导、讲解及其他旅游服务的人员。导游人员因为业务范围、业务内容的不同，服务对象和使用的语言各异，其业务性质和服务方式也不尽相同。即使是同一名导游人员，由于从事的业务性质不同，其所扮演的社会角色也随之变换。导游人员的分类情况如下所示（见表11-1）。

表11-1 导游人员的分类

分类标准	称谓	角色界定
业务范围	海外领队（随员）	经可经营出境旅游业务的旅行社委派，全权代表该旅行社带领旅游团到境外从事旅游活动（跨境）
	全程陪同导游员（全陪）	受组团旅行社委派，作为组团社的代表，在领队和地方陪同导游人员的配合下实施接待计划，为旅游团（者）提供全程陪同服务（跨省）
	地方陪同导游员（地陪）	受接待旅行社委派，代表接待社实施接待计划，为旅游团（者）提供当地旅游活动安排、讲解、翻译等服务（省内）
	景点（区）导游员（讲解员）	定点在旅游景点景区内，如博物馆、自然保护区等为游客进行导游讲解（景区内）
职业性质	专职导游员	在一定时期内以导游为其主要职业
	兼职导游员	不以导游为主要职业，利用业余时间从事导游工作
使用语言	中文导游员	使用普通话、地方话或者少数民族语言从事导游工作
	外语导游员	运用外语从事导游工作
技术等级	初级导游员	获导游人员资格证书一年后，就技能、业绩和资历对其进行考核，合格者自动成为初级导游人员
	中级导游员	获初级导游人员资格两年以上，业绩明显，考核、考试合格者晋升为中级导游人员
	高级导游员	获中级导游人员资格四年以上，业绩突出，水平较高，在国内外同行和旅行商中有一定影响，考核、考试合格者晋升为高级导游人员
	特级导游员	获高级导游人员资格五年以上，业绩优异，有突出贡献和高水平的科研成果，在国内外同行和旅行商中有较大的影响，经考核合格者晋升为特级导游人员

1.2 导游人员的工作特点

导游服务是旅游服务中具有代表性的工作，处在旅游接待业务的前沿。随着时代的发展，导游工作的特点也随之发生变化，其特点归纳起来有以下几点。

1.2.1 独立性强

导游服务经常要求导游人员在无人指导和无人帮助的情况下开展工作。整个旅游活动过程中只有导游人员与游客朝夕相处，导游人员时刻照顾他们吃、住、行、游、购、娱等方面的需求，独立地为游客提供各项服务，特别是在回答游客政策性很强的问题或处理突发性事故时，常常要当机立断、独立决策，事后才能向领导和有关方面汇报。导游的讲解也是比较独特的，因为在同一景点，导游要根据不同游客的文化水平、年龄结构等特点，分别进行有针对性的导游讲解，以满足他们的精神享受。

1.2.2　客观要求复杂多变

导游在接站、送站、旅途服务以及各方面关系的接洽与协调等过程中，需按照一定的程序进行工作，具有相对的规范性和便利性。然而导游服务中更多的是不确定性和未知性，客观要求复杂多变，即使是在预定的日程和规程范围内，具体的情况也可能千差万别，意外的情况也可能随时出现，游览中各种矛盾就可能集中显现。因此，导游人员必须具备应对各种可能和偶然情况的能力。归纳起来，导游服务的复杂性主要表现在：服务对象复杂；游客需求多种多样；接触人员多，人际关系复杂；要面对各种物质诱惑和精神污染。

1.2.3　脑力劳动和体力劳动高度结合

导游服务是一项脑力劳动与体力劳动高度结合的服务性工作。由于旅游活动涉及面广，这就要求导游人员具有渊博的知识，这样才能使导游服务工作做到尽善尽美、精益求精。导游人员在进行景观讲解、解答游客的问题时，需要运用所掌握的全部知识和智能来应对，这是一种艰苦而复杂的脑力劳动，所以导游人员除了掌握导游工作程序外，还必须具有一定的政治、经济、历史、地理、天文、心理学、美学等方面的基本知识，为此，导游人员要不断学习，不仅要在学校里学，而且还要在实践中学，努力扩大知识面，使自己成为"万事通"，并尽力掌握一两门专业知识，成为游客敬佩的导游艺术家。导游人员除了在旅行游览过程中进行介绍、讲解外，还要随时随地应对游客的要求，帮助游客解决问题，事无巨细，也无分内与分外。尤其是旅游旺季时，导游人员往往会连轴转，整日、整月陪同游客，无论严寒酷暑都要长期在外作业，体力消耗大，又常常无法正常休息。因此，这又要求导游人员必须具备高度的事业心和良好的体质。

1.2.4　跨文化性强

导游服务是传播文化的重要渠道，起着沟通和传播文明、为人类创造精神财富的作用。各类游客来自不同的国家（和地区）、不同的民族、具有不同的文化背景。导游人员必须在各种文化的差异中，甚至在各民族、各地区文化的碰撞中工作，应尽可能多地了解中外文化之间的差异，圆满完成文化传播的任务。

1.3　导游人员的选择和考察

旅行社的管理者应该从导游人员的基本素质、所具备的知识以及能力方面对导游人员进行选择和聘用。

1.3.1 导游人员应具有的素质

1. 政治素质。遵纪守法是导游人员必须具备的政治素质，也是每个公民应尽的义务。导游人员尤其应该树立高度的法纪观念，认真学习并模范遵守国家有关法律法规，遵守旅游行业规章，严格执行服务质量标准，严守国家机密和商业秘密，维护国家和旅行社的利益。

2. 职业素质。作为一名合格的导游员，不管服务的游客是什么样的群体，都应该以最好的态度对待每一位顾客；在旅游途中，不管遇到什么麻烦或者困难，都应该把游客放在第一位，每时每刻都要把自己的工作做到最好，尽职敬业。

3. 个人素质。个人素养是导游在这个行业的立足之本，导游人员要通过不断学习，多看书，参加导游培训，尽量全面地掌握知识，提高自己的讲解能力。做一个称职的好导游还应培养自我控制的能力，自觉抵制形形色色的精神污染；不要有贪念，不要有私心，不能为了一点小便宜而动摇自己的信念，从而在旅游者心中降低自己的人格，要始终保持高尚的情操，给游客留下最好的一面。

1.3.2 导游人员应具备的知识

1. 语言知识。导游人员是靠嘴巴吃饭的，有人说导游是"一张嘴，两条腿，走遍山山和水水"。所以，语言是导游人员最重要的基本功，是导游服务的沟通交流工具。导游的语言要符合"八要素"：言之有物、言之有据、言之有理、言之有情、言之有礼、言之有神、言之有趣、言之有喻；并且要说好一口标准的普通话，做到吐字清晰、咬字准确。

2. 历史地理知识。俗话说"上知天文，下知地理"，这是导游人员的看家本领。不同的游客对知识会有不同的要求，所以导游必须要有历史、地理、宗教、民族、风俗民情、风土特产、文学艺术、古建园林等诸方面的知识，才能在导游过程中对游客提出的问题给予精彩的解答，让游客满意，从而为旅行社赢得回头客。

3. 政策法规知识。首先，导游人员自身的言行要符合国家政策法规的要求，遵纪守法。其次，导游人员应该牢记国家的现行方针政策，掌握有关的法律法规知识，了解外国游客在中国的法律地位以及他们的权利和义务，这样导游在讲解、回答游客对有关问题的问询或同游客讨论有关问题时，才能做到以国家的方针政策和法规为指导，并对旅游过程中出现的有关问题予以正确处理。

4. 心理学知识。导游人员的工作对象主要是形形色色的游客，而且往往是与之短暂相处，导游人员要随时了解游客的心理活动，有的放矢地做好导游讲解和旅途生活服务工作，有针对性地提供心理服务，从而使游客在心理上得到满足，在精神上获得享受。因而，导游人员掌握必要的心理学知识具有特殊的重要性。

5. 生活常识。在接待工作中，导游人员所要掌握的生活知识主要包括两个方面的内容：一是旅行常识，如海关知识、国际常识、交通知识、通信知识、货币知识、保险知识、急救常识等；二是日常生活常识，如预防疾病的知识、待人接物的知识、选购商品等方面的知识等。同时，导游人员也应具有旅游客源地与旅游目的地的知识，如客源地居民的生活习惯、宗教信仰、风俗习惯、礼俗禁忌、价值观念等，目的地主要景点的位置、交通状况、门票价格和商店分布情况等。

1.3.3　导游人员应具备的能力

1. 独立的工作能力和协调应变能力。独立的工作能力是合格导游人员应具备的必备条件之一。旅游接待工作是一项独立性十分强的工作，导游人员在接受旅游接待任务之后一般要独立承担涉及旅游接待的各种工作，如独立组织旅游者的游览参观活动，独立作出各种决定，工作的对象既广泛又复杂，需要在工作中同各种阶层、各种性格、各种风俗习惯和文化传统的旅游者及其他方面的人士打交道，并且往往在独立应对的同时还要面对各种未知因素以及遇到一些非常棘手的问题和突发事件，使得工作更加扑朔迷离、变化多端。因此，导游人员在独立处理问题的能力基础上还应掌握和熟练运用公共关系知识，能适应经常变化着的环境，随机应变地处理好各种问题，搞好同旅游者以及各方面的关系。

2. 较高的导游服务技能。导游人员的服务技能与他的工作能力和掌握的知识有很大的关系，需要在实践中培养和发展。因此，导游人员要在掌握丰富知识的基础上，努力学习导游方法、技巧并不断总结、提炼，形成适合自己特长的导游方法、技巧及自己独有的导游风格。

1.4　导游人员的管理

旅行社的经营与发展要求必须加强对导游工作和导游人员的管理。旅行社对导游人员的管理可以采取以下的方法和措施。

1.4.1　加强培训确保导游人员素质

导游人员的培训学习是决定其素质的关键因素，是一个长期性的任务，贯穿于导游队伍建设的始终。我国导游人员就业前基本没有接受过系统的导游服务专门训练，而且就业后也由于大部分时间处于无人管理状态，学习的机会不多，因此旅行社应与学校、社会培训机构合作，为导游提供全面的培训机会，在职业道德、服务意识、法律法规、专业知识等方面实施严格的、高水平的培训。当然这些培训要尽量安排在旅游淡季，并且遵循自愿、低成本的原则。

培训分为定期与不定期的培训。培训内容主要包括职业道德培训、服务意识培训、服务技能培训、语言能力培训、专业知识培训、应变能力培训等几个方面。同时还要在导游人员中开展导游业务的定期交流，提高导游人员的接待能力。

1.4.2　实行合同管理，强化导游责任感

旅行社对导游人员实行合同管理，是促使导游人员依法为游客提供服务的保证，是提高导游服务质量的重要措施，可以促使导游人员增强责任感，自觉为旅游者提供服务。

1.4.3 导游服务质量监控

旅行社对导游人员常规服务质量的监控主要通过以下三个方面进行。

1. 规范规程，严格制度。接待部应制定从接团准备到送团归来的标准化、规范化的导游接待规程，对接待规程中最容易出现问题的环节进行量化管理，对导游人员容易疏忽的地方实行监督标准管理，对接团的每个步骤、每项业务都制定详细的管理规划。

2. 深入一线，监督抽查。接待部应要求导游人员，将上团前制定的接待行程表复印件、接下团后填写的接团情况汇报表，上报接待部存档并进行审阅，发现问题及时纠正解决；还应组织人员根据行程表上的行程，前往接待一线，进行导游接待规程的抽查，以确保规程得以实行。

3. 领导负责，严格奖惩。接待部应制定本社导游人员的奖惩制度，针对接待过程中的导游违规现象，对遭到游客投诉并查实的导游人员给予严肃处理，如采取处以罚金、接受训导等方式；对受到游客表扬的导游应给予奖励，如表扬、发放奖金等。

1.4.4 对兼职导游的管理

由于导游工作的特殊性和导游职业的自由化趋势，兼职导游在导游人员中所占的比例越来越大，对兼职导游人员的管理逐渐成为旅行社导游管理工作的重要组成部分。旅行社对兼职导游人员的管理是一个长期的过程，而不是简单地做一个记录就临时聘用。旅行社在管理中要注意以下几个方面。

1. 建立档案。导游管理部门应将所有的兼职导游人员的个人资料归档，以便全面了解导游人员对工作的胜任情况。

2. 订立合同。对兼职导游人员实行合同管理，是促使兼职导游人员增强工作责任感、提高服务质量的重要措施。

3. 质量保证金制度。旅行社在与兼职导游人员签订合同时，要求兼职导游人员缴纳一定的质量保证金，以约束兼职导游人员的行为。

4. 导游例会。导游例会是定期对导游人员召开的会议，以使导游人员增强组织观念、沟通信息、增进了解、增加凝聚力。

5. 组织培训。兼职导游人员也要和专职导游人员一样定期接受培训，以提高个人的素质和接待的质量。

6. 导游人员的等级评定。旅行社的导游管理部门要对兼职导游人员进行考核评定，优胜劣汰，以确保导游队伍的质量。

实践要点

1. 导游人员的工作特点有：独立性强、客观要求复杂多变、脑力劳动和体力劳动高度结合、跨文化性强。

2. 导游人员应具备的素质：政治素质、职业素质、个人素质；应具备的知识：语言知识、历史地理文化知识、政策法律法规知识、心理学知识、生活知识；应具备的能力：独立的工作能力和协调应变能力、较高的导游技能。

实战演练

- 主题：模拟导游人员的选聘
- 目的：了解导游人员应具备的素质、知识和能力
- 过程设计

1. 将学生按每4~6人分为一组，分组讨论和设计聘用导游人员的情景。

2. 每组学生进行分工，轮流模拟应聘的导游人员和旅行社管理人员，教师现场进行检查和点评。在模拟聘用中可以进行适当的场地布置。

3. 各组互相交流模拟选聘导游人员的经验和体会，总结导游人员应具备的素质、知识和能力。

4. 模拟结束后，各组要认真进行交流，分析实践中的问题，总结经验。

学习任务 ❷ 做好旅行社团体旅游的接待管理工作

【想一想，做一做】

某旅行社接待了来自上海的一个旅游团，人数为31人加1个全陪。旅行社安排了一辆29座的客车，让地陪小张带领大家进丽江5晚4天游。由于是淡季，旅行社报价为零利润报价。小张到第四天为止带领大家共进店购物9次，客人开始不满。在后面几家店内，大家都不再购买商品，小张不满，抱怨游客小气，被游客听到，引发争执。为节约成本，旅行社将合同中规定的三星级酒店换成一星级，并降低了用餐标准，此外还在第三天下午删除了木府游览项目，改为游客在古城自由活动。第四天在游览玉龙雪山时，由于大索道票价比小索道贵，导游临时将乘大索道游览项目更换成小索道游览云杉坪远眺雪山项目，导致游客集体抗议。游客拿出上海组团社提供的行程表与小张核对，并向旅游主管部门投诉。

想一想

1. 在这个案例的团体旅游接待过程中，旅行社存在哪些问题？

2. 如何规范团体旅游的接待管理？

 知识储备

2.1　团队旅游接待业务的特点

团体旅游，也称"集体综合旅游"，旅游者一般按旅游批发商制定的日程、路线、交通工具、收费标准等作出抉择后事先登记，付款后到时成行。其优点是日程、线路、旅馆、参观节目内容都按计划进行，收费比单独出游低，尤其去某些语言有隔阂的国家和地区，团队派有导游是颇受旅客欢迎的。团队旅游接待是旅行社接待业务形式之一，无论是自由团体、出境团队还是国内旅游团队接待，都有共同的特点：① 有周密的计划安排；② 行程较为稳定；③ 价格较散客旅游低。

2.2　团体旅游接待的运作

团体旅游接待业务按照流程顺序可以分为准备阶段、接待阶段和总结阶段三个部分。

2.2.1　准备阶段的运作

1. 制订接待计划。团体旅游的首个特点就是具有较强的计划性，因此一个完备的接待计划是行程顺利的前提保证。在认真研究游客行程以及旅游者的国籍、年龄、兴趣爱好、受教育程度等方面因素的基础上，计划中要对食、住、行、游、购、娱各个要素都做好有针对性的详细安排。

旅游接待也常常会受到市场因素、自然因素乃至政治因素等多方面的干扰，因此在保证计划性的同时还应兼顾机动性，准备充分的补救措施，以防止在旅游旺季超负荷运转；同时还要应对团队临时取消、突然增加任务、人数增减等突然情况的发生。

2. 做好物质准备。旅游接待工作所需的各种物质准备，主要包括有关票证、资料（比如与合作单位的合同复印件）、接待人员所用的器具（导游旗、扩音器）和适量现金等。

3. 配备合适的接待人员。旅行社在制订好接待计划以及深入研究旅游团的年龄构成、文化层次、性别主题、职业背景和特殊要求等状况之后，就要配备合适的导游人员。一些重点团需要经验相当丰富、工作热情高的导游人员来担当重任；专业考察团则尽可能安排有相关知识储备或对此方面较为熟悉的导游人员。

4. 确认接待计划及相关事宜的落实。旅行社应对接待计划中所列的各个要素一一做细致核查，了解落实情况，特别是对各个环节的衔接之处予以重视，以便及时发现问题、及时解决问题。

5. 必要的指导。重点团的接待计划和新手操作的接待计划应予以必要的照顾，以求防患于未然。这需要旅行社对社内接待人员都有着全面的了解，这样方可在适当的时候对下属工作人员给予必要的指导和帮助。这样不仅可以保证接待计划的顺

利落实，此外也会对工作人员业务能力的提高提供帮助。

2.2.2 接待阶段的运作

1. 保证上下级、各部门沟通畅通。在旅游接待计划付诸实施的过程中，导游接待人员遇到独自无法决定的难题，这就需要向上级主管进行请示汇报。此时，上下级以及各部门之间沟通的通畅与否对于突发事件处理的成败有着至关重要的影响，特别是在类似黄金周的旅游旺季，还需要设置24小时专人专线。

2. 对进行中的团队活动进行必要的督导和检查。旅行社需要主动掌握旅游接待计划实施的进展情况，了解旅游者的反应，对进行中的团队活动进行必要的督导和检查，而不只是通过导游人员的汇报来获取信息。这样才可以更好地了解整个接待计划的实施情况，以减少不必要的投诉。

3. 请示汇报制度。导游人员的工作性质决定了其在处理问题上的独立操作性，但是由于个人能力、工作经验和相关知识储备上的欠缺都有可能会使其对问题的处理上产生不当，因此在旅游过程中出现故障和情况变化时，特别是一些较为棘手的故障，导游人员应该及时向旅行社相关部门请示汇报，以取得必要的指导和帮助。

2.2.3 总结阶段的运作

1. 做好总结，一团一结。为了达到提高旅游团队接待工作效率和服务质量的目的，旅行社应建立一团一结的总结制度。主要从旅游接待计划完成情况、游客满意度、旅游团款、备用金的收支等几个方面进行总结，必要时应写出书面总结报告。

2. 抽查"陪同日志"，帮助其提高业务水平。此外，接待部经理还可以采用其他方式对旅游团接待过程进行总结。例如，旅行社接待部经理可以采用听取接待人员当面汇报，要求接待人员写成书面材料；抽查接待人员填写的"陪同日志"等接待记录的方式，更好地了解接待人员对旅游者的接待情况和相关服务部门的协作情况，及时发现问题，采取补救措施。

3. 一般事故的总结工作和重大事件的处理工作。对接待过程中发生的各种问题和事故处理的方法及其结果、旅游者的反应等进行认真的总结，将成功的经验加以宣传，使其他接待人员能够学习借鉴，并将接待中出现的失误加以总结，以提醒其他人员，在今后的接待工作中尽量避免犯同样的错误。通过总结，达到教育员工、提高接待水平的目的。

4. 表扬和投诉的处理。处理旅游者对导游人员接待工作的表扬和投诉，是总结阶段中旅行社接待管理的另一项重要内容。要适当地将其激励机制结合在一起：一方面，旅行社通过对优秀工作人员及其事迹的宣传，可以在接待人员中树立良好的榜样，激励接待人员不断提高自身素质；另一方面，通过对旅游者针对导游人员接待工作提出投诉的处理，既可教育受批评的导游本人，又能对其他接待人员起到鞭策作用，在今后的接待工作中不再犯类似的错误。

2.3　团体旅游接待要领

2.3.1　自组团体接待要领

1. 重视迎接和送别工作

旅游者对旅行社的认识往往是从全陪开始的，组团社派出的导游叫全陪，即全程负责旅游团的旅游活动，起着贯穿上下、协调左右的枢纽作用。然而相对于地陪工作，全陪工作带有一定的隐性性质，更多的工作是在台下完成的，比如各地的联络、监督旅游计划的执行等。全陪的工作通常不是当着游客的面完成，有时全陪的辛勤会被地陪的光彩所掩盖，其服务得不到游客的认同，游客甚至会产生一种错觉：全陪是跟来玩的，不花钱旅游，实在惬意。

避免游客产生误解的有效途径是重视接送阶段。接站时，全陪应首先向游客讲清楚整个旅游活动的日程安排、注意事项、导游人员的分工；然后将地陪和司机介绍给游客。如果将整个旅游活动看做是一台戏的话，那么全陪就应该是节目主持人，地陪是演员，而游客则是忠实的观众。一台戏成功与否，主持人是关键。

2. 切实做好联络工作

自组团体接待工作的主要环节是各站的联络工作。各个旅游接待点就好比是珠子，全陪则是穿珠子的线，没有线，珠子就各自散落，不成整体。旅游过程中会出现许多变更，全陪要及时将变更情况通知相关的旅行社和其他接待部门，以便作出应变安排。

2.3.2　出境旅游操作要领

由于出境旅游具有活动日程稳定、消费水平高、旅游者外语水平低的特点，因此出境旅游团体要掌握如下接待要领。

1. 开好出境前的说明会。出境前的说明会，是海外领队第一次公开与全体游客见面，是领队言谈、气质、风度的首要展示，其将确立领队在游客心目中的地位。因此，领队在这场展示中应做好充分的准备工作。准备工作内容主要包括以下各项。

选择合适的时间。说明会通常安排在出境前的一两天。如果离出发时间过早，游客尚未将精力集中在出境旅游事务上，出勤率和讲解效果均不佳；如果离出发时间太近，游客一旦发现自己准备不充分，无法补救。

选择合适的地点。如果是会务安排出游，说明会地点应选在大部分游客入住的饭店；如果是公司的奖励旅游，应放在奖励公司的会议室，以方便游客；如果是零星散客，开会地点应选在旅行社的会议室较为合适。

备齐必要的文件。文件内容包括游客同组团社签订的合同文本、旅游行程表、行李牌、目的地国家风俗和基本情况、各国出入境所填表格样本、各国货币和人民币的兑换表、有关行程的地图以及问卷调查表。问卷调查表用以调查游客对吃、住、行等的特殊要求。

言谈要求。言谈要求风趣、幽默、条理清楚，内容应包括表示欢迎、自我介绍，争取合作，表明提供良好服务的愿望。

2. 做好出入境工作。出入境工作是区别于国内旅游团队接待业务的特殊服务。由于大多数中国公民属第一次出境，对海关手续十分陌生，尤其是语言方面的障碍，因此对导游的依赖程度较高。这段时间，领队的工作有：检查护照、机票、签证，办理海关手续，如实地填写"中华人民共和国海关申报单"，并按海关有关规定办理各项手续：安全检查和卫生防御检查。飞机抵达目的地后，领队按规定办理入境过关手续。其程序有：找到移民局和海关，首先递交出入境登记表、护照接受检查，然后由个人领取托运行李并交验，交"海关申报单"接受海关检查。

3. 同海外导游的配合与合作。在海外旅游，由于领队环境陌生、关系不畅，所以与当地导游合作好是确保旅游成功的关键。因此，领队应该做好国外导游的协助工作，如配合安排好分房、用餐的桌次等；同时，海外领队应严格按合同办事，以维护旅游者的权益。国外导游比较通行的做法是大量地推出"自选项目"，由旅游者自愿参加并支付相应的费用。领队对自选项目的态度应当中立，既不向旅游者极力推荐，也不加以阻止，除有损游客利益的之外，悉听旅游者自便。

2.3.3 国内旅游团体接待要领

国内旅游团队的类型比较多，包括旅游客源地附近的周末旅游、省（自治区、直辖市）内的短途旅游和跨省（自治区、直辖市）的省际旅游。我国的国内团体旅游起步比较晚，但发展势头猛烈、发展潜力大，是一种具有广阔发展前景的旅行社产品。旅行社应该注重对团体接待业务的研究，总结接待经验，找出其中的规律，为今后国内团体旅游接待水平的进一步提高打好基础，以便通过优良的接待服务在国内团队旅游市场中获得竞争优势。国内旅游团体接待要领如下：

1. 重视接待前各项安排的确认；
2. 严格按合同执行旅游计划；
3. 选派合适的导游；
4. 合理安排购物。

实践要点

1. 团体旅游，也称"集体综合旅游"，旅游者一般按旅游批发商制定的日程、路线、交通工具、收费标准等作出抉择后事先登记，付款后到时成行。

2. 团队旅游的特点有：出行前有周密的计划安排，行程较为稳定，变化小；在同等条件下，价格较散客旅游低。

3. 团队接站服务有诸多要领，需要根据场合灵活掌握。

实战演练

• 主题：某旅游团队到达景点时的服务模拟

- 目的：掌握团队旅游接待的运作流程
- 过程设计

1. 将学生按每8~10人分为一组，各组按下述情景讨论接站服务和角色分配，每位成员都要在模拟接待中发挥作用。

2. 各组进行地陪接站服务流程模拟。

3. 各组互相讨论，师生共同点评。

- 情景再现

教师提供景点及各组团队的相关资料并进行分析，学生分组进行模拟训练，各组轮流演练与司机商定车辆停放位置，持接站标志迎接旅游者，旅游者出站后及时与领队、全陪接洽，引导旅游者乘车，致欢迎辞及介绍本地概况与服务流程。

学习任务 ❸ 做好旅行社散客旅游的管理工作

【想一想，做一做】

游客："我想'十一'出去旅游，有什么好的线路吗？"

门市服务人员："当然有，我们新推出了'海南双飞'，很不错，价格又低。"

游客："海南？听说没什么好玩的，而且消费很高。"

门市服务人员："那您要不去桂林吧，我们桂林5日游也不错。"

游客："桂林5天，时间太长了，我只想去近一点的地方。"

门市服务人员："这样，推荐您去千岛湖吧，青山秀水，而且，千岛湖'秀水节'刚刚落幕，很不错的。"

游客："你们有报价单吗？我再想想。"

门市服务人员没再说什么，游客拿着报价单走出了门市。

想一想

1. 门市服务人员的接待有哪些问题？

2. 散客接待业务流程应如何进行操作？

 知识储备

3.1 散客业务概述

20世纪80年代以来，世界旅游市场出现了"散客化"的旅游潮，欧美各主要

旅游接待国的散客市场份额达到70%~80%，有的甚至高达90%，经营接待散客旅游的能力已成为衡量一个国家或地区旅游业成熟度的重要标志。我国散客旅游的比例虽然低于旅游发达国家，但近年来发展十分迅速，已经占我国旅游客源市场的近半壁江山，特别是一些大中城市和沿海地区，散客比例更大。据权威部门分析和预测，进入21世纪后，我国散客旅游比例也将突破70%，成为旅游市场的主角。

散客旅游又称自助或半自助旅游，它是由游客自行安排旅游行程，零星现付各项旅游费用的旅游形式，通常在旅行社组团时，10人以下的称散客。

从世界旅游发展趋势来考察，散客旅游兴起的原因可以概括为以下几点。

1. 旅游者日渐成熟，随着经验的积累，旅游者对单独进行远距离旅行的能力越来越自信，他们不再将旅游视为畏途，而是作为日常生活的一个组成部分，用以调节身心、消除疲惫和增长阅历。

2. 旅游者的心理需求进入更高层次。旅游者的旅游行为动机从传统的观光型向多主题转变，探险、修学、科考、生态等特种旅游蓬勃兴起，旅游的目标上升到体验人生、完善自我和实现自我价值的高度。

3. 传统的、规范化的旅游模式难以满足个性化的要求。以往的旅行社包价组团旅游方式虽然具有许多优势，但也存在着包价过死以及浏览项目、路线限制过多、游客缺乏活动自由的缺陷。还有个别旅行社为了追逐经济利益，而将旅游项目安排过于集中，使游客对景点只能走马观花、浅尝辄止，处处赶时间，无法尽兴，从而使游客越来越失去对传统包价方式的兴趣。

4. 现代通信、交通等科技手段的不断进步，管理、服务等的不断完善，增强了旅游者的便捷感，减弱了他们的依赖心理。旅游配套设施的完备和服务质量的提高，为旅游的散客化提供了有力的物质保障，使旅游者不依赖于旅行社而借助众多的旅游支持手段的帮助开展旅游成为可能。

由此可见，散客旅游的发展是旅游业进入更高层次、更新阶段的产物，也是旅游业发展的必然趋势，虽然由于老弱游客、初次出游者以及语言障碍等因素的存在，团体旅游不可能完全消失，但其规模将会缩小，团体模式也将有所改变。在团体游客与散客旅游的并行发展中，前者会不断结合散客特点，向后者经营方式的方向作出相应调整，产生介于团体和散客旅游之间的中间形式，以适应市场的需要。

3.2 散客旅游接待业务的特点

3.2.1 预定周期较短

散客旅游一般决定的过程比较突然，如开设在飞机场、火车站、长途汽车站及旅游饭店的门市柜台招徕到的客人多为临时性消费，因为出于兴趣或者消磨时间的考虑而购买旅游产品，同时留给散客旅游者支配的时间不是很充裕，所以这要求旅行社必须在短时间内为散客办好相应的出行手续。

3.2.2 散客自主意识强，行程变化多

散客旅游由于其预定周期较短，因此缺少周密的安排，这样就会影响到行程完成的流畅性。行程的变更来自两个方面：一方面，预期安排的行程其中某一元素由于某种原因而无法履行；另一方面，散客在旅游过程中自主意识强，新的想法或新的要求都会使预期旅游行程受到干扰。

3.2.3 散客经济支出心理承受能力强，消费水平差别大

随着经济水平的提高、购买力的增强，人们对经济支出的心理承受能力提高，对价格的关注程度下降，而对旅游体验更加重视。散客旅游因其行程灵活，所以能满足旅游者的心理需要。

散客旅游者所要求的服务项目千差万别。有些消费水平高的散客旅游者，可能要求在档次较高的星级饭店下榻和就餐、乘坐豪华客车、增加购物时间；另一些消费水平较低的散客旅游者则可能对住宿、餐饮、交通工具等要求不高，而希望增加参观游览时间，减少购物时间，这就导致了散客旅游者之间的消费水平有着较大的差别。

3.3 散客旅游服务的类型

旅行社为散客提供的旅游服务主要有如下三种类型：单项委托服务、旅游咨询服务和选择性旅游服务。

3.3.1 单项委托服务

单项委托服务，指旅行社为散客提供的各种按单项计价的可供选择的服务。旅行社为散客提供的单项委托服务主要有：抵离接送；行李提取和托运；代订饭店；代租汽车；代订、代购、代确认交通票据；代办入境、过境临时居住和旅游签证；代办国内旅游委托；导游服务；代办海关申报检验手续等。单项委托服务分为受理散客来本地旅游的委托、办理散客赴外地旅游的委托和受理散客在本地的各种单项服务委托。旅行社向散客提供的单项委托服务是通过在各大饭店、机场车站、码头设立的门市柜台和社内散客部进行的。

3.3.2 旅游咨询服务

旅游咨询服务是指旅行社散客部向游客提供各种与旅游有关的信息和建议的咨询服务。这些信息包括的范围很广，主要有旅游交通、饭店住宿、餐饮设施、旅游景点、旅行社产品的价格等。旅游建议则是旅行社散客部根据客人的初步想法向其提供若干种旅游方案，供其选择与考虑。

3.3.3 选择性旅游服务

这是指旅行社将赴同一旅游目的地或相同旅游景点的不同地方的游客组织起来，分别按单项价格计算的旅游服务形式。选择性旅游的具体形式多样，主要有

小包价旅游；散客的市内游览、晚间文娱活动、风味品尝；到近郊或邻近城市旅游景点的短期游览参观活动，如"半日游"、"一日游"、"数日游"以及"购物游"等。旅行社开拓选择性旅游，应抓好销售和接待两个主要环节，特别是接待工作，这是选择性旅游服务的重要方面。由于选择性旅游产品具有品种多、范围广、订购时间短等特点，所以接待选择性旅游的游客要比接待团体包价旅游更为复杂和琐碎。

3.4　散客业务的承接方式

3.4.1　设立门市柜台

门市柜台是旅行社的窗口，门市柜台应设在人流集散地或专业市场，如"旅行社一条街"等，目的是引起人们的注意和方便其购买。

其业务主要如下。

1. 开展选择性旅游的销售。旅行社提供两种可供选择的方式：一是组织安排旅游者参加旅行社根据当地的旅游资源而精心编排的旅游活动，实行明码标价，如"上海一日游"、"北京三日游"等。二是根据旅游者的特殊要求，灵活安排参观项目。

2. 组织散客成团旅游。门市柜台是组织散客成团的主要途径，这里的散客主要指旅行社所在地的旅游消费者。散客成团旅游的主要形式有两个：其一，组织散客成团赴外地或外国游览。旅游者通常自己上门，经历从咨询了解到订立合同购买的过程。其二是组织散客旅游者在本地游览。

3.4.2　接受同行委托

1. 接受外地或外国旅行社的委托。外地或外国的旅行社接受当地散客委托，具体的接待事宜由旅游目的地旅行社配合完成，目的地旅行社根据委托要求，落实接待计划，并收取一定的服务费。

2. 接受旅行社联合体的委托。旅行社联合体是中、小旅行社之间按一定的协议自愿组成的业务联合体，旨在实现旅行社资源共享，提高市场竞争力。目前，较大规模的旅行社联合体有江西庐山康辉旅行社1996年发起的"千家旅行社联合体"，到2000年，已经接纳成员880多家。实行旅行社联合体的有利因素为：实现资源共享；游客对联合体成员的信任感增强；提高了旅行社的协作能力。其不利因素是：在利益分配不合理时，很容易散伙。

3.4.3　接受旅游饭店的委托

旅游饭店尤其是高星级饭店散客的居住率高，他们对旅游方面的要求往往会求助于饭店的销售部或商务中心。而许多饭店尚未实行旅游一条龙的服务，他们往往将客人的旅游委托转给旅行社，从中提取一定的佣金。因此，旅行社散客部门应加强同这些单位的合作，以扩大客源。

3.4.4　接受网络预订

网络技术的发展使旅游者足不出户便能购买旅游服务，他们往往从网上选择服务项目，网上与旅行社订立合同，网上交易。而散客在网上购买的可能性比团队大，因为散客选择的服务项目少，涉及旅游的人数少，在网上购买相对于旅游团队来说安全性大。

3.5　散客接待服务要领

3.5.1　旅行社的门市接待要求

1. 旅游资料齐全。旅游资料包括旅行社的旅游产品、相关旅游企业的接待状况和景点景区的介绍。这些资料既要以旅游小册子的形式出现，又要增加科技含量，尽可能使用多媒体、录像等声像并茂的介绍方式，使旅游介绍更为生动和直观。

2. 门市接待人员有良好的素质。门市接待人员应熟悉业务，做到有问必答、百答不厌，形象和精神面貌良好，办事果断利索。

3. 注重门市的环境质量。店面的布置应充分体现企业文化，强调企业的个性，有明显的企业识别标志，给人以美观、高雅、整洁的感觉。同时，应把企业的营业执照、旅行社经营业务许可证挂在醒目的位置，以增强游客的信任感，并时刻接受游客的监督。

4. 注重门市服务的效率。游客的购买行为可分为产生需求、收集信息、评估选择、购买决定和购买后反应五个阶段，门市销售人员应善于使用顾问式销售技巧，在各个阶段提供热情的服务，以提高门市服务的成功率。顾问式销售围绕着对方利益介绍产品优势，不仅要求销售人员能够始终贯彻以顾客利益为中心的原则，而且要求销售人员坚持感情投资，适当让利于顾客，这样一定能够达到双赢效果，使公司的发展得到良性循环。

一次成功的门市顾问式销售可以分为六个部分。第一，开场阶段。开场要给咨询者留下良好的第一印象，消除陌生感。第二，开放式问题。门市销售人员通过开放式问题最大限度地了解咨询者的旅游相关信息。第三，引导归纳。门市销售人员通过对咨询者情况的整理归纳，帮助咨询的旅游者明确旅游需求。第四，提出方案，展示线路。门市销售人员在明确需求的基础上帮助咨询者提出旅游方案，并动态展示旅游线路。第五，解决异议。门市销售人员解决咨询者提出的对旅游方案中关于价格、时间等方面的异议。第六，要约。门市销售人员向咨询者提出签约要求。

这是顾问式销售的常用流程。当然，无论咨询者是否当场签约，都应该留下咨询者的资料，并录入旅行社客户资料档案，以便今后进一步联系。

5. 门市委托的工作程序。门市接待人员先应检查对方的有效证件，由对方填写"旅行委托书"，接着核实"委托书"。工作人员再根据核实后的"旅行委托书"填写"委托代办支付单"，然后向游客收款。

3.5.2　散客旅游团接待要领

1. 迎接工作的重要性。相对于团体旅游，对散客的迎接服务显得尤为重要。散客由于人数少，不如团体旅游引人瞩目，稍不注意，就容易造成漏接。一旦发生漏接事件，就会给公司造成不必要的经济和形象损失。

2. 讲解形式的差异性。散客旅游讲解形式不同于团体旅游，团体旅游注重于导游个人的解说，而散客旅游则侧重于与游客对话式的交流，以问答的方式进行。

3. 导游要求标准高。接待散客的导游要求知识丰富，应变能力强，同时在个性方面要求导游善于交际、热情开朗。

3.6　散客旅游业务管理策略

散客旅游并不意味着全部旅游事务都由游客自己办理，实际上，不少散客的旅游活动都借助了旅行社的帮助。旅行社仍然可以为散客提供必需的服务，只是所提供的服务必须发生转变，应从以组团、组织接待为主，转变为以中介服务为主，如帮助客人订房、推荐景点、提供信息等。也就是说旅行社要利用自身的资源、信息和规模经济优势，协助散客旅游者得到更好的旅游经历，获得低廉的价格和更优质的服务。因此，旅行社及旅游服务中介机构应采取相应措施，为散客提供好服务。

3.6.1　改变传统的经营观念，摆正散客旅游促销的位置

旅游经营商要改变以往只做团队旅游、不做散客旅游的经营方式，转变认为散客的发展前途不大、不是旅游活动的主要形式、难以形成规模等经营观念，在经营思路上下工夫、做文章，借鉴团队旅游的经验，逐步在散客旅游的促销上形成一套行之有效的方法。

3.6.2　改变旅行社或旅游服务中介机构的管理方式

像商品零售业在全国各大城市成立分支机构、进行连锁经营一样，旅游经营商也可进行散客旅游经营连锁，成立专门的散客接待部，实现散客旅游接待的规范化。比如，上海春秋旅行社率先提出"一人也能游天下，散客也能游天下"的口号，并实行电脑联网接待散客，成立专门的散客接待部，实现散客旅游接待的规范化，进行了散客旅游接待和旅行社管理方式的新尝试。

3.6.3　建立新型的旅游者与旅游企业的相互依赖关系

面对成熟型的旅游者对旅行社的依赖越来越小的现象，旅游经营商应该看到，旅游业原本给旅游者提供了方便，但为旅游者提供老一套的"标准化"的产品，把大批的旅游者像货物一样来"运送"和"分发"，这对旅行社来说是很方便，但毫无疑问不会受到旅游者，特别是成熟型的旅游者的欢迎。他们不仅需要方便，更需要亲切感、自豪感和新鲜感。旅游经营商应该考虑：旅游企业该为旅游者做些什么？旅游企业如何与已经成熟的旅游者建立一种新型的相互依赖关系？要做到这一

点，旅游企业必须得研究旅游者的需要，根据旅游者的需要提供相应的服务。旅游者的旅游需要是：在已有的方便和安全的基础上，体现自己的生活品位、个性特征；解脱日常生活的束缚，充分享受自由和放松；充实、提高自己，让自己成长、成熟。新型的相互依赖关系应该建立在旅游者高层次的需要上。

3.6.4 转变导游的角色作用

在散客旅游中，旅游者因为环境陌生、人地生疏、语言隔阂、风俗习惯不同等原因，在旅游准备阶段和初次抵达旅游地时会产生不安、激动和兴奋的心理。同时，散客导游的作用与团队旅游导游的作用又大不相同，导游面对的不是一个团队，而是几个甚至是一个游客，其作用更侧重于翻译、向导和沟通。因此，导游应提供更加专业、更加个性化的服务，以满足散客旅游者的需求，这就要求旅行社必须根据散客旅游特点做好导游员的培训工作。

3.6.5 继续完善散客旅游的接待设施

现阶段散客旅游的接待设施虽已初步具备，但仍需继续完善，从而保障旅行社采购，同时满足日益增长且个性十足的散客旅游者的需求，如加强旅行社与旅游饭店的结合服务，建立和健全散客旅游接待的社会综合信息服务网络等。

实践要点

1. 散客旅游接待业务的特点有：预定周期短；散客自主意识强，行程变化多；散客经济支出心理承受能力强，消费水平差别大。

2. 旅行社门市接待要求：旅游资料齐全；门市接待人员有良好的素质；注重门市的环境质量；注重门市服务的效率。

3. 顾问式销售可提高门市效率，一次成功的门市顾问式销售可以分为六个部分：开场阶段、开放式问题、引导归纳、提出方案、解决异议和要约。

实战演练

• 主题：门市服务接待

• 目的：掌握门市服务接待的流程和方法

• 过程设计

1. 将学生按每4~6人分成一组，各组按下述情景进行模拟。

2. 各组用顾问式销售分别设计出接待方案。

3. 面对不同要求的游客分组进行不同接待服务的模拟训练，每位成员至少进行一次模拟接待。

4. 教师进行现场指导。

• 情景再现

某旅行社门市部现有成员五名，承担该门市接待的全部工作，现分别有几组顾客（有挑剔型的、有好说话的）来到门市咨询。学生是门市工作人员，正在接待这些顾客。

学习任务 ④ 做好旅行社的客户管理工作

【想一想，做一做】

YE旅行社巧妙利用客户档案开拓市场

YE旅行社在学习海尔的创业精神后，提出了"海尔是海，YE是路"的口号，仔细将旅行社有关资料和每次组团出行的客户建立档案并分类存入笔记本电脑，由外联和销售人员随身携带"串东家，走西家"、"宁漏一村，不漏一户"地定期上门服务，向客户介绍旅游新动态，询问出行意向，推荐旅游线路，或为其提供信息服务和设计旅游线路，来了个"现场办公"。这就从市场的"根部"抓住了客源，既开发了客源，又培育了自己的市场；同时也在这种服务中更好地锻炼了员工队伍，及时了解了市场需求。该旅行社就通过这种巧妙利用客户档案的方法成功开辟了多条特色线路，获得了良好的社会效益和经济效益。

想一想

结合案例，如何做好旅行社的客户管理工作？

知识储备

客户是旅行社重要的经营基础和生产资源，其有广义和狭义之分。狭义的客户是指旅行社的客源，即旅游者；广义的客户是指与旅行社有经济和业务来往的供应商、其他服务机构和旅游者。外联部承担着旅行社对外活动的重要职能，选择与谁合作共同完成旅行经营活动是其重要的业务工作，用广义客户的概念去进行市场开发、产品设计、市场营销、创新产品，可以使旅行社时时刻刻处于主动的位置。当然，科学的客户管理程序是保障实现这一目的的基础。

4.1 旅行社客户关系管理的内涵

CRM（Customer Relationship Management）即客户关系管理，最早是由全球最著名的IT分析公司Gartner Group 在20世纪90年代提出的。其主要含义就是通过对客户详细资料的深入分析，来提高客户满意程度，从而提高企业竞争力，它主要包含以下七个主要方面（简称7P）：客户概况分析（profiling）、客户忠诚度分析（persistency）、客户利润分析（profitability）、客户性能分析（performance）、客户未来分析（prospecting）、客户产品分析（product）、客户促销分析（promotion）。

对于旅行社来说，CRM战略是旅行社为提高核心竞争力，达到竞争制胜、快速成长的目的，树立"以客户为中心"的发展战略，并在此基础上开展包括判断、选择、争取、发展和保持客户所实施的全部商业过程；是旅行社以客户关系为重点，提高客户满意度和忠诚度，通过再造旅行社组织体系和优化业务流程，提高业务流程所创造并使用的信息技术、软硬件和优化管理方法、解决方案的总和。CRM的核心思想是将客户作为最重要的旅行社资源，通过完善的客户服务和深入的客户分析来满足客户的需要，保证实现客户的价值和旅行社价值的最大化。

4.2　客户的发现

一般来说，旅行社可以通过以下途径发现客户。

4.2.1　参加各种旅游博览会或展销会

博览会和展销会不只是旅行社推销产品、展示形象的好时机，也是旅游界人士重温旧谊、结交新朋友的好机会。因此，旅行社外联人员要充分利用这个机会，找到客户并建立良好的合作关系。

4.2.2　向潜在客户寄发信件与资料

将准备好的各种资料（包括本旅行社概况、本地旅游资源和本社组团线路报价等），寄往一个或数个地区的那些可能进行合作、提供客源的旅行社，外联人员可以抓住本地举行重大旅游节日或活动的时机发放资料。此外，向客户寄资料的另一个好时机是本地有值得向外推荐的旅游设施、景点或参观项目。虽然发放资料是广种薄收，但只要找到并建立起一两个或两三个稳定的客户，便可能带来可观的客源与财源。

4.2.3　利用接团之机发现客户

很多组团社，尤其是海外旅行社的经理，常以不暴露自己真实身份的方式，作为旅行团的一名普通成员随团前来。他们通过观察和考察，物色新的合作伙伴，寻找理想的地接社。这就需要强化导游人员的营销意识，让他们能不失时机地发现客户。

4.2.4　派遣推销小组到客源地建立客户关系

推销小组可选定一个城市或地区，登门拜访并发放资料，或展开一些公关活动。这方面应注意选派合适人员，并在出发前制订好推销计划，明确拜访哪些客户、在哪里举行情况说明会、怎样争取新客户等。

4.2.5　上门求助，借鸡生蛋

旅行社还可以通过本地政府、协会和其他民间社团组织的活动，发放资料，宣传推销自己的产品。这就需要旅行社外联平时多与各种企事业单位和政府机关保持良好的联系，把其中经常举办活动的单位或部门及主办人培养成自己的客户。

4.3　客户的选择

在选择与自己合作的客户（这里主要指异地旅行社及集团购买消费者）时，应该主要考虑以下三个因素。

4.3.1　客户实力

指合作旅行社的人力、物力和财力。所需寻找的合作伙伴（客户），虽然不是说经济实力越强越好，但也不能是"皮包公司"——这种公司没有固定的经营场所或无旅行社的合法经营手续，容易造成团队拖欠款的呆账和死账。

4.3.2　客户素质

这是合作旅行社负责人应该具备的良好基本素质，如为人可靠、开拓进取、合作谅解和善于经营等。与信誉好的客户合作，才能产生良好的效果。

4.3.3　资金信誉

资金信誉指的是按时付款。资金信誉是与客户合作最重要的信誉，外联业务人员应该通过各种渠道对合作客户的情况尽可能地了解和掌握，以免处于被动境地。作为海外旅行社，应当在团队抵达前半个月将团款汇到接团社的账户上，国内组团社应将团款提前十天汇到接团社账户上，这就是"先付款，后接团"的原则。但是近几年来组团社对接团社拖延付款的情况屡见不鲜。尤其有的组团社在与接团社建立合作初期，尚能按时付款，但之后便开始拖延付款，这是需要引起注意和防范的。那些"重合同、讲信誉"的旅行社是值得进一步加强合作的客户。

4.4　建立客户档案

4.4.1　建立客户档案的意义

客户档案是旅行社经营过程中与供应商、分销商、旅游者、其他相关部门或企业发生各种业务关系的历史记录。建立客户档案，就是本着科学、系统、延续、客观的原则，将与旅行社经营有密切联系的企业或个人的基本情况以及旅行社所发生的业务关系情况，采用一定的方法记录并整理的过程。

了解客户、加强与客户的联系是外联客户计划操作的重要内容。只有建立完整的客户档案，才能提高客户计划操作在市场开拓和营销上的效率。通过客户档案的建立，旅行社可以从中分析并选择稳定的合作伙伴，建立独特的合作模式。同时，旅行社还可以从中分析市场发展趋势和旅游者消费偏好的变化情况，从而及时、有效地调整经营策略，规避经营风险，降低经营成本。另外，可以针对不同的客户确定不同的对策，如对大的客户应有特殊的条件和优惠；对一些小客户，如认为有发展前途，可加以重点培养。

4.4.2　建立客户档案的方法

1. 分门别类建立客户档案

与旅行社经营业务发生关系的客户有很多，如宾馆、酒店等产品基本要素的供应商，广告公司、新闻媒体则是对市场营销构成重要影响的传播途径，机关、企事业单位、社区甚至个人是重要的客源市场，不同类型的客户对旅行社经营起到不同的作用，对客户进行分类是建立客户档案的基础。

外联人员可以按照供应商、分销商、传媒、消费者来进行分类建立客户档案，也可以按照旅游产品生产的工艺流程如上游企业、水平合作伙伴、下游企业或消费者来建立客户档案，但不论采取哪种方式，准确界定合作性质和一户一册是基本原则。

2. 按照一定的顺序排列建立客户档案

随着经营的持续，客户档案的规模也会越来越大，记录内容会越来越多，查阅起来会越来越有难度。这就要求在建立客户档案的初期充分预见到这一情况，按照一定的顺序科学排列客户档案，既可以按照客户名称字头的英文字母来排列顺序，第一位字母相同则选择第二位进行排列，以此类推；也可以采用先分区（即根据客户类型先划分大类）再细分（即在大类内按照一定方式排列）的方式。不论采取哪种方式，在排列的同时建立一个便于快捷查寻的客户档案目录都是必要的。

3. 选择重要客户建立VIP客户档案

在客户档案中对客户也要区别对待。客户分类一般根据客户对经营利润的影响比例来确定，对年度经营利润影响达到5%~15%的为一般重要客户，超过15%的为重要客户，对重要客户要建立VIP客户档案，其档案要尽可能详细并及时更新，以确保与其合作的针对性和高效性。

4.5　客户关系巩固

4.5.1　及时回访

关系的巩固是建立在密切的联系和信息沟通的基础上，旅行社及时采取电话沟通、上门拜访、邀请座谈等形式与客户加强联系，可以有效巩固客户关系。回访要注意选择合适的时机和保持一定的频率，可以选择一些重大节日，每隔一到两个月与客户联系一次，上门拜访前一定要事先用电话预约。

4.5.2　及时向客户提供信息

与客户保持联系，首先就是要向客户及时提供信息，包括旅行社的新产品及报价、各相关产品的价格变动以及旅行社的情况变动等；其次是向客户了解其他各方面的信息，如客户的客源情况、市场需求、市场价格变动等。信息的传递可以采取邮寄的方法，也可用传真、电子邮件的形式。

4.5.3　通过邮寄印刷品维持客户关系

通过印刷旅行社新产品说明并在第一时间投递给客户，可以帮助客户了解产品情况，也可以使客户意识到旅行社时刻都在关注他。这种方法也是其他类型企业经常采用的一种巩固客户关系的方法。

旅行社在邮寄印刷品时，要注意以下几个方面：

1. 客户单位名称与联系人或客户姓名、地址一定要书写准确；
2. 印刷品要印制精美，内容言简意赅，并附有一定的优惠条件；
3. 一次投递的印刷品数量不宜太多。

4.5.4　通过组织联谊会或答谢会巩固客户关系

在一定时间选择一些VIP客户组织联谊会或答谢会，或以旅行社为龙头，外联部工作人员为主要承办人员组织一些联谊活动，一方面可以联络感情、巩固客户关系；另一方面也可以了解客户需求的变化，有针对性地及时调整产品。在组织联谊会或答谢会的过程中，要事先对客户进行认真分析，有针对性地制定活动内容，活动时间和场地要安排得当，活动方式要轻松、高雅、令人回味，可以采用冷餐会或鸡尾酒会+文艺节目+参与性趣味活动+抽奖或赠送纪念品的形式。

4.5.5　通过设立年度奖励强化客户关系

对在一年内为旅行社提供服务或购买旅行社产品达到一定金额的供应商和旅游者提供年度奖励，可以奖励在一定时间内免费享用一定数量的特色旅游产品，以此来强化客户关系。

4.6　重要客户的培育方法

重要客户是指知名度高、对旅行社有特殊贡献以及多次购买该社产品的回头客等。这些客户是旅行社的宝贵财富，旅行社对这些客户除了要给予价格上的优惠外还可以提供一些特殊优待，对他们的建议和要求应充分重视，定期举行一些联谊活动，让他们感到备受重视，这是推动其继续作为本社客户的有效方法。此外，旅行社还可以采取下列三种方法。

4.6.1　增加客户的财务利益

某些忠诚的客户支付相同的价格可享受更好的产品。旅行社最通常的做法是对经常性的顾客或大量购买的顾客给予优惠性奖励，包括累计优惠和数量优惠。这类做法可以建立起顾客对本社产品的偏好。

4.6.2　增强顾客的良好印象

通过了解顾客的需求，旅行社可提供专门化与个性化的产品与服务，以此建立与客户的良好关系。比如由专门的外联业务经理与某些客户进行定期联系，详细了解他们的各种需求信息，熟悉他们的名字与个人喜好等，并有针对性地与之保持良好的关系。

4.6.3　与客户建立稳定的联系

旅行社通过免收部分费用、免费提供通信设备、建立联系机构与客户进行长期而稳定的沟通等途径，从实体上强化与客户的关系。这种方式适用于公司、机构等自组团体市场。很多旅行社通过与大公司和政府部门等建立固定联系，使自己成为大公司旅行业务的代理，这是非常成功的做法。

实践要点

1. 狭义的客户是指旅行社的客源，即旅游者；广义的客户是指与旅行社有经济和业务来往的供应商、其他服务机构和旅游者。

2. 发现客户的主要途径有：参加各种旅游博览会或展销会；向潜在客户寄发信件与资料；利用接团之机发现客户；派遣推销小组到客源地建立客户关系；上门求助，借鸡生蛋。

3. 客户的选择要考虑的三个因素：客户实力、客户素质和资金信誉。

4. 建立客户档案的方法：分门别类建立客户档案；按照一定的顺序排列建立客户档案；选择重要客户建立VIP客户档案。

实战演练

• 主题：建立客户档案

• 目的：掌握如何与客户交流并建立客户档案

• 过程设计

1. 将学生按每4~6人分成一组，分组讨论客户调查方案。

2. 各组开展客户调查与建立档案工作，完成一份客户数据库档案，归档内容可以包括：姓名、性别、收入、年龄、爱好、通信地址和联系方式等，客户人数不得少于60人。

3. 各组推荐一名代表简述客户调查和档案建立的过程。

4. 各组互相进行交流，讨论客户调查和档案建立的过程。

本项目总结

知识梳理

1. 做好旅行社导游人员的管理工作

① 导游人员的分类　② 导游人员的工作特点　③ 导游人员的选择和考察　④ 导游人员的管理

2. 做好旅行社团体旅游的接待管理工作

① 团队旅游接待业务的特点　② 团体旅游接待的运作　③ 团体旅游接待要领

3. 做好旅行社散客旅游业务的管理工作

① 散客业务概述　② 散客旅游接待业务的特点　③ 散客旅游服务的类型　④ 散客业务的承接方式　⑤ 散客接待服务要领　⑥ 散客旅游业务管理策略

4. 做好旅行社的客户管理工作

① 旅行社客户关系管理的内涵　② 客户的发现　③ 客户的选择　④ 建立客户档案　⑤ 客户关系巩固　⑥ 重要客户的培育方法

主要概念

导游人员　团队旅游　自组团体　散客旅游　客户关系管理

习题与技能训练

1. 填空题

① 按业务范围划分，导游人员分为_____、_____、_____和_____。

② 团体旅游接待业务按照流程顺序可以分为_____、_____和_____三个部分。

③ 旅行社为散客提供的旅游服务主要有如下三种类型：_____、_____和_____。

④ 客户档案是旅行社经营过程中与_____、_____、_____、_____发生各种业务关系的历史记录。

2. 判断题

① 全陪，是指受接待旅行社委派，代表接待旅行社实施接待计划，为旅游团（者）提供当地旅游活动安排、讲解、翻译等服务的工作人员。（　　）

② 作为一个团队出行，有了周密的行程安排之后，除非因为不可抗力因素，一般行程计划都不会有大的变化。（　　）

③ 散客旅游又称自助或半自助旅游，它是由游客自行安排旅游行程，零星现付各项旅游费用的旅游形式，通常在旅行社组团时，5人以下的称散客。（　　）

④ 建立客户档案对旅行社经营仅仅具有一定的参考作用，而客户关系的巩固对旅行社的经营起到了更加重要的作用。（　　）

3. 名词解释

导游人员　团队旅游　散客旅游　客户关系管理

4. 简答题

① 如何正确地对导游人员进行选择和考察？

② 简述团队旅游接待业务的特点。

③ 简述散客业务的承接方式有哪几种，具体如何操作？

④ 对旅行社重要客户的培育方法主要有哪几种？

项目 *12* 做好旅行社的质量管理工作

■ 学习目标

■ 知识目标
1. 了解旅行社质量的含义、旅行社质量管理的含义及旅游投诉的概念。
2. 熟悉ISO9000系列标准对旅行社产品设计、营销和服务的要求。
3. 掌握旅游投诉的处理程序及提高旅行社质量的方法。

■ 技能目标
1. 能够参照ISO9000系列标准来提高旅行社的质量。
2. 针对旅行社常见的质量问题，能够有效地处理相关投诉。

■ 案例目标
运用所学的旅行社质量管理的相关理论来分析案例，培养和提高旅行社质量管理能力。

■ 实训目标
通过实训，引导学生参加旅行社质量管理、旅游投诉处理等业务实践，使理论与实践联系得更加紧密，提高学生处理旅行社质量问题的能力。

■ 教学建议
1. 共用6课时，其中理论课4课时，实践操作课2课时。
2. 建议以案例引入的方法开始授课，将旅行社业界普遍的质量问题与相关理论结合起来。
3. 安排一定的时间进行讨论，鼓励每一个学生充分参与，调动学生学习的兴趣。

学习任务 ❶ 了解旅行社质量的含义及其衡量方法

【想一想，做一做】

GL旅行社特聘60多名监督员监督旅游服务质量

提高服务质量已成为A地区各旅行社争夺客源的主要手段，A地区最大的旅行社GL旅行社今天宣布，该社在社会上已聘任60多名质量监督员，对该社的服务质量进行检查与监督，以保障本企业的旅游服务质量。

GL旅行社于2003年3月开始聘请了首批质量监督员，监督人员包括省市质监所、消委会、质协以及省市旅游局负责人，在社会上有一定影响的专家、学者、新闻媒介的记者和GL的游客任质量监督员的活动，从而促进了该社服务质量的提高。

据介绍，凡成为GL旅行社质量监督员的人员，该社将发给GL旅行社服务质量监督员聘书和监督卡，监督员持卡可随时以旅游者的身份参团，到机场、车站、码头、景区、购物点、门市等处，检查该社的旅游线路、日程安排、服务项目，旅游团行、住、食、游、购、娱的安排，导游、营业员、驾驶员的服务态度、服务水平和服务质量，以及门市环境等方面是否达标，并以书面形式提出合理化意见和建议。

身兼中国旅游协会常务理事的GL旅行社总经理郑某对记者表示，品质是旅游服务的生命，有品质的旅游服务才能创造附加价值，才能满足消费者的需求，才能实现旅游市场健康有序的发展。GL旅行社一向注重产品质量和服务质量，并确定2005年为"用户满意服务年"。GL旅行社将继续认真收集整理、综合分析质量监督员所提的意见和建议，对服务进行改进。

想一想

从GL旅行社的质量管理方法中，你获得了哪些启示？

知识储备

质量是企业的生命线，对于旅行社来说，旅游产品的质量直接影响到企业的生存与发展。由于旅行社产品涵盖了游客旅游过程中的各项需求，所以，旅行社产品与一般产品相比，质量更加难以控制和管理。因此，质量管理是旅行社经营管理的核心内容之一。

有关质量的定义，学术界还未达成一致的意见。莱威特（Levitt）认为，质量是符合标准；科洛斯贝（Crosby）认为，质量是符合要求；格鲁诺斯（Gronroos）认为，质量是满足或超过期望。结合服务业的特点及以上学者的观点，本书认为，质量是符合标准及满足要求。

1.1 旅行社质量的含义

一般而言，旅行社质量包括三个方面的内容：一是产品设计质量，如采购；二是接待质量，如门市接待人员和导游提供的服务水平；三是环境质量，包括硬环境质量和软环境质量两个部分。硬环境质量是指旅行社在接待旅游者的整个过程中，所利用的各种设备设施及其他辅助硬件项目的水平；软环境质量是指旅行社内部各部门之间的协调及旅行社与相关旅游服务供应部门之间的合作水平。

尽管以上三个方面的内容有很大的差异，但三者的目标是一致的，即都是为了让旅游者满意，而让旅游者满意的核心概念就是要有包括以上三个方面内容的旅行社产品。因此，旅行社的质量我们可以概括为旅行社产品的质量。旅行社产品质量是旅行社的产品符合标准的程度及能满足旅游者的需求（包括物质需求和心理需求）的程度。

由于旅行社产品的提供者包括旅行社及与旅游相关的各个部门，因此旅行社产品的质量也包括两个方面：一是指旅行社人员所提供的产品的质量，这是狭义的定义，即主要指旅行社的产品开发设计质量和旅游销售人员（业务人员）与接待人员（导游）的服务质量；二是旅行社及相关旅游部门整体提供的产品质量，这是广义的定义，即不但包含旅行社各部门的服务质量，而且还包含旅游活动中涉及的要素提供商（如饭店、餐厅、交通、景点、旅游购物商店、娱乐和保险等）的服务质量。

1.2 旅行社质量的衡量方法

为了推行规范化管理，尽量量化旅行社产品质量，我们也可以结合旅游产品本身的一些特点和客观标准来推行一些行业标准，如《导游服务质量》、《旅行社国内旅游服务质量要求》、《星级饭店客房客用品质量与配备要求》、《旅游汽车服务质量》和《饭店（餐厅）卫生标准》等。

事实上，旅游产品质量的好坏，在很大程度上受旅游者主观感受的影响，这就要求旅行社要重视研究旅游者的不同需求，有针对性地提供服务，从而有效地满足旅游者的需求。

在实际操作中，我们经常从一般性旅游者的旅游预期和旅游感知的角度来确定旅行社产品的质量。口碑、个人需求、过去的经验是预期服务的来源，预期服务、感知服务都来源于旅行社对服务质量要素的履行程度，服务质量感知的结果来源于预期服务与感知服务的差距。其中预期服务质量是指旅游者在接受旅行社提供的实际服务之前，对旅行社产品质量所产生的心理预期。感知服务质量是指旅游者在旅游过程中实际体验到的旅行社服务质量（见图12-1）。对于满足需求的程度，我们可以建立以下公式来分析。

满足需求的程度N=服务感知质量−预期服务质量

如果N>0，说明旅游者是满意的，质量较好；

如果N=0，说明旅游者基本满意，质量一般；

如果N<0，说明旅游者不满意，质量很差。

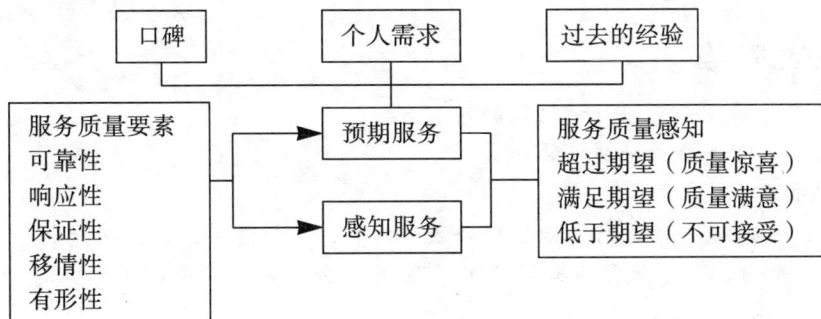

图12-1　服务质量感知模型图

有关服务质量要素履行程度的衡量方法见表12-1。

表12-1　服务质量要素履行程度衡量方法

要素	含义	表现	举例
可靠性	旅行社履行服务承诺的能力	一种准确、可靠、稳定地为顾客提供期望的服务的能力	旅游车在旅途中遇到故障，旅行社能及时派出车辆
响应性	快速响应性	旅行社在最有效时间内为旅游者提供快捷有效服务的能力	旅游者由于不注意饮食卫生而导致食物中毒，导游应立即和旅行社领导联系，然后用最快的速度联系景区所在的医疗机构，为游客提供及时的救治
保证性	旅行社服务人员的观念、态度和胜任工作的能力	为顾客带来信任与信心所要求服务人员具备的知识、态度、能力，以服务人员的知识、态度和能力等让顾客产生信赖感	旅行社的优秀导游以渊博的知识能够为旅游者提供优质的服务，让游客享受旅游乐趣的同时还学到很多知识
移情性	旅行社对旅游者需求的预见能力和提供个性服务的行为及能力	旅行社体贴旅游者，并给予旅游者以个人关注，即设身处地为旅游者着想，也就是换位思考、换位服务	旅游者在旅游途中突发重病，导游问总经理如何做，总经理说："如果是你的亲人，你该如何做？"导游以对自己亲人服务的热心和耐心为旅游者提供优质服务
有形性	旅行社的有形展示和人	主要包括硬件设施、设备、员工礼仪、仪容仪表等	旅游车的档次，宾馆的设备质量、餐馆的卫生及菜肴质量，导游的穿着打扮

实践要点

1. 旅行社质量包括产品设计质量、接待质量和环境质量。

2. 旅行社质量主要包括两个方面的内容：一是符合标准的程度；二是满足旅游者需求的程度。

实战演练

• 主题：质量——旅行社形象的基石

• 目的：理解旅行社质量的含义

• 过程设计

1. 可按每组5~6人进行分组，结合教学内容，分析资料，讨论案例。

2. 讨论内容：导致旅游者不满的原因是什么？如果你是该旅行社的老总，你该如何处理这一问题？

3. 各组讨论后，推选一名代表上台演讲。

4. 教师点评。

• 情景再现

在出境旅游人数最多的几天，北京一家旅游公司每天每名导游要送三四拨不同的旅游团出境。因忙中出错，造成一个25人的旅游团误机，在首都机场滞留8个多小时后，才换乘了另一架航班。由于错过转机时间，旅游团不得不在机场苦熬一夜，结果致使多人感冒，而且减少了近一天的旅游时间。旅游者纷纷表示不满。

学习任务 ❷ 了解旅行社的质量
管理与ISO9000

【想一想，做一做】

RX旅行社的质量经营之道

我国北方某市的RX旅行社是一家专门经营国内旅游业务的旅行社。该旅行社的张总经理及旅行社的其他负责人十分注重企业在当地旅游市场上的形象。他们认识到，旅行社的生命在于其在旅游市场上的口碑，而良好的口碑是靠高质量的旅游产品和服务逐步培育出来的。为此，他们为旅行社制定了质量管理制度，从产品设计、促销宣传、接待服务、旅游采购四个方面制定了具体的质量标准。

在产品设计方面，旅行社坚持进行市场调查，搜集各种信息和资料，了解目标市场的购买目的、购买组织、购买方式、购买时机和购买习惯，注重调查旅游市场上竞争对手的动向和旅游者的需求变化；并在此基础上，有的放矢地开发为目标市场所欢迎的优质旅游产品。例如，该旅行社2002年针对当时旅游市场上存在着对朝圣与观光相结合的旅游产品的需求，一些旅行社提供低劣产品质量，造成旅游过程中景点游览时间少而购物时间过多、过滥，既无法满足旅游者需要，又容易导致旅游者不满和投诉，开发出"五台山朝圣观光三日游"线路。该线路中安排了较多的寺庙游览和朝圣活动，并请有经验的僧人讲解，使游客在观赏佛教建筑艺术的同时，能够较多地了解佛教文化知识，很好地满足了游客的需要。该线路推出后，几年来始终获得朝圣旅游者的喜爱，成为该旅行社的重要产品。

在促销宣传方面，该旅行社的经营者意识到实际产品与旅游者预期产品之间的差距往往会造成旅游者对于旅行社服务质量的不满，因此在促销活动中，注重实事求是，从不进行夸大宣传，如实地向旅游者介绍本企业的产品和服务质量，尽量减少旅游者期望的服务与感受的服务之间的差距。旅行社在促销过程中只向游客许诺能够达到的服务标准和能够提供的服务项目，凡是旅行社通过努力仍不能做到的事，在促销中绝不做空头许诺。这样，旅行社在随后的旅游接待中很少发生游客对产品质量的投诉。

在旅游接待方面，RX旅行社的经营者充分认识到导游的素质和工作热情与旅游接待服务质量有着直接的关系，而导游的素质和工作热情在很大程度上取决于旅行社的用人制度和对员工的关心程度。因此，该旅行社没有采取一些旅行社所惯用的"压低导游工资、让导游出资买团"或缴纳"人头费"的做法；相反，而是采取公开招聘的方式雇用导游。旅行社规定，凡新招聘的导游，必须持有旅游行政管理部门颁发的导游资格证书；导游在接待中不得以任何借口擅自改变旅游计划或旅游活动日程；导游不得安排、带领或诱导游客到不法商店购物和索要回扣。导游一经被发现有违规行为，将立即被解聘并且将终身不再为本社所聘用。为了鼓励导游遵守旅行社的规定，自觉为旅游者提供优质服务，旅行社提高导游的工资和出团补助，其标准高于同类旅行社导游的工资和出团费水平两至三成。另外，张总经理及旅行社的其他负责人经常找导游谈话，倾听他们在一线接待中所遇到的困难和问题，并及时帮助解决。旅行社的领导还主动帮助导游解决家庭生活中的困难，使他们在工作中免除后顾之忧。RX旅行社的导游在接待工作中热情为游客服务，赢得了游客的好评。

在旅游服务采购方面，RX旅行社十分重视所采购的服务项目质量，注重建立采购协作网络。在采购旅游交通、景点门票、饭店住宿和餐饮等服务项目时，首先对提供相关服务的企业和部门进行调查，了解其产品的质量能否达到国家和行业的标准，相关企业是否遵守采购合同，是否能够足量和准时供给旅行社所采购的服务项目，有无以次充好或擅自改变服务内容、等级、价格等行为。在此基础上，旅行社选择那些实力强、守信用、产品质量符合旅游者需要的企业和部门，通过谈判与它们建立长期的合作关系，形成采购协作网络。RX旅行社本着互惠互利的原则，从不拖欠这些提供服务企业的费用，与当下一些旅行社长期拖欠服务供应方费用的行为形成鲜明对照，赢得了相关旅游企业和部门的好感与信任。RX旅行社也由此获得了可靠的旅游服务供应渠道，充分保证了自己所组织的旅游活动的正常进行。

RX旅行社坚持以质量为本、以诚待人，获得了旅游者的好评，赢得了不少的回头客。

想一想

1. 旅行社服务质量管理的内涵包括哪些方面？
2. 实施服务质量管理对旅行社有怎样的意义？
3. 结合案例谈谈旅行社应如何具体实施全面的服务质量管理。

知识储备

2.1　旅行社质量管理的含义

旅行社的质量管理，是指旅行社为了保证和提高产品质量，综合运用一整套质量管理的体系、思想、手段和方法所进行的系统的管理活动；具体地说，就是旅行社全体员工及有关部门共同将经营管理、服务技术、数理统计等方法和思想教育结合起来，建立起旅游产品生产全过程的质量保证体系，从而用最为经济有效的手段提供给旅游者满意的旅游产品。

由于旅行社产品的特殊性以及旅行社产品生产、消费过程的特殊性，旅行社的产品质量是对旅游者全过程服务工作的综合反映，涉及旅行社内外各个部门和每一个服务人员，对管理的要求也就必然是全面的、系统的。因此，旅行社的质量管理应该是全面质量管理、全过程质量管理和全员质量管理的结合。

2.1.1　全面质量管理

旅行社经营的宗旨主要是为了向旅游者提供旅游产品，满足旅游者各种各样的旅游需求，所以旅行社必须从产品质量、服务质量和环境质量三个方面进行全面的考察，实施全方位的管理。

2.1.2　全过程质量管理

旅行社的全过程质量管理是指旅行社对其旅游产品形成和使用的全过程实施系统管理。全过程质量管理主要包括游前、游中和游后三个阶段。

1. 游前阶段

这个阶段的管理重点是旅游产品的设计、宣传、销售和接待的质量，对收集信息、经营决策、设计包装、操作实施和接待服务等环节实施质量控制，以保证旅游产品的质量，防止残次品出现在市场上。同时，旅行社通过积极的宣传和招徕以及服务人员的接待和介绍，有效地吸引远距离客源。

2. 游中阶段

这个阶段的管理重点是服务质量和环境质量。就服务质量而言，必须对导游的服务态度、服务方式、服务项目、服务语言、服务仪表、服务时间和职业道德等方面实施规范化管理，使旅游者通过接受导游服务对旅行社产生信任和好感。当然，这个阶段也包括对旅行社各后勤部门的协调、配合和提供便利等工作的管理。环境质量的管理主要是对旅行社的各协作单位如饭店、餐厅和车队等的服务质量进行监督和管理。旅行社首先必须选择质量信誉度高的单位作为合作伙伴，在长期的合作过程中，还应该积极与协作单位建立完整的合作条款和协议，以确保各个接待环节高效有序地进行。

3. 游后阶段

这个阶段是对前两个阶段服务的延续和补充，这个阶段的管理重点是做好旅游产品质量的检查和评定工作，提供售后服务和处理旅游者投诉等。当旅游产品被旅游者消费后，旅游产品的效用能否达到预期效果，甚至是否会出现一些意想不到的质量问题，都需要通过质量管理人员以一定的方式回访旅游者，认真倾听旅游者的反映、感受和意见，总结经验以进一步提高服务质量。这既是对旅游者的一种尊重和信任，也是真正通过市场方法获得产品质量信息的一种有效方法。

游前、游中和游后三个阶段是不可分割的完整的质量过程。由于旅行社产品的特殊性，旅行社应形成一套综合性的质量体系，提倡以预防为主的思想，将全过程质量管理的重点放在游前阶段的管理上。

2.1.3　全员质量管理

旅行社服务质量的优劣是旅行社各个部门、各个环节全部工作的综合反映，涉及旅行社的全体员工。旅行社的全员质量管理，是指旅行社的全体员工都应对服务质量作出承诺和保证，共同参与到为旅游者服务的工作中。旅行社员工之间要有一种团队协作精神，共同为旅游者的满意而努力。

2.2　旅行社质量管理与ISO9000

2.2.1　旅行社申请ISO9000标准认证注册的意义

当今世界贸易中产品和产品质量已越来越国际化，因而也要求生产产品环节的企业质量管理能够在国际间求得一定程度的统一，以便对企业的技术、管理及人员的能力进行评价，并且一旦产品发生责任纠纷，也能判明是非，找出问题所在。

ISO9000国际标准是指由ISO（国际标准化组织）TC176技术委员会制定的所有国际标准，包括ISO9001、ISO9002、ISO9003和ISO9004国际标准。ISO9000提供了一个通用的质量体系标准的核心，提出了质量体系应当包括的要素，为质量管理提供指南，为质量保证提供通用的质量要求。ISO9001包含了设计、开发、生产、安装和服务多个阶段的20个要素，最适合于旅行社采用。ISO的特点是：所有影响质量的活动都应在计划之中，都必须得到控制，以确保各层次达到特定的要求；所有影响质量的活动都必须文件化，以提供质量执行系统的客观依据。

ISO9000系列的意义不仅是提供质量保证的一种质量体系标准，而且是企业管理系统化、程序化、标准化的一整套科学管理模式。旅行社申请ISO9000系列标准认证注册具有以下重大意义。

1. 有利于促进旅行社按照国际标准建立和完善质量体系

ISO9000系列标准的目的就是让申请认证的每个组织都建立起有效运作的管理体制，以提高自身的质量管理水平。旅行社必须以系列标准指导企业内部管理，规范现有的管理体系，才有可能通过认证；通过认证后，还要接受监督，对内部产品、过程以及体系质量进行不断的自我诊断，及时发现存在的问题并有效改正。因此，申请ISO9000标准认证，能促进旅行社建立有效运作的管理体制，提高自身的质量管理水平。

2. 有利于旅行社提高质量信誉，开拓市场

旅行社获得了认证机构颁发的ISO9000国际质量标准证书和发布的世界名录，就向公众证明了旅行社有能力按规定的要求提供产品，具有质量保证能力。这一点使得它比未取得认证的旅行社具有更大的优势，有利于吸引客源、开拓市场。

3. 有利于保护旅游消费者的利益

ISO9000质量认证体系指出，标准规定的目的在于防止从设计到服务的所有阶段出现不达标的情况，以增强客户的购买信心。旅行社按照标准管理，保证提供的旅游产品和服务合乎旅游者的需要，从而使得旅游者的利益得到保障。

2.2.2 旅行社质量管理与ISO9000的关系

ISO9000是国际公认的最低质量保证体系标准。它强调过程管理和质量管理并重，是全面质量管理的基础，它为企业提高质量管理水平提出了最基本的奋斗目标，是我国旅行社企业同国际惯例接轨的一种方式。旅行社质量管理的实施，就是要通过ISO9000质量认证，结合企业具体情况，建立一套质量管理体系，使质量管理工作制度化、程序化、标准化。因此，ISO9000与质量管理是打基础与求发展的关系，ISO9000是质量管理最基本、最起码的要求，旅行社全面质量管理是寻求发展，以达到更高水平的要求。

2.3 ISO9000系列标准对旅行社产品设计、营销和服务的要求

旅游服务质量可分为技术和功能两个方面的质量，前者指通过旅游服务顾客能

得到什么，后者指怎样得到。它不仅取决于服务效果和服务感受，还要受到旅游目的地形象和旅游企业形象的调节。如何才能保证服务质量呢？根据服务质量形成的过程和规律，服务质量可从四个过程中加以控制：设计过程、营销过程与服务的提供过程，以及业绩分析与改进过程，这些过程正体现在ISO9000标准之中，ISO9000标准贯穿于服务形成的各个阶段。

2.3.1 ISO9001在旅行社产品设计中的应用

应用内容主要包括设计输入、设计输出和设计评审、验证与确认三个方面。

1. 设计输入

设计输入包括旅游产品的各要素及各要素的保证情况。产品承诺、合同前提和不确定性等都要有控制文件，相关的法令法规都应列入设计任务书中。例如，项目的宗旨和目的，时间和价格，涉外目的地的有关法律、消费水平等；交通工具如飞机要注明机型、航空公司，火车要注明快车或慢车、硬座或硬卧，汽车要注明国产还是进口、有无空调等；餐饮应注明几菜几汤、几荤几素；住宿应注明宾馆等级等。

2. 设计输出

设计输出包括所有设计成果，如产品说明、产品设计草案等。设计输出应对照设计输入的因素进行检查，落实设计输出是否能满足设计输入的需要。

3. 设计评审、验证与确认

设计评审由产品的提供方负责，由有关的职能部门组成，如果产品涉及某些法规限制，要请有关被认可的法规制定单位或外部机构参加评审。评审的目的是评价设计结果是否达到质量要求；验证的目的是检查设计的程序是否正确；确认是对产品最终能否满足使用要求作出最终的判断和确定。

2.3.2 旅行社营销市场开发及销售活动

旅行社业务运作的核心是营销和配合实施的后期工作。营销部门的质量体系应覆盖涉及质量体系的一切情况。市场销售的关键过程和重要控制点主要在以下几个方面：一是制订全面的市场销售计划；二是市场销售有多种方式供企业选择，销售过程记录及合同可用合适的媒体形式保存；三是在交易后期对客户要求的承诺和修正；四是对市场销售人员的培训与控制，以及在营销运营阶段要严格执行内部制度。

2.3.3 服务提供

在服务提供阶段，要严把质量关。ISO9004-2作为国际标准提供了一些企业内部全面质量管理的新概念，为旅行社服务接待质量的改进和深化拓展提供了宝贵的空间。比如，该标准在服务提供中提出了服务规范和服务提供规范的概念，前者规定了所提供的服务，后者则规定了用于提供服务的方法和手段，而旅行社的特点规定了旅行社必须十分重视本企业对服务提供特性的研究与确定。

在ISO9004-2服务要求文件中，旅游者对服务特性的要求包括：信誉能力、方便程度、礼貌、舒适、环境化、胜任程度、可信度、完整性、技艺水平、信用和有效的沟通联络等。把这些服务特性与导游和其他在一线直接为顾客提供服务的人员的考核联系在一起，将使服务质量走上一个新的台阶。

总之，整个旅游过程中出现的因素，亦即技术管理和人的因素都必须处于严格的受控状态。ISO9001对此有详细的规定。

旅行社企业进行ISO9000质量认证，需要相关外部大环境与内部各层次的支持与理解。第一，质量能够与经济效益相统一。第二，ISO9000是全面质量管理的基础，是国际公认的最低质量保证体系标准，它为企业提高质量管理水平提出了基本的奋斗目标。ISO9000证书仅是质量管理的"合格证"而非"优秀奖状"，但它是我国旅行社现阶段改善质量品质、努力同国际惯例接轨的一种方式。第三，质量体系不仅要重视制定严谨的质量规划和具体细致的质量目标，而且不能忽视执行服务标准的一线服务员工因素，否则实际执行效果将大打折扣，故管理决策层在建立质量体系时，不但要充分征求中上层管理人员的意见与建议，而且还要让基层、一线员工参与，取得共识。

实 践 要 点

1. 旅行社的质量管理，是指旅行社为了保证和提高产品质量，综合运用一整套质量管理的体系、思想、手段和方法所进行的系统管理活动。

2. 旅行社申请ISO9000标准认证注册有重要的意义：有利于促进旅行社按照国际标准建立和完善质量体系；有利于旅行社提高质量信誉，开拓市场；有利于保护旅游消费者的利益。

实 战 演 练

• 主题：对相关ISO9000系列标准文件的解读

• 目的：了解旅行社申请ISO9000体系认证的意义

• 过程设计

1. 教师提供相关网站资料，让学生课后查找有关ISO9000标准文件。

2. 在课堂中，请学生找出ISO9000系列文件中与旅行社有关联的内容。

3. 可按每组5~6人进行分组讨论，各组讨论后，提出相应的申请认证的思路，并推选一名代表上台演讲。

学习任务 ❸ 掌握旅游投诉的处理方法

【想一想，做一做】

弥补失误　赢得顾客

某年旅游旺季，某旅行社接待了一个从新疆飞往西安的八人旅游团，飞机提前一个小时飞抵西安，而该旅行社的导游则按飞机原到达时间提前半个小时到机场。此时游客已经非常不高兴，觉得导游让他们在机场等得太久。接着，导游带客人游完西线后，没有在乾陵订上晚餐，返回西安吃饭时，已是晚上八时。在西安的订餐也出现了一些问题，再加上晚上入住时，由于该团预订时没有说清游客的性别和人数而少订了一间房，使客人十分恼火。于是游客给旅行社打电话，要求换导游。

旅行社经理接到投诉后，首先认真倾听，并做好记录，然后对旅游团的遭遇表示同情，并给予相关解释，说出现上述情况有旅游旺季的原因，也有旅行社安排的导游的原因，考虑到旅行社工作人员非常紧张的现实情况，请继续让此导游带团，并答应团队在离开西安之前，请团友吃压惊饭。游客被经理的诚心打动，答应让该导游继续带团。紧接着，经理打电话给导游，先对其进行批评教育，让其以更加热情的服务接待旅游者，并叮嘱相关注意事项。

在剩下的旅游过程中，导游以热情周到的服务，缓解了游客的怨气。在游客离开西安的前一天，该社的经理又请游客品尝了西安的名吃——饺子宴，并向客人道歉，使游客感到经理对他们的重视和尊重，为此，游客热情地邀经理在西安共进最后一顿晚餐。

游客们回去后，便向其他人推荐该旅行社，并与该旅行社保持良好的联系。

想一想

该旅行社是如何处理旅游者投诉的？

知识储备

3.1　旅游投诉的概念

本书中的旅游投诉不同于法律意义上的旅游投诉，它是指旅游者为维护自身的旅游权益，对损害其权益的旅行社工作人员或旅游服务部门向旅行社管理部门投诉，请求处理的行为。

旅游投诉不仅仅意味着客人的某些需求未能得到满足，即旅行社的服务质量存在着某些问题，实际上，投诉还是客人对旅行社、对旅行社服务质量和管理质量的一种评价。成功的旅行社善于把投诉的消极面及时转化成积极面，通过处理投诉来推动自己不断提高服务质量，防止类似投诉再次发生。更重要的是把握妥善处理投诉所带来的有利因素，变被动为主动，化消极为积极，让投诉成为一种资源。

3.2 旅游投诉产生的原因

在旅游服务过程中，产生旅游投诉的原因是多方面的，一般可以归纳为两个方面：一是工作人员主观上的问题，主要表现在对旅游者不尊重、不热情、讲解不好、态度生硬或工作不负责任、不及时满足客人的合理要求等；二是客观条件问题，主要表现在住宿条件不理想、某些收费不合理、旅游过程中某些设施不符合要求、交通不顺利或由于旅游者本身的性格和习惯产生的问题。具体而言，旅游投诉产生的原因有以下几个方面。

3.2.1 旅游服务部门的原因

1. 交通服务方面的原因

第一，抵离时间不准时。交通工具抵离时间不准时常会给旅游者的旅游活动造成不便甚至严重损失。例如，由于旅游者所乘坐的飞机未能按照航班时刻表准时起飞，或火车未能按照列车时刻表准时发车，造成旅游者无法按预定计划抵达或离开旅游目的地，或造成旅游者被迫延长在旅游目的地某一个城市的停留时间及缩短在另一个城市的停留时间，有时甚至被迫取消对某个城市或地区的旅游计划。

第二，途中服务质量低劣。有些交通部门、企业或司乘人员认为其任务就是简单地将旅游者按照计划或合同按时运送到目的地，不重视提高服务质量，在服务过程中态度生硬粗暴或懒懒散散，对于旅游者提出的合理要求熟视无睹、不闻不问，造成旅游者的不满和投诉。

第三，忽视安全因素。安全是旅游者旅行期间十分关心的一个因素。旅游者往往对于那些不重视交通安全的旅游交通部门、企业或司乘人员深恶痛绝。因此，运输安全是旅游者旅游活动顺利进行的重要保证。然而，有些交通部门、企业或司乘人员只关心本部门、本企业的经济利益，忽视飞行安全或行车安全，给旅游者的生命财产造成威胁或损失，是旅游者投诉的一个重要原因。

2. 住宿服务方面的原因

第一，设施设备条件差。有些饭店或旅馆的设施设备比较陈旧，维护保养差，给旅游者的休息带来诸多不便。例如，在客房里，洗手间里马桶漏水，影响旅游者的夜间睡眠；淋浴设备缺乏维修，造成旅游者在淋浴时水流不均匀，时冷时热；空调设备制冷性能差，在炎热的夏季不能使客房里保持适宜的温度等；在楼道里，地毯陈旧破损，致使旅游者绊倒摔伤；客用电梯因维修不当，导致电梯时开时停。这些都会导致旅游者投诉。

第二，业务技能差。业务技能差也是造成旅游者对饭店或旅馆不满的一个原因。

有些饭店或旅馆由于对服务人员的业务技能培训缺乏足够的重视，或者贪图一时的经济利益而大量雇用没有经过正规服务技能培训的临时工或实习生，并让这些人单独上岗为客人服务。由于这些人缺乏服务经验、业务技能差，无法向旅游者提供符合规范的服务，导致旅游者的不满和投诉。例如，前台服务员因不熟悉饭店预订系统的操作程序，无法迅速为入住的旅游者办理好入住手续，使旅游者在前台长时间等候。

第三，服务态度差。服务态度差是导致旅游者投诉饭店、旅馆等的又一个原因。一些饭店、旅馆的服务人员缺乏职业道德，不尊重顾客，对旅游者态度生硬，说话时要么冷淡无礼、要么出言不逊，甚至为了一点小事就与旅游者发生争执。还有的服务人员在向旅游者提供服务时敷衍搪塞，不负责任。旅游者由于无法忍受他们的恶劣态度，于是向旅行社提出投诉。

第四，卫生条件差。卫生条件差往往是由于饭店管理不善，忽视对有关部门和员工的教育，不重视维护饭店、旅馆的卫生环境所造成的。有些饭店、旅馆的经营者片面强调经营效益的重要性，为了降低经营成本，大量裁减承担客房、公共卫生区、餐厅等处卫生工作的人员，使得卫生工作难以正常进行。还有的饭店、旅馆经营者热衷于轰轰烈烈的面上卫生，忽视人们平常不容易注意到的地方，结果导致这些地方成了卫生死角，变成藏污纳垢的地方，而正是这些角落里滋生的蚊蝇、蟑螂等出现在旅游者下榻的客房或餐厅里，使旅游者感到无法忍受，于是向旅行社提出投诉。

3.餐饮服务方面的原因

第一，菜肴质量低劣。造成菜肴质量差的原因主要有三种：一是厨师没有按照菜谱上规定的主、副料配比进行烹调，造成菜肴的质量下降；二是厨师的烹饪技术差，作出的菜肴口味与规定不符；三是菜肴的分量不足，引起旅游者的不满。

第二，就餐环境恶劣。有些餐馆或餐厅的就餐环境比较差，如餐厅里摆放的餐桌、餐椅已经损坏；餐厅里的卫生条件差，出现蚊蝇、蟑螂等害虫；餐具没有清洗干净；厨房与餐厅隔离较差，导致厨房里烹饪的味道跑到餐厅里，影响客人就餐的情绪等。

第三，服务态度差。餐厅或餐馆的服务人员服务态度差主要表现在：对待客人冷若冰霜，对客人提出的要求不予理睬或寻找借口不予以满足；服务时懒懒散散，不主动向客人介绍本餐厅的特色产品，客人询问时，表现出不耐烦的神情；服务态度恶劣，与客人发生争执、冲突；对待客人不能一视同仁，对某些客人曲意逢迎，对另一些客人则瞧不起。

第四，服务技能差。有些餐厅为了节省员工工资开支，大量雇用未经专业培训、服务技能较差的实习生或临时工，并让他们单独为旅游者提供服务。尽管在这些人当中不乏热心为旅游者提供服务的人员，但是由于缺乏必要的专业训练，他们往往无法提供规范的餐厅服务，有的甚至给旅游者造成损失，如将菜汁溅在旅游者身上、将旅游者点的菜肴上错桌等，招致旅游者的不满和投诉。

4.其他服务方面的原因

除了上述部门或企业因其服务欠佳造成旅游者投诉外，其他一些旅游服务部门如游览景点、娱乐场所、购物商店等也会因服务质量低下造成旅游者向旅行社提出投诉。

3.2.2 旅行社自身的原因

1. 活动日程安排不当

第一，活动内容重复。有些旅行社在安排旅游者的活动日程时，只考虑本地区的特色，而没有综合考虑整条旅游线路上各地的旅游景点情况，造成旅游活动内容重复的现象。例如，某旅行社在接待一个来自北美地区的旅游团时，不顾该旅游团已经在我国境内旅游的前几站参观过多处庙宇的情况，仍安排旅游团在本地参观两个寺庙，结果招致旅游者的不满。旅游者在向该旅行社经理投诉时不无讽刺地说："我们是来旅游的，不是来改变宗教信仰的。"

第二，活动日程过紧。活动日程过紧是旅游者向旅行社投诉的原因之一。有些旅行社的接待人员在安排旅游者的活动日程时，不顾旅游者年龄结构偏大的特点，将旅游活动日程安排过紧，有时甚至安排旅游者一天参观三四个规模较大的游览景点，结果造成旅游者要么疲劳不堪，要么走马观花，无暇欣赏。

第三，活动日程过松。活动日程过松也是旅游者向旅行社提出投诉的一个原因。有些旅行社在安排活动日程时，过分强调了旅游者年龄结构偏大的特点，将活动日程安排得过松，往往是早上很晚才出发，下午很早就将旅游者送回饭店，使旅游者感到旅行社不负责任，浪费旅游者的时间和金钱。

第四，购物时间过多。有的旅行社只顾本旅行社的经济效益，将游览景点的时间安排得很紧，挤出较多的时间安排旅游者多次到本旅行社定点商店购物，结果造成旅游者的不满。

2. 接待人员工作失误

第一，擅自改变活动日程。有些旅行社的接待人员在接待过程中，未经与旅游者或领队商量并征得同意，也未向旅行社有关领导请示，便擅自将活动日程做较大的变动，如减少旅游计划中规定的游览项目，擅自增加购物时间或将旅游者带到非定点商店购物，使旅游者因购买假冒伪劣商品或高价购买了低价商品而蒙受损失等。

第二，不提供导游服务。有些导游将旅游者领到游览景点后，不是按照旅游合同的规定向旅游者提供导游讲解服务，而是游而不导，或只做简单的介绍之后便不再理睬旅游者，或者在前往游览景点及从游览景点参观结束返回饭店的途中，与司机聊天或打瞌睡，不进行沿途导游讲解。

第三，造成各种责任事故。有些旅行社接待人员工作责任心不强，麻痹大意，遇事敷衍搪塞，造成漏接、误机、误车、误船、行李丢失或损坏等责任事故，给旅游者的旅游活动带来不便和损失。

第四，服务态度恶劣。有些旅行社接待人员不尊重旅游者，在接待过程中不热情，态度生硬，经常顶撞旅游者或与旅游者大吵大闹。还有的接待人员在接待过程中厚此薄彼，对旅游者不能做到一视同仁，使部分旅游者产生受歧视的感觉。

3.3　旅游投诉的处理程序

3.3.1　了解旅游者投诉的心理

1. 要求尊重的心理

有些旅游者向旅行社提出投诉是因为他们认为没有受到旅游接待人员或其他旅游服务人员的尊重或尊重得不够，所以向旅行社管理者提出投诉以维护其尊严。这种旅游者多是事业上取得了一定成就或拥有一定社会地位的人士，他们往往十分看重别人对待他们的态度。如果旅游接待人员或其他旅游服务人员对他们表示出高度的尊重态度，他们通常就会从心理上感到满足；而一旦有人有意或无意地表现出对他们的不尊重，他们就会感到格外委屈、难以容忍。

具有要求尊重心理的旅游者在投诉时的心理主要是通过投诉获得其所希望得到的尊重，而对于经济补偿则不大重视，也不关心旅行社管理者是否会严肃处理被投诉的有关人员。有的时候，当投诉者从旅行社管理者那里得到尊重的表示后，甚至会请求不要惩罚被投诉者。旅行社管理者应针对这种旅游投诉者的心理特征，在处理其投诉时主动表示对其遭遇的同情，并对其表示较高的敬意，使其感到旅行社确实尊重他们，以平息他们的怨气。

2. 要求发泄的心理

要求发泄是另外一些旅游者投诉时的心理状态，他们因对旅游接待人员或其他旅游服务人员的服务感到不满，觉得受了委屈或不公平对待，希望向别人诉说心中的不快。这种人在投诉时或喋喋不休，反复诉说其不幸遭遇，或态度激动，使用激烈的语言对被投诉者进行指责。

具有要求发泄心理的旅游者提出投诉的主要目的是向旅行社管理者发泄其胸中的不满和怨气。当他们的怨气发泄完毕并得到某种安慰后，往往会得到心理上的满足，而不再提起赔偿的要求。有些旅游者甚至还会对其在投诉时使用的激烈语言感到后悔而表示歉意。旅行社管理者在接待这种旅游投诉者时，应针对其心理特点，耐心地倾听其投诉，不要急于安抚对方，也不要为了急于弄清事情的真相而打断对方。当投诉者将所要说的话全部讲完后，旅行社管理者应给予适当的安慰。一般情况下，旅游者会对这种处理方法感到比较满意。

3. 要求补偿的心理

还有一些旅游者，其提出投诉的主要动机是要求得到一定的补偿。这种补偿可能是物质性的，如希望旅行社向其退还部分旅游费用；也可能是精神性的，如希望旅行社管理者向其道歉。

旅行社管理者在处理这类投诉时，应根据对投诉者投诉心理的分析和掌握，加以适当的处理。如果确实因旅行社接待服务的失误给旅游者造成经济损失或精神损失的，可以适当给予一定的经济补偿或赔礼道歉。如果旅游者因误会而向旅行社投诉的，则可以委婉地加以解释，以消除误会。同时，旅行社还可以向投诉者赠送一些小礼品，以满足其要求补偿的心理。

3.3.2 旅游投诉的处理程序

1. 倾听投诉

旅行社管理者在接到旅游者投诉后，应认真倾听，归纳出投诉要点，具体要做到：第一，态度端正。旅行社管理者在倾听投诉时应态度严肃、神情专注，给旅游者一种认真对待的印象，切不可面带微笑，使投诉者误认为不被重视或产生被嘲笑的错觉。第二，认真倾听。旅行社管理者在倾听旅游者投诉时不应打断旅游者的叙述，无论投诉理由是否正当，都必须让旅游者把话说完，必要时还要引导旅游者将埋藏在内心的怨气和不满全部发泄出来。第三，头脑冷静。管理者在接待旅游投诉时必须保持冷静的头脑，不管旅游者的言辞如何激烈，都要避免发生争吵或对其进行指责。

2. 询问情况

旅行社管理者在倾听旅游者投诉后，首先表示对其遭遇的同情，使旅游者感到管理者通情达理，愿意解决其所投诉的问题，得到心理上的安慰；然后，应就投诉中尚未讲清楚的关键情况进行询问，以便了解投诉事实；最后，应就旅游者能够坦诚地向旅行社反映情况表示感谢，并将处理结果反馈给旅游者。

3. 调查事实

旅行社管理者应立即着手对投诉所涉及的人员和事情进行调查核实。

4. 进行处理

旅行社管理者在对旅游者投诉事实调查清楚的基础上，应根据具体情况对旅游投诉进行妥善处理。旅行社管理者在处理过程中对旅游者的价值量补偿的心理要有高度重视，因为随着旅游者收入的递增，补偿价值量的重心逐步移向超过旅游合同原值，形成所谓"惩罚性赔偿"的要求。

对于涉及旅行社员工的投诉，如果经过调查，发现旅游者的投诉与事实相符，应立即采取适当措施，按照旅行社的有关制度和规定对当事人进行批评教育；情节严重并造成经济损失的，还要根据错误的严重程度和造成的后果给予更严肃的处理。

对涉及其他旅游服务部门的投诉，经过调查证明确属该部门责任的，则应通过适当渠道向该部门领导反映。如果发现该部门经常发生类似情况，旅行社应减少与其合作。

5. 答复结果

旅行社管理者在处理完旅游投诉后，应及时将处理结果以书面形式通知旅游者，在答复时应该诚恳地表示歉意，希望得到旅游者的谅解。

旅行社管理者在处理完旅游投诉后，还应将旅游者投诉的原因和处理的结果向旅行社有关部门和人员公布，以提高员工们对服务质量重要性的认识。同时，管理者还应根据旅游者的投诉，对出现问题的环节进行检查，以提高服务质量。

6. 记录存档

旅行社应将旅游投诉的内容和处理经过做详细真实的记录，并存入档案，以便将来必要时核对。

实 践 要 点

1. 本书中的旅游投诉是指旅游者为维护自身的旅游权益，对损害其权益的旅行社工作人员或旅游服务部门向旅行社管理部门投诉、请求处理的行为。

2. 旅游投诉产生的原因主要有旅游服务部门、旅行社自身的原因两个方面。

3. 旅游投诉的处理程序：倾听投诉—询问情况—调查事实—进行处理—答复结果—记录存档。

实 战 演 练

• 主题：处理旅行社投诉

• 目的：了解处理旅游投诉的方法

• 过程设计

1. 按每5~6人一组进行分组讨论，并要求组员扮演林先生、邱导游、旅行社经理等人员对整个投诉及处理过程进行模拟。

2. 各组分别对其他组员的表现进行点评，讨论出最佳处理方案。

3. 教师进行点评。

• 情景再现

林先生2009年花了一万多元参加了某旅行社组织的巴厘岛阳光海滩之旅，结果几天的行程就是坐车、下车上厕所、照相、购物，林先生他们气愤至极问随团导游："阳光、海滩在哪里？"这位姓邱的导游把眼一翻说："阳光往天上看呀，海滩往远处看呀，这不都是嘛！"他们全体无语。第五天，可贵的半天自由活动，在当地导游的花言巧语下，他们每个人支付了85美元，去游海戏水，上岸后又傻了，毛巾、洗发水等全部不提供，只好咸咸地、痒痒地去搭飞机了，到了雅加达已是晚12点了，第二天还要3点半起床搭早班机回香港。

回程后，林先生十分气愤，于是向该旅行社老总提起投诉。

本项目总结

知识梳理

1. 了解旅行社的质量的含义及其衡量方法

① 旅行社质量的含义　② 旅行社质量的衡量方法

2. 了解旅行社的质量管理与ISO9000

① 旅行社质量管理的含义　② 旅行社质量管理与ISO9000　③ ISO9000系列标准对旅行社产品设计、营销和服务的要求

3. 掌握旅游投诉产生的处理方法

① 旅游投诉的概念　② 旅游投诉产生的原因　③ 旅游投诉的处理程序

主要概念

旅行社质量　旅行社质量管理　ISO9000　旅游投诉

习题与技能训练

1. 填空题

① 一般而言，旅行社质量包括三个方面：产品设计质量、接待质量、_____。

② 旅行社的质量管理，应该是全面质量管理、_____和全员质量管理的结合。

③ _____是国际公认的最低质量保证体系标准。

2. 判断题

① 根据定义，旅行社质量主要包括两个方面的内容：一是符合标准的程度，二是满足旅游者需求的程度，后者较前者更容易衡量。（　）

② ISO9000与质量管理是打基础与求发展的关系。（　）

③ ISO9001在旅行社产品设计中的应用，主要包括设计输入、设计输出和设计评审、验证与确认三个方面。（　）

3. 名词解释

旅行社质量　旅游投诉

4. 简答题

① 旅行社质量的衡量方法有哪些？

② 旅行社申请ISO9000标准认证注册的意义何在？

③ 旅游投诉产生的原因是什么？

项目 **13** 应对旅行社的风险

■ 学习目标

■ 知识目标

1. 了解旅行社风险的表现形式。
2. 熟悉旅行社风险管理的目标。
3. 掌握旅行社风险的应对方法。

■ 技能目标

能够围绕旅行社风险管理的目标，掌握避免和应对旅行社的各种风险的方法。

■ 案例目标

运用所学的旅行社风险的表现形式、应对方法等内容分析相关案例，培养和提高旅行社风险的应对能力。

■ 实训目标

引导学生参加旅行社风险管理的实践，了解风险管理的目标、方法等，培养学生在旅行社从业过程中的抗风险能力。

■ 教学建议

1. 共用6课时，其中理论课4课时，实践操作课2课时。
2. 本项目需要学生掌握一定的旅游政策法规、旅游保险等相关知识。
3. 本项目的内容实践性较强，可采用校内授课与课外实训相结合的方式进行教学，将课内讲授、案例分析与走访旅行社结合起来。

学习任务 ❶ 了解旅行社风险的表现形式

江西婺源县素有"书乡"、"茶乡"之称，是全国著名的文化与生态旅游县，被外界誉为"中国最美的乡村"。随着婺源油菜花盛开，每逢周末假日，各地游客蜂拥而至，一些热门景区出现了严重堵车现象。

2010年3月的一天，上午不到9点，婺源县江岭景区就开始堵车。随着旅游车辆的增多，景区环山公路堵塞的车辆宛如长龙，绵延近10公里，根本动弹不得。晓起、李坑等热门景区同样出现堵车现象。

很多旅游团队游客由于景区过于拥堵的原因，未能按团队计划行程游玩，因而，旅行社未能按照旅游合同向游客提供相应的旅游服务，给旅行社带来很多的后续问题。

想一想

上述旅游现象给旅行社带来了哪些风险？

知识储备

旅行社在经营管理的过程中会遇到很多风险。各种风险的存在，不但会给旅行社带来收益上的损失，甚至还会造成企业的破产。因此，风险的管理便成为旅行社经营活动中的一项重要内容。常见的旅行社风险主要有以下几种表现形式。

1.1　财务风险

旅行社与酒店、景点等旅游供应商之间、与旅游者之间、接待社与组团社之间存在着较为复杂的债权债务关系，如以地接为主营业务的旅行社，都不同程度地被组团社以各种各样的理由拖欠团款，从而产生债务问题。拖欠团款问题是旅行社行业长期存在的一大顽症，海外拖欠款、国内三角债问题一直困绕着旅行社。大量应收账款的无法按时顺利回收构成财务隐患，这就使旅行社的财务风险问题相对突出。

1.2　市场及竞争风险

旅行社在对市场进行调查研究的基础上开发产品，然后向市场进行宣传促销，把产品推向市场。产品开发是否对路，旅行社希望通过销售产品来实现企业利润的目的能否实现，都要依靠市场检验来决定。市场的不确定性是旅行社面临的主要问题。旅行社的很多产品都易于模仿，一旦竞争对手掌握相关信息，就会使市场状况发生很多变化。这些都会影响到旅行社原来对市场的估计，从而可能造成旅行社在产品开发和促销方面的投入损失。

1.3　人身及财产风险

旅行社拥有交通工具、房产、其他经营设施等许多资产，而这些财产都有可能因某种原因而受到损失，这就构成了旅行社可能面临的财产风险。同时，旅游活动具有较大的时间、空间跨度，在旅游线路安排中，旅行社会接触到社会的方方面面，遇到各种问题。由于社会治安状况以及旅行社工作人员及旅游者的失误，都可能使旅游者人身财产安全受到损失。同时，旅行社员工也有发生人身财产损失的可能性。这些具有不确定性的因素就构成了旅行社经营过程中的人身及财产风险。

1.4　责任风险

在旅游者购买旅行社产品时，旅游者与旅行社之间会签订合同，规定双方的权利与义务，其中对旅行社接待活动的细节也会有详细规定，如住宿、交通和所参观景点等。而在旅游活动进行中，由于旅游活动的综合性与复杂性，旅行社对旅游者的履约情况很大程度上取决于旅游供应商对旅行社的合同履行情况。同时，旅游活动中随时可能出现的一些意外也使旅行社的合同履行产生风险。一旦旅行社不能实现对旅游者的承诺，没有很好地履行合同，不论原因怎样，旅行社都具有责任，需要对旅游者进行赔偿。旅行社的责任风险也是旅行社经营中经常面临的一项主要风险。

实践要点

1. 风险管理是指经济主体对威胁其收益的实际损失与潜在损失所进行的识别、测定和控制。

2. 常见的旅行社风险主要有财务风险、市场及竞争风险、人身及财产风险和责任风险。

实战演练

• 主题：旅行社的汇率风险

• 目的：了解旅行社风险的表现形式，思考旅行社风险的应对措施

• 过程设计

1. 结合教学内容，分析资料，进行讨论。

2. 讨论内容：什么是旅行社的汇率风险？旅行社应如何规避汇率风险？

3. 可按每组5~6人进行分组讨论，由小组形成文字稿上交。

• 情景再现

背景1：2003年12月以后，澳元兑美元、欧元兑美元的汇率一直不断上升。由于人民币与美元汇率持平，欧元和澳元兑美元升值就意味着这两种货币兑人民币升值。

背景2：欧洲和澳洲一向都要求广州旅行社直接用欧元和澳元结账，美元无法作为第三方结算货币。

2004年2月，正值广州国内组团社与国外地接社进行春节团款结账之际。由于欧元、澳元近来汇率行情坚挺，这意味着一个单价为2万多元人民币的澳洲团，旅行社现将要为每个团员多支付1 500元人民币左右的团款；而1万元左右价格的欧洲8天游，旅行社则要为每个团员多支付700元人民币。汇率的变动已使广州的一些旅行社付出沉重代价，令今春欧洲团和澳洲团所获甚微，甚至无法弥补原本就微利的东南亚团，广州的旅行社出现"旺丁不旺财"的现象。

学习任务 ❷ 熟悉旅行社风险管理的目标

【想一想，做一做】

2009年12月，某市开通了至日本福冈的首个包机航班。出于对拍摄候鸟的喜爱，来自全国各地的18位老摄影家，每人交了6 300元与该市某旅行社下设的门市部签约，参加赴日本福冈北海道四飞五日摄影采风团。然而，这些摄影家在旅游中却被日本一家酒店"扣留"。在自行支付车费和住宿费并向中国驻日本札幌领事馆求助后，老摄影家们才得以回国。

经过相关部门调查，该团队属某旅行社设立的门市部私自接团，团队操作过程中出现经济上的一些纠葛，因此没能按合同履行职责，并且在日本没有安排地接社。

按照《旅行社条例》的有关规定，旅行社设立的门市部为非法人单位，只能从事招徕游客、提供咨询、宣传等服务，不能直接组团、接团和指派导游。而该旅行社下设的门市部私自接团，违规签订合同，违规组团和指派导游，不仅违反了上述规定，还涉嫌超范围经营。

该旅行社下设的门市部引发的此事件性质恶劣，造成了很坏的影响。

想一想

旅行社应如何对其门市进行监管，从而降低经营风险呢？

知识储备

2.1 确定风险管理目标的基本原则

风险管理，是旅行社一项重要的管理工作，而风险管理目标的确定，则是旅行社风险管理的基础性工作。一般来说，旅行社风险管理目标应符合客观性、层次性、数量化三个原则。

2.1.1 客观性

风险管理目标的客观性，是指旅行社在确定风险管理时，要充分考虑现实的客观性。风险管理目标的客观性，要求旅行社在风险管理过程中，要研究一定时间内旅行社的内部条件、市场环境以及两者之间的适应度等。旅行社在确定风险管理目标时，要根据这种适应度去寻求风险管理的最合理、最现实的目标，而不是最优目标。

2.1.2 层次性

风险管理目标的层次性，是指旅行社在风险管理过程中，根据风险管理目标的重要程度以及管理分工的不同来实施风险管理。风险管理目标层次性的存在，要求旅行社在风险管理过程中，一方面要根据目标的重要程度划分出风险管理目标的主次，实行分类管理；另一方面要根据企业内部的组织分工，划分出总目标和分目标，实行分级管理。只有实行了分类与分级管理，旅行社风险管理目标才能实现。

2.1.3 数量化

旅行社风险管理目标的数量化，是指旅行社在风险管理过程中，尽可能运用各种数量指标来表示风险管理的目标。目标的数量化，有助于旅行社衡量各种风险管理目标实现的程度和对风险管理目标的控制。

2.2 旅行社风险管理的目标

在旅行社实施风险管理过程中，根据一般管理目标和风险管理本身的特点，可以将风险管理划分为损失发生前和损失发生后两个不同的风险管理阶段。

2.2.1 损失前风险管理的目标

在旅行社风险管理过程中，损失发生前的管理目标主要有以下几个。

1. 节约成本费用

节约成本费用不仅是旅行社经营目标的要求，同时也是旅行社风险管理目标的要求。风险管理的一项重要工作是避免产生不必要的成本费用，控制由于处理失当而形成的额外成本费用。

2. 满足外部要求

在旅行社经营过程中，许多经营风险是来自企业外部环境的，如政府的各项规定、旅游者的特殊要求、环境的保护、相关企业的合作关系等。如果这些风险处理不当，就都会使旅行社产生经营风险。因此，在风险管理过程中，旅行社必须满足外界的基本要求；否则就会影响企业的社会形象，造成企业声誉与经济上的损失。

3. 合法经营

旅行社在经营过程中，要有效地实施风险管理、控制损失，就必须使企业的经营活动在法律与制度许可的范围内进行。旅行社风险管理的一个重要内容就是运用各种法律规定，使经营活动具有法律依据，具有合法性。

2.2.2 损失后风险管理的目标

在旅行社风险管理过程中，损失发生后的管理目标主要有以下几个。

1. 继续经营

旅行社在损失发生后继续经营，可以巩固旅行社与旅游者之间的关系，防止旅游者转向竞争对手；否则，旅行社客源市场占有率将会降低，对企业所造成的经营损失将会进一步扩大。一般情况下，在经营损失发生后继续经营，会增加一定数量的额外成本费用，这时，旅行社要识别不允许中断的经营活动及可能中止的意外事故或经营风险，以防经营损失进一步扩大。

2. 稳定经营收入

旅行社在产生经营损失后，要冷静地分析损失对经营收入目标的影响程度，如果这种损失还可使企业继续经营，稳定收入便是最重要的目标。在一般情况下，旅行社在确定经营目标时，往往将收入目标控制在一定的范围内，因此，只要经营收入的波动没有超出这个范围，那么就属于正常现象。当损失发生后，旅行社可以通过合理运用保险及其他风险转移技术，将经营收入的波动控制在计划范围之内。

3. 承担社会责任

旅行社在产生经营损失后，如果这种损失尚不足以影响企业收入的稳定，承担一定的社会责任便是一个可选用的目标。意外经营损失的发生，不仅会对旅行社产生影响，而且还会使企业员工、旅游者以及其他相关企业也产生利益上的损失。旅行社的管理者或经营者应自觉承担一定的社会责任，努力将各种社会损失减少到最低限度内，从而保持旅行社良好的市场形象和社会形象。

实 践 要 点

1. 一般来说，旅行社风险管理目标应符合客观性、层次性、数量化三个原则。

2. 旅行社损失发生前的风险管理目标着眼于风险的防范，损失发生后的风险管理目标着眼于恢复生产与经营。

实 战 演 练

- 主题：旅游业盘点海啸损失　旅行社风险控制凸显空白
- 目的：熟悉旅行社风险控制的目标
- 过程设计

1. 结合教学内容，分析资料，进行讨论。

2. 案例中海啸对旅行社带来了哪些风险？旅行社如何去控制？

3. 可按每组5~6人进行分组讨论，由小组形成文字稿上交。

• 情景再现

据报道，2004年12月的印尼海啸对于北京旅游业的影响极其深远。2005年年初，从各旅行社推出的东南亚替代品滞销的现状不难看出，业界对于东南亚旅游市场回暖的期待已从最初的1月底拖延至"五一"黄金周。

度假胜地遭受毁灭性打击

泰国、印尼和斯里兰卡，旅游业在这三个海啸受灾国中都属于绝对的支柱行业。经济学家普遍认为，在旅游经济规模较大的受灾国中，泰国有可能是损失最为惨重的国家，因为泰国的旅游业收入占到该国经济总量的6%左右，而在印尼和印度，这个比例只有2.1%和0.7%。

泰国政府统计，海啸给该国带来的损失已达到5.1亿美元，和普吉岛齐名的度假胜地披披岛在这次海啸中几乎全岛被毁。瑞士信贷第一波士顿认为，除一些知名度假胜地遭到破坏之外，海啸还可能对泰国旅游区的一大风景——珊瑚礁造成损坏。另外，现在遍地泥泞的海滩能否恢复原样尚属未知。摩根大通预计，受此拖累，泰国经济在今年第一季度将无法实现增长，而海啸发生前的预期增长为3%。

京城三旅行社损失180万元

在春节出境游旺季即将到来的关键时刻，海啸无情地打击了京城旅游业。据悉，合组"阳光普吉包机团"的康辉、港中旅与北京中旅，是受海啸影响最大的三家旅行社。

2004年11月份，三家社"押宝"东南亚市场，大手笔地包下了从11月26日至2005年3月25日的35班国航班机，包机成本为每班45万元。海啸前，运营的6班包机空了至少324个座位，少收一位客人的损失是2 205元，三家社为此已赔进71万元。再加上海啸后"干赔"的两班飞机，三社共同承担的直接损失已达到160余万元，"这还不算前期10多万元的广告投入"，其中一家旅行社东南亚部人士说，若不是国航暂停了接下来的出航计划，三家社还将赔进更多的"银子"。

旅行社风险控制凸显空白

经过巴厘岛恐怖袭击、"非典"等一系列重量级考验后，"多灾多难"的北京旅行社，在面临这次海啸考验时依旧难得高分。北京旅游学院一位专家表示，"靠天吃饭"的旅行社必然存在经营风险，但这些风险却是可通过一定手段加以防范的。在全行业"蒙难"的同时，减少自身的风险损失其实就等于盈利。很显然，北京旅行社尚未认识到这一点。

除缺少风险预测机制外，北京旅行社在海啸发生后的反应也让人感觉不够专业。海啸发生后，大多数旅行社都坐等受灾国地接社的反馈信息，后来也只有做包机团的三家社派飞机将游客接回北京。海啸发生后，北京几乎没有旅行社派出专人到受灾旅游城市进行实地考察。旅行社掌握的信息都来自于媒体报道和受灾国驻京旅游机构，这也使得部分旅行社在海啸发生后仍作出"普吉游两周即可恢复"的错误判断。如今，不少旅行社人士承认，北京旅行社在这次突发事件的反应上有些过于乐观。

资料来源：改编自2005年1月27日《北京日报》，作者张迪。

学习任务 ❸ 掌握旅行社风险的应对方法

【想一想，做一做】

从2010年1月1日起，旅行社责任险将实行全国统保。旅游交通事故、食物中毒等以往界定困难的责任被明确列入保障范围，每人赔偿限额从原来的9万元提高到现在的最低20万元、最高80万元。

据悉，目前国内共有人保财险、太平洋财险、平安财险、大地财险、中国人寿财险、太平财险6家保险公司获得共同承保"2010年度旅行社责任保险全国统保示范项目"的资格。责任范围则采取法定基本险加附加险的形式，为有额外风险管控需求的旅行社提供5种附加险，如紧急救援费用险、旅程延误险、旅行取消险等供旅行社选择。比如，因自然灾害、传染病、航空管制等原因，导致旅程延误的；因自然灾害、战争、公共卫生事件和政府行为等原因，导致旅行取消的，旅行社都可向保险公司索赔。

某保险公司工作人员表示，由于此险种的责任较以往大为增加，保费也会随着上涨，而责任险统保一般都由旅行社为出游者向保险公司代为购买，出游者可以选择只购买基本险，当然也可以同时购买几份附加险。

资料来源：改编自中国旅游网。

想一想

旅行社责任保险全国统保的实行将给旅行社带来什么影响？

知识储备

3.1 树立风险意识

在我国，旅行社对风险管理的重要性目前尚未引起足够重视，因此也未积极采取措施去防范各种风险。多种旅行社中没有专门的负责风险管理的组织或专门机构，人员配置上也没有吸纳风险经理、风险顾问等专业人士。同时，由旅行社自身可以控制的原因造成的接待事故、财务风险等高风险事件频发，也暴露了旅行社对风险管理的忽视态度。在旅游业比较发达的国家，旅行社管理者对这一问题则极为重视，一般设立专门机构或专人来分析、控制旅行社经营中可能出现的风险。我国的旅行社必须转变观念，树立风险意识。

3.2 建立风险管理组织

在一些旅游业比较发达的国家，部分较大的旅游批发商、经营商内部设立了专门的小型组织或类似机构来专门开展或涉及风险管理工作，如风险事故委员会等。这些机构的工作内容涉及旅行社的风险预测、预防、控制和风险事故的处理等方面。有些旅行社专门聘请了风险经理或风险顾问，还有一些国家在旅行社外部设立专门组织来处理旅游意外事故，如日本的"紧急事故委员会"。

旅游意外事件的处理需要专门知识和技巧，同时，很多问题的解决也有赖于旅行社内部各部门的共同配合。设立专门风险管理组织的优越性在于可以使该组织既具备相关知识与处理方法，又可以在第一时间迅速作出反应，并召集相关部门解决问题。而如果发生问题后层层上报，由总经理作出决策后，再指定某一部门负责解决，然后这一部门再到其他部门去协调，则往往浪费了宝贵的时间。

因此，有条件的旅行社都应该设立专门机构或人员来负责风险管理事宜，协调各部门开展工作。旅行社管理者要赋予风险管理部门在处理问题时协调各部门工作的权力，这样才能够统筹解决问题。

3.3　分散经营风险

旅行社是高风险的行业，因此必须在经营中尽量降低及分散风险。通常旅行社可以采用以下几种方法分散经营风险。

3.3.1　与供应商订立保证合同

旅行社的很多责任风险是由于旅游供应商的失误造成的。针对这种情况，旅行社可以与供应商在签订合同时专门订立保证条款，一旦发生问题，就可以对供应商的过失进行追索，以降低责任风险。

3.3.2　多元化经营

多元化经营通俗来说就是"不要将鸡蛋放到一个篮子里"。旅游业具有季节性、易波动性等特点，而通过投资于其他行业或地区，旅行社可以分散经营风险，提高抗风险能力。很多时候，在其他产业的发展也可以为旅行社带来客源，可以从一定程度上缓解市场风险。

旅行社经营的多元化主要有股权多元化、产品多元化、经营多元化和地域多元化等。股权多元化就是指将一个企业的股权分散，由多人以多种方式持有，股权多元化能够给企业带来相对稳定的风险承担能力。

3.3.3　集团化经营

集团化经营是增加企业经营稳定性、降低风险与波动的有效途径。通过集团化经营、横向一体化、纵向一体化、跨行业联营等策略，旅行社可以将经营风险化整为零，增加抗风险能力；同时，集团化使一部分旅行社的外部风险内部化，有利于旅行社对一部分财务风险、市场风险、责任风险实施控制与管理。

3.4　积极参加保险

保险公司等外部化组织可以为旅行社提供专业服务，旅行社应该充分利用这些市场化的、成熟的服务，减少意外损失。

国内的旅行社很多为降低成本不愿主动为旅游者投保，随着国家政策的引导与强制，现在大多数旅行社已开始为旅游者购买旅游意外伤害、行李损失、第三者责任等保险。各种保险有效地保证了旅游者与旅行社双方的合法权益，降低了旅行社的经营风险。

实践要点

1. 旅行社必须转变观念、树立风险意识，必须在经营中尽量降低及分散风险。

2. 有条件的旅行社都应该设立专门机构或人员来负责风险管理事宜，协调各部门开展工作。

3. 保险公司等外部化组织可以为旅行社提供专业服务，旅行社应该充分利用这些市场化的、成熟的服务，减少意外损失。

实战演练

• 主题：中国游客在K国的车祸事故

• 目的：掌握旅行社风险的应对方法

• 过程设计

1. 根据所学内容，可按每组5~6人进行分组讨论。

2. 讨论内容：如果你是中国TH旅行社的总经理，你会如何应对这一风险？在今后的业务操作中，你将如何杜绝这一事故的发生？

3. 各小组总结旅行社风险管理的具体方法，并派一名代表在课堂上进行发言。

• 情景再现

2007年9月，中国TH旅行社组织某团体一行14人赴非洲访问，该团由WF国际旅行社具体实施接待。9月30日，途经K国时，此团的旅游车与一辆卡车发生追尾，造成三名游客死亡、两名游客受伤。车祸前，因路途有些颠簸，坐在后排的一名游客与导游调换了座位，原本坐在副驾位置的导游坐到了后排（通常情况下，导游应坐在离司机最近的位置，如司机身后或者副驾的位置，便于工作及提醒司机安全驾驶等）。

事故发生后，导游向当地有关组织紧急求助，当地救援组织派出直升飞机前往事发地，将伤员送往医院抢救治疗。导游还向当地警方报警，同时将事故向我国驻K国大使馆报告。旅行社及时成立善后小组，并组织游客家属赴K国处理善后事宜。有关方面还立即启动了保险理赔程序。根据事故鉴定调查结果，旅游车与其他车辆发生追尾，属旅游车全责。

经过与承保机构的多次交涉，伤亡游客及家属获得旅行社责任险赔偿款总计164万多元，同时还获得了由旅行社赠送的个人意外伤害险每人26.5万元的赔偿款。此外，中国TH旅行社和WF国际旅行社还分别向伤亡游客赔付了10余万元。善后处理得到了伤亡游客家属的认可，善后处理圆满结束。

本项目总结

知识梳理

1. 了解旅行社风险的表现形式
① 财务风险　② 市场及竞争风险　③ 人身及财产风险　④ 责任风险
2. 熟悉旅行社风险管理的目标
① 确定风险管理目标的基本原则　② 旅行社风险管理的目标
3. 掌握旅行社风险的应对方法
① 树立风险意识　② 建立风险管理组织　③ 分散经营风险　④ 积极参加保险

主要概念

旅行社风险　风险控制

习题与技能训练

1. 填空题
① 常见的旅行社风险主要有财务风险、_____、_____和责任风险等几种表现形式。
② 一般来说，旅行社风险管理目标应符合_____、层次性和_____三个原则。
2. 名词解释
旅行社风险　风险管理组织
3. 简答题
① 旅行社在经营过程中可能面临哪些风险？
② 请举例说明旅行社应对风险的方法。
4. 案例分析题
2008年2月，EA旅行社接待香港某旅行团。按照旅游合同约定，该旅行团在北京游览4天：2月11日游览长城，2月12日游览颐和园，2月14日参观市容后乘机返回。该旅行社导游未征得该旅行团成员的同意，擅自对旅行团日程作了变更，将游览长城的日期改为2月14日。该旅行团成员曾对此变更提出质疑，导游未作任何解释。2月13日，北京下了一场大雪。2月14日清晨，旅行团到达八达岭脚下，由于积雪封路无法前行，该团只得返回。翌日，该团返港后向旅游投诉中心投诉，要求旅行社进行赔偿。
请针对以上案例进行分析，旅行社可否规避以上经营风险？如可规避，应采取何种措施？

项目 **14** 抓好旅行社的财务管理工作

■ 学习目标

■ 知识目标

1. 了解旅行社财务分析的方法和作用。

2. 熟悉旅行社资产管理、成本费用管理、利润管理和结算管理的主要内容及方法。

3. 掌握旅行社资产管理、成本费用管理、利润管理和结算管理的业务操作知识。

■ 技能目标

1. 能进行旅行社资产管理、成本费用管理和利润管理。

2. 能进行旅行社的各类结算管理。

3. 能运用财务报表分析旅行社的经营状况。

■ 案例目标

运用所学的旅行社财务管理的基本方法和业务操作知识来分析相关案例，培养和提高对旅行社财务工作的业务能力。

■ 实训目标

引导学生参加旅行社财务管理业务实践，切实体验旅行社如何通过加强财务管理在激烈的市场竞争中求得生存和发展，培养财务管理能力，为今后从事旅行社财务管理工作打下基础。

■ 教学建议

1. 共用6课时，其中理论课4课时，实践操作课2课时。

2. 本项目的内容理论性较强，建议采用讲授与案例分析、实践操作相结合的教学方式，实务训练要求学生独立完成。

学习任务 ❶ 熟悉旅行社的资产管理

【想一想，做一做】

难以讨回的欠款

20世纪80年代，随着我国的旅游市场开始全面对外开放，大量的境外旅行社开始涌入。在这些旅行社当中，不乏信誉良好、业绩卓著、送客量大的企业，但是，也有一些不良企业利用我国的旅行社经营者对境外情况不熟悉的状况，乘机进行欺诈。XR国际旅行社在C国的合作伙伴PY旅行社，就是这样一家企业。

PY旅行社是C国的一家专门经营C国游客来华旅游的中型旅行社。在与XR国际旅行社建立合作关系之初，该旅行社不仅输送了大量的游客，而且还及时汇款，俨然是一家既讲信誉又有招徕客源能力的企业。但是，时隔不久，该旅行社便开始以各种借口拖欠XR国际旅行社的旅游团费。为此，XR国际旅行社曾经专门召开部门经理联席会，研究向PY旅行社催讨欠款的问题。最后，总经理李先生决定由副总经理小刘率部门经理小王和市场部副经理小张专程前往C国催讨欠款。当小刘一行抵达该旅行社所在地时，该旅行社的总经理Petter率全体员工到机场迎接，并全程陪同小刘等三人在C国各地参观游览。Petter将小刘等人在美国的活动日程安排得十分紧凑，几乎没有谈判的时间。在旅途中，每当小刘提及欠款一事时，Petter总是笑容可掬地表示没有问题，担保待小刘回国后一定尽快将欠款全部汇给XR国际旅行社。这样，小刘等人带着Petter赠送的礼物和口头许诺离开了美国。

小刘等人回国后不久，Petter便通知XR国际旅行社，由于客源问题，决定不再继续双方的合作。但是，该旅行社始终没有将欠款偿还给XR国际旅行社。

XR国际旅行社由于对拖欠款的管理不善而遭受了严重的经济损失，其教训是惨痛的。

想一想

1. 作为旅行社的管理人员，为什么应特别注重旅行社流动资产的管理？
2. "一团一清"的旅行社结算方式有什么益处？

知识储备

1.1 流动资产的管理

旅行社的流动资产是指旅行社可以在一个营业周期（一般为一年）内将其变现

或耗用的资产。本节将重点介绍旅行社的货币资产与债权资产管理。

1.1.1　货币资产管理

旅行社的货币资产主要包括现金和银行存款。现金经常用于向旅游供应部门和企业采购各种旅游服务，支付旅行社各类劳务及其他各种费用，偿还到期的债务等；银行存款则主要用于旅行社的各种经济往来与结算、发放工资和补充旅行社的库存现金等。旅行社在货币资产管理中主要采取以下措施。

1. 确定旅行社的现金库存限制

现金管理的目的是要在现金的流动性和盈利之间作出最佳选择，以获取最大的利润。旅行社必须根据本企业日常活动的需要，确定库存现金的数量。日常开支所需的现金数量要适宜，既不能出现现金短缺，也不能造成资金闲置和浪费。

2. 严格控制现金的使用范围

旅行社不能随意扩大现金使用范围，其主要使用范围应是：支付职工工资、津贴和奖金；支付个人劳务报酬；支付各种劳保、福利费用以及按规定支付给个人的其他支出；支付差旅费；结算起点（1000元）以下的零星支出；确定需要现金支付的其他支出。

3. 严格执行现金的收支管理制度

旅行社营业收入的现金应于当天直接存入开户银行，不得坐支现金。所谓坐支是指旅行社从企业营业收入的现金中，直接支付企业交易款的行为。如因特殊情况需要坐支现金的，需报开户银行审核批准。旅行社还应建立现金收支业务的职责分离制度，将现金收付和保管与会计记账核算职能分开。

4. 加强银行存款的管理

银行存款是指旅行社存放在银行或其他金融机构的货币资金，主要分为人民币存款和外币存款。按照国家规定，旅行社应向当地银行或其他金融机构申报开立账户，以供日常经营资金结算使用。为保证银行存款与旅行社日记账所记业务及金额的一致性，旅行社财务人员应定期与银行对账。银行则应定期编制对账单，列明旅行社在一个会计期内通过银行实际收付的资金。旅行社应将日记账与对账单进行认真的核对，如发现不符，要及时查明调整。旅行社在银行户头必须有足够的资金来保证支付，且应对其银行存款加强管理，不得出租或出借银行账户，不得套用银行信用，不得签发空头支票或远期支票，同时还应按照内部牵制制度的管理原则，实行钱账、章证的分开管理。

5. 严格控制现金支出

旅行社企业应充分利用商业信用所提供的方便，减少现金的占用时间，从而达到节约现金的目的。为此，旅行社应严格控制现金支出，尽量避免在应付账款到期日之前支付现金，并设法减少某些不十分必要的开支或推迟支付的时间。与此同时，旅行社在日常现金管理过程中也应注意，诸如团队借支现金的手续必须齐全，需由导游写出借条、部门经理审核签署意见、执行经理签字批复后才能付款；地接的团队和散客无协议合同、无付款时间和结算办法的，一律不垫支现金，由接待部门自行处理等。

1.1.2 债权资产管理

旅行社的债权资产主要是指应收账款。应收账款是旅行社在业务经营中发生的应收回而未收回，或被商品赊购单位、劳务接受单位以及其他单位暂时占用的资金。旅行社在债权资产管理中主要采取以下措施。

1. 合理确定信用条件

这里所指的信用条件主要包括信用标准和信用期。第一，信用标准。信用评价标准是确定风险程度、减少坏账损失的有效手段。信用标准主要包含四个因素：首先是中间商的品质，即中间商的信誉，有无无故拖欠账款的行为；其次是偿债能力，即通过对中间商财务报表的分析，得到其偿还债务的能力；再次是资本，指中间商所拥有的资产总量和获利的可能性，表明其可能偿还债务的背景；最后是经济情况，包括社会经济环境和旅行社之间竞争的激烈程度。

第二，信用期。信用期是指旅行社允许中间商从发团到付款之间的时间。信用期的确定包含两个层次：最佳信用期和单独信用期。其中最佳信用期是指主要通过对不同信用期内旅行社获利情况的分析，从而选择能取得最大利润的信用期为其最佳信用期。同时，旅行社以前述四项信用标准为依据，按照中间商的具体经营者和信用情况，再分别加以确定。

2. 监督应收账款

一般来说，中间商拖欠应收账款的时间越长，旅行社收回该项款项的可能性越小，形成坏账的可能性就越大。因此，旅行社应实施严密的监督措施，随时掌握应收账款回收的情况。旅行社通常可以通过比较应收账款回收期和应收账款账龄分析的办法，来实施对应收账款回收情况的监督。

第一，比较应收账款的回收期。旅行社将应收账款的实际回收期同规定的回收期进行对比，找出差距，分析出问题的所在，以便采取相应的纠正措施。比较二者差距的计算公式为：

$$实际回收期同规定回收期的差距 = 实际回收期 - 规定的回收期$$

$$应收账款实际回收期 = \frac{应收账款平均余额}{平均日赊销额}$$

$$应收账款平均余额 = \frac{期初应收账款 + 期末应收账款}{2}$$

$$平均日赊销额 = \frac{本期赊销总额}{本期天数}$$

第二，分析账龄。旅行社可将所有赊销客户所欠应收账款按时间长短顺序编制成报表，分析其中拖欠时间超过规定回收期的客户的拖欠原因，确定客户的信用程度。旅行社可以根据所分析的结果采取相应的措施，以避免可能发生的坏账损失。

3. 评价应收账款的管理

第一，单户管理评价。对单户管理的评价，可以从以下两个方面入手。首先是支付的及时程度。旅行社通过观察中间商的付款记录，看其是否已超过或经常超过正常规定的期限。其次是信用限额。旅行社应注意了解中间商所欠债务是否突破了规定的最高限额。

第二，总额管理评价。总额管理评价是对旅行社应收账款管理的总体评价，主要包括对应收账款周转率和平均收账期间进行评价。

4. 组织应收账款的收回

旅行社对不同过期账款采取不同的回收方法。对于刚刚过期的旅游中间商，旅行社一般采取稍加等待的办法，不宜过多地催促，以免使中间商感到旅行社不信任他，产生厌烦情绪；对于拖欠时间稍长的中间商，旅行社可措辞婉转地写信催款；对于拖欠时间较长的中间商，旅行社应频繁地用信函催款并使用电话进行催询；对于拖欠时间很长的中间商，旅行社在催款时可措辞严厉，必要时上门催讨，甚至提请有关部门仲裁或向法院起诉。

1.2　固定资产的管理

旅行社的固定资产是指使用年限在一年以上的资产，主要包括房屋建筑、交通工具、通信设备和其他与经营有关的设备、器具、工具等。单位价值在2 000元以上的不属于主要经营设备的物品，如果使用年限在两年以上，也属固定资产。

1.2.1　固定资产计提折旧的范围

1. 计提折旧的固定资产

根据国家的有关规定，旅行社可以计提折旧的固定资产包括：房屋和建筑物，在用的机器设备、运输车辆，季节性停用、修理停用的设备，融资租入的设备，以经营租赁方式租出的固定资产等。

2. 不准计提折旧的固定资产

旅行社不可以计提折旧的固定资产包括：房屋、建筑物以外的未使用、不需用的机器设备，以经营租赁方式租入的固定资产，已提足折旧仍继续使用的固定资产和未计提折旧提前报废的固定资产，国家规定不计提折旧的其他固定资产（如土地）等。

1.2.2　固定资产计提折旧的方法

固定资产折旧是对固定资产由于磨损和损耗而转移到产品或服务成本费用中的那一部分价值的补偿。旅行社的固定资产折旧基本采用年限平均法、工作量法等对不同的固定资产进行计提折旧。

1. 平均年限法

平均年限法又称为直线法，是我国目前最常用的计提折旧方法。旅行社采用平均年限法计提固定资产的折旧时，需先以固定资产的原始成本扣除净残值，然后再按照固定资产的预计使用年限进行平均分摊计算每年或每月的折旧额和折旧率。也就是在计算过程中将固定资产的折旧额均衡地分摊在各期的一种方式，其各期计提的折旧额都是相同的。这是一种较为简易的折旧计提方法，通常用于房屋等建筑物和贵重办公设备的折旧计提。

平均年限法的计算公式如下：

$$年折旧率=\frac{1-预计净残值率}{固定资产的预计使用年限}×100\%$$

$$年折旧额=固定资产原始价值×年折旧率$$

$$月折旧率=\frac{年折旧率}{12}$$

$$月折旧额=固定资产原始价值×月折旧率$$

在上述公式中，固定资产净残值率一般按照固定资产原值的3%~5%确定；折旧年限，营业用房为20~40年，非营业用房为35~45年，简易房为5~10年，建筑物为10~25年，大型客车（33座以上）为30万公里或5~10年，中型客车（32座以下）为30万公里或7~8年，小轿车为20万公里或5~7年，行李车为30万公里或7~8年，货车为50万公里或12年，摩托车为15万公里或5年。

2. 工作量法

有些固定资产（旅游大巴）在不同的经营期间使用的程度不均衡，发生的磨损程度也相差较大，难以用平均年限法确定其每年的折旧额。对于这类资产，旅行社可以采用工作量法来计提折旧。工作量法是一种以固定资产的具体使用时间或使用量为自变量，且与年限无绝对直接依存关系的折旧方法。这种折旧计提方法适用于汽车等固定资产。

工作量法的计算公式为：

$$单位工作量折旧额=\frac{原值×（1-净残值率）}{预计使用年限内可以完成的工作量}$$

工作量法是根据实际工作量计提折旧额的一种方法，计算方法为先计算每单位工作量的折旧额，再根据每单位工作量的折旧额计算某项固定资产的月折旧额。

1.2.3 固定资产的处理

1. 提取修理费用

旅行社发生的固定资产修理费用，计入当期成本费用。对数额较大、发生不均衡的修理费用，可以分期摊入成本费用，也可以根据修理计划分期从成本中预提。若旅行社发生的固定资产修理费金额小，可直接计入当期的成本费用；若金额较大，可以采取先发生、后分摊的方法计入成本费用，或先分期从成本中预提，待修理时用预提金额支付。

2. 处理盘亏、盘盈及报废的固定资产

第一，盘亏及毁损固定资产的处理。旅行社在处理盘亏或毁损的固定资产时，应按该项资产的原价扣除累计折旧、过失人及保险公司赔款后的差额，计入营业外支出。

第二，盘盈固定资产的处理。旅行社应按固定资产的原价减去估计折旧后的差额，计入营业收入。

第三，出售或清理报废固定资产的处理。旅行社应将该项资产的变价净收入（变价收入、残料价值减清理费用后的净额）与其净值（原价减累计折旧）的差额，计入营业外收入或营业外支出。

总之，旅行社针对固定资产在日常管理中还应做到：建立使用保管责任制；对固定资产的使用、保管、出售和清理进行经常性的核算和检查；保证固定资产的完整无缺；合理安排固定资产修理以及科学进行固定资产更新等。

实践要点

1. 旅行社的固定资产是指使用年限在一年以上的资产，主要包括房屋建筑、交通工具、通信设备和其他与经营有关的设备、器具、工具等。

2. 旅行社固定资产的日常管理包括建立使用保管责任制；对固定资产的使用、保管、出售和清理进行经常性的核算和检查；保证固定资产的完整无缺；合理安排固定资产修理以及科学进行固定资产更新等。

3. 旅游企业的固定资产归口分级管理是指在企业主管领导下，由各职能部门分工负责固定资产的管理工作，并按各类固定资产的使用地点分别交由各所属单位负责管理。要根据谁用、谁管、谁负责维护保养的原则，把固定资产管理责任落实到人，使企业所有固定资产的管理落到实处。

实战演练

• 主题：固定资产归口分级管理的效应

• 目的：熟悉旅行社固定资产的管理方法

• 过程设计

1. 结合教学内容，分析资料，讨论案例。

2. 讨论内容：该饭店是如何对固定资产进行归口管理的？如何将其经验推广到旅行社？

3. 可按每组5~6人进行分组讨论，各组讨论后，推选一名代表上台演讲。

• 情景再现

某旅游饭店共有大小蒸柜22台，原为燃油式一次加热蒸柜。20世纪90年代初，为了加快蒸制品出品速度，该旅游饭店对设备进行了全部改造，但改造后由于各种原因导致的能源利用率只有30%左右，这显然是一种浪费。

后来，该企业将工程部由单纯的"成本中心"转变为"利润中心"。对固定资产进行归口分级管理，由工程部负责。通过不断努力，工程部根据需要提出许多合理化的技术改造建议，不仅大幅度降低了能源成本这个企业运营中的第二大成本，而且减少了对环境的破坏，为企业创造利润作出了极大的贡献。

1998年以来，工程部组织技术骨干对酒店的变压器负载并联运行节电方案进行深入探讨，最后由工程部人员自己动手，采用一系列技改措施，花费不多的资金就实现了预期目标。此后，工程部人员又进一步完成了对酒店变压器电容补偿柜以及几千只日光灯老式镇流器更换成电子节能镇流器的节电改造，仅一个冬季，就为酒店节约了几十万元的开支费用，每天节电可达到4 000度以上。

学习任务 ❷ 熟悉旅行社成本费用的管理

【想一想，做一做】

控制成本是企业管理的头等大事

某市一酒店每天虽顾客盈门，但经营业绩却总也上不去，去年竟然在上座率大好的情况下出现了亏损，于是该酒店不得不从外部聘请职业经理。新经理一上任就提出新理念：在餐饮业竞争日趋激烈的今天，开源节流、降低营业费用、提高资金效率、控制成本应作为管理者的头等大事。管理者应在了解企业的成本费用特点的基础上本着开源节流、查堵漏洞的态度，有效地控制开支。于是企业推出了一系列措施：首先，酒店的管理者严格执行预算制度，减少一些不必要的费用开支。酒店所有的开支必须事先提出预算，不得随意添置和选购，如要临时追加费用开支，则必须控制在一定范围内，不得超出预算太多。酒店还严格落实各种责任制，责任落实到人，做到分工明确；建立完善的激励机制，个人奖励与工作绩效挂钩。其次，在财务上建立严格的核算制度，定期分析费用开支情况，如计划与实际相比、与同行的对比、费用结构的分析等，以便及时掌握费用的开支情况，及时发现存在的问题，提出降低费用支出的途径。另外，为了控制餐饮成本，企业在餐饮细节上大做文章，把好采购、库房、厨房、吧台等环节，防止其中出现漏洞。如采购环节，酒店在日常采购进货中采用货比三家、多家选择的方式，节约采购成本。食品成本管理和控制，关系到企业的预期利润，从采购、验收、入库到领料、材料控制、备餐烹煮和剩余材料充分利用的每一个细节入手创造性地节约成本。经过一段时间的努力，企业很快改变了长期亏损的局面，并实现了增长利润的目标。

想一想

1. 酒店的成本费用控制对旅行社的成本费用控制有何值得借鉴的经验？
2. 作为一家旅行社的管理人员，你会提供什么方案对旅行社的成本费用进行控制？

知识储备

为赚取营业收入，旅行社在经营过程中必然要耗费一定量的物资材料（包括货币），这些可以以货币额表现的生产经营耗费就是成本费用。成本费用的发生直接关系到旅行社的经营利润。旅行社成本费用管理的目的在于对旅行社的各项成本费用进行分析，按照管理目标对各个环节进行严格的管理与控制，尽量减少成本费用支出，以增加企业利润。

2.1 旅行社的成本费用

旅行社的成本费用主要由营业成本、营业费用、管理费用、财务费用构成。

2.1.1 旅行社的营业成本

旅行社的营业成本是指为组织接待旅游者而发生的直接费用，包括已计入营业收入总额的房费、交通费、文娱费、行李托运费、票务费、门票费、专业活动费、签证费、陪同费、劳务费、宣传费、保险费和机场税等代收费用。

2.1.2 旅行社的营业费用

旅行社的营业费用是指旅行社各营业部门在经营中发生的各项费用，包括广告宣传费、展览费、邮电费、差旅费、保险费、燃料费、水电费、运输费、装卸费、清洁卫生费、低值易耗品摊销、物料消耗、经营人员的工资（含奖金、津贴和补贴）、职工福利费、服装费和其他营业费用。

2.1.3 旅行社的管理费用

旅行社的管理费用是指旅行社组织的管理经营活动发生的费用以及由企业统一负担的费用。其主要包括企业管理部门的工资、工会经费、职工教育经费、劳动保险费、待业保险费、劳动保护费、董事会费、外事费、租赁费、咨询费、审计费、诉讼费、税金、燃料费、水电费、折旧费、修理费、无形资产摊销、低值易耗品摊销、交际应酬费、坏账损失、上级管理费和其他管理费等。

2.1.4　旅行社的财务费用

旅行社的财务费用是指旅行社在经营期间由于筹集和使用资金而发生的各种费用，包括旅行社在经营期间发生的利息净支出（利息支出扣减利息收入后的净额）、汇兑净损失、金融机构手续费以及为筹资而发生的其他费用等。

2.2　旅行社成本费用的分析

2.2.1　单团成本分析

单团成本分析的前提是实行单团成本核算。为了达到控制成本，提高旅行社经济效益的目的，旅行社进行单团成本分析时应采取以下几个步骤。

第一，在综合分析市场状况和旅行社自身经营状况的基础上编制成本计划，制订出一套分等级的计划成本，并以此作为衡量旅行社经济效益的标准。

第二，将单团的实际成本与计划成本进行对比，找出差异。对于差异较大的旅游团要逐项进行分析，找出导致成本上升或下降的原因并加以改进。

第三，加强信息反馈，把在成本分析中发现的差异及其原因及时送到有关领导和部门，以便加强对成本的控制。

2.2.2　部门批量成本分析

接待业务量较大的旅行社实行部门批量成本分析和核算，将不同部门接待的旅游团作为成本核算的对象，进行成本的归集和分配，核算出各个部门接待一定批量旅游者的成本水平和经济效益。旅行社在进行部门批量成本分析和核算时应采取以下几个步骤。

第一，编制各部门接待一定批量旅游者的计划成本及计划成本降低额（率），并核算出实际成本及实际降低额（率）。

第二，按照部门接待旅游者数量变动、产品结构变动和成本变动三方面进行因素替代分析，找出各因素的影响强度。

第三，将信息反馈给有关部门，采取措施，扭转不利因素影响。

2.3　旅行社成本费用的核算

2.3.1　单团核算

单团核算是指旅行社按接待的每一个旅游团（者）为核算对象进行经营盈亏的核算。单团核算有利于考核每个旅游团产生的经济效益，有利于各项费用的清算和考核，有利于降低成本；但缺点是单团核算的工作量较大。单团核算一般适用于业务量较小的旅行社。

2.3.2　部门批量核算

部门批量核算是指以旅行社的业务部门为核算单位，以业务部门在规定期限内接待的旅游团的批量为核算对象，进行经营盈亏的核算。按部门批量核算虽不像单团核算那样详细，但它能从不同的侧面反映出旅行社经营的盈亏状况，为旅行社开拓市场、改善经营管理提供依据。这种核算方法适用于业务量较大的旅行社，有利于考核各业务部门完成经济任务指标的情况。

2.3.3　等级核算

等级核算是按照接待的旅游团（者）的不同等级为核算对象进行经营盈亏的核算，如豪华等、标准等和经济等。等级核算可提供不同等级旅游团的盈亏状况。

从我国旅行社成本费用管理的实际情况来看，三种核算方式都是在旅游团结束后，根据旅游团的实际支出进行的成本费用核算。其共同的缺点是，虽然都能核算出旅游团的盈亏结果，但是对旅游团的成本费用开支都无法做到事先有效的预测、事中严格的控制和事后分析监督。

2.4　旅行社成本费用的控制

2.4.1　制定成本费用标准

旅行社制定成本费用标准的方法主要有分解法、定额法和预算法。

1. 分解法

分解法是指将目标成本费用和成本费用降低目标按成本费用项目进行分解，明确各成本费用项目应达到的目标和降低的幅度。在此基础上，将各成本费用项目的分解指标按部门进行归口分解；然后，各部门再把成本费用指标落实到各个岗位或个人，再由各个岗位或个人分别制定各项费用支出的目标和措施，并对分解指标进行修订。各项修订后的指标要以实现目标成本费用为标准进行综合平衡，经过综合平衡以后，即可形成各项成本费用开支的标准。

2. 定额法

定额法是指旅行社首先确定各种经营成本或费用的合理定额，并以此为依据制定成本费用标准。凡是能够直接确定定额的成本或费用，都应制定标准成本费用；不能直接确定定额的成本费用，也要比照本行业平均水平确定成本费用开支标准限额，用以控制成本费用开支。

3. 预算法

预算法是指把经营成本和各项费用划分为同销售收入成比例增加的变动成本费用，不成比例增加的半固定成本费用或半变动成本费用，以及与销售收入增减无关的固定成本费用，按照业务量来分别制定预算，作为成本费用控制标准。业务量不同，其成本费用预算也不一样。因此，旅行社可以针对不同的业务量制定弹性预算。

2.4.2　日常控制

1. 建立成本费用控制信息系统

旅行社应该通过建立成本费用控制信息系统来对经营活动过程中产生的成本费用进行控制。成本控制信息系统主要包括三个部分：一是成本费用指标、标准和定额等输入系统；二是核算、控制和反馈系统；三是分析预测系统。三个系统构成一个整体，发挥提供、传递与反馈成本信息的作用，是旅行社实施成本费用控制的有效手段。

2. 实行责任成本费用制

为了加强成本控制，旅行社应实行责任成本制度，把负有成本费用责任的部门作为成本费用责任中心，使其对可控成本费用负完全责任。通过责任成本费用制度，旅行社可以将经济责任落实到内部的各个部门，推动各部门控制其所负责的成本费用。

3. 进行重点控制

旅行社管理者应在日常成本费用控制中对占成本比重较大的部门或岗位、成本降低目标较大的部门或岗位和目标成本实现较难的部门或岗位进行重点控制，按照标准对这些部门或岗位的成本费用进行检查和监督，以降低成本费用，提高经营利润。

4. 检查与考核

旅行社管理者应定期对各部门成本费用控制情况及整个旅行社的成本费用控制情况进行检查和考核。在检查与考核过程中，旅行社管理者应着重做好以下几项工作：一是检查成本计划的完成情况，查找和分析产生成本差异的原因；二是评价各部门和个人在完成成本计划过程中的成绩和不足，给予应有的奖励和惩罚；三是总结和推广先进经验，找出缺点，提出办法，为进一步降低经营成本提供依据；四是为修订标准提供可靠的参数，将成本控制的科学方法标准化。

实践要点

1. 旅行社的成本费用主要由营业成本、营业费用、管理费用、财务费用构成。

2. 旅行社成本费用的分析包括单团成本分析和部门批量成本分析两种。旅行社成本费用的核算方法有单团核算、部门批量核算和等级核算三种。

3. 旅行社成本费用的控制分为制定成本费用标准（包括分解法、定额法以及预算法）和日常控制（包括建立成本费用控制信息系统、实行责任成本费用制、进行重点控制以及检查与考核）两种。

实战演练

- 主题：国企经营成本管理的范例——邯钢经验
- 目的：掌握成本费用控制的方法
- 过程设计

1. 结合教学内容，分析资料，讨论案例。

2. 讨论内容：结合邯钢经验，旅行社应如何加强自身的成本控制？

3. 可按每组5~6人进行分组讨论，各组讨论后，推选一名代表上台演讲。

- 情景再现

1. 成本否决

自1991年开始，邯钢一直推行以"模拟市场核算，实行成本否决"为核心的经营机制，其基本模式是：市场—倒推—否决—全员，即：

（1）以市场价格确定生产的目标成本和目标利润；

（2）以产品在市场上被承认能接受的价格开始，由最后一道工序逐步向前推，直到原材料采购为止的每道工序都必须逐项对其组成成本的各项指标进行剖析，发现潜在效益，确定成本定额；

（3）任何人完不成成本指标，其他工作做得再好，也要取消其全部奖金；

（4）从厂长到每一个员工都必须分担成本费用指标，全员参与成本控制。

在这种管理体制下，邯钢取得了明显效益，国有资产1995年比1990年增值7.7倍，资金利润率由0.11%提高到16.22%，销售利润率由0.1%提高到15.7%。

2. 邯钢经验

邯钢推行的以"模拟市场核算，实行成本否决"为核心的经营机制的本质在于：

（1）企业真正把提高经济效益放到首位；

（2）按市场导向确定企业内部的生产资源配置；

（3）通过成本指标的层层分解与落实，让全体成员对企业效益直接负责。

邯钢经验的具体内容涉及多方面，如全员管理、定额管理和责权利挂钩等，既吸收了传统的标准成本管理，又吸收了新的行为科学原理。邯钢经验有明显的中国特色和现实意义，具有推广价值，旅行社在加强成本控制方面也应学习邯钢经验。

资料来源：改编自网址www.hgit.com.cn。

学习任务❸ 熟悉旅行社营业收入与利润的管理

【想一想，做一做】

计算营业税

XR国际旅行社的财务部经理刘经理刚刚退休，李总经理聘请小王接替刘经理的岗位。小王曾经长期在某工厂担任财务部经理，拥有丰富的财务工作经验。然而，自从小王担任财务部经理以来，尽管XR国际旅行社的业务量一直在提高，营业收入也较以前有了一定的增长，但是该旅行社却总是摆脱不了亏损的阴影。李总经理无奈，只好返聘已经退休的刘经理担任该旅行社的财务顾问，帮助查明问题所在。经过分析，刘经理指出，XR国际旅行社的亏损是由于小王不了解旅行社会计业务的特点，错误地使用工业会计的方法计算旅行社的营业税，导致营业税额过高，从而造成亏损。

旅行社业是一个特殊行业，根据《旅游、饮食服务企业会计制度》规定，旅行社代收代付的营业收入无须缴纳营业税。换言之，旅行社应在扣除构成旅行社营业成本绝大部分的代收代付成分之后，再计算和缴纳营业税。因此，XR国际旅行社因大量超额缴纳营业税，导致亏损。

想一想

1. 旅行社的营业收入和利润是如何构成的？

2. 作为一家旅行社的管理人员，你会提供什么方案对旅行社的营业收入和利润进行管理？

 **知识储备**

旅行社的营业收入是指旅行社在经营活动中的一定期间内，由于向旅游者提供服务而获得的全部收入。它是考核旅行社规模与经营业绩的重要指标，是旅行社利润的主要来源，也是旅行社进行财务管理的重点内容。

3.1 旅行社营业收入的管理

3.1.1 旅行社营业收入的构成

1. 综合服务费收入

旅行社综合服务费收入主要指旅行社为旅游团（者）提供综合服务所收取的综合服务收入，包括导游费、餐饮费、市内交通费、全程陪同费、组团费和接团手续费。

2. 房费收入

房费收入主要指旅行社为旅游者代订饭店的住房后，按照旅游者实际住房等级和过夜天数收取的住宿费用。

3. 城市间交通费收入

城市间交通费收入主要指旅游者为旅游期间在旅游客源地与旅游目的地之间及在旅游目的地的各城市或地区之间乘坐各种交通工具所付出的费用而形成的旅行社收入。

4. 专项附加费收入

专项附加费收入主要指旅行社向旅游者收取的汽车公里费、风味餐费、游江（湖）费、特殊游览门票费、文娱费、专业活动费、保险费、不可预见费等项收入。

5. 单项服务收入

单项服务收入主要指旅行社接待零散旅游者和委托代办事项所取得的服务收入，代理代售国际联运客票和国内客票的手续费收入以及代办签证收费等收入。

3.1.2 旅行社营业收入的管理

旅行社对营业收入的核算应按照营业收入总额和营业收入净额进行。其中,营业收入净额又叫旅行社旅游业务费收入,它是指从营业收入总额中扣除拨付旅游者的房费、餐费、交通费以及地陪费和手续费后的部分。旅行社在对营业收入进行核算时,应根据其营业收入的特点来加强管理,准确确认收入时间和营业金额。旅行社营业收入的管理应遵循以下三个原则。

1. 确认营业收入的原则

按照国家的有关规定,旅行社在确认营业收入时应实行权责发生制。根据权责发生制,旅行社在符合以下两种条件时,可确认其获得了营业收入。第一,旅行社已经向旅游者提供了合同上所规定的服务。第二,旅行社已经从旅游者或者组团旅行社处收到价款或取得了收取价款权利的证据。

2. 界定收入实现时间的原则

界定营业收入,因实现时间的原则不同,业务略有差别。

第一,入境旅游。即旅行社组织境外旅游者到境内旅游,它以旅游者离境或离开本地时间作为确认其营业收入实现的时间。

第二,国内旅游。即旅行社组织国内旅游者在国内旅游,接团旅行社应以旅游者离开本地时,组团旅行社应以旅游者旅行结束返回原出发地时,作为确认其营业收入实现的时间。

第三,出境旅游。即旅行社组织中国公民到境外旅游,它以旅游者旅行结束返回原出发地的时间作为确认其营业收入实现的时间。

3. 加强对营业收入的结算管理,缩短收款时间

由于旅行社营业收入中有一部分是应收账款,而应收账款的发生将会使旅行社的资金被占用,同时存在潜在的坏账风险和管理成本。因此,旅行社应采用适当的结算方式,减少应收账款,加速应收账款的回收;减少旅行社的资金占用,加速资金周转;减少风险,避免坏账损失,从而提高旅行社的资金收益率。因而,旅行社在日常经营活动中,可以考虑采用预收包价旅游费、预收定金、直接现金收款等方式来加强管理。

3.2 旅行社利润的管理

旅行社的利润是在一定时期内旅行社的最终财务成果,是反映企业经营成果的最重要指标。旅行社的利润总额由营业利润、投资净收益和营业外收支净额等构成,是一定期间内营业收入扣除成本、税金及其他支出后的余额。旅行社实现的利润越多,其经济效益越好。因此,对利润的管理是旅行社财务管理中十分重要的一项内容。

3.2.1 旅行社利润的构成

1. 营业利润

营业利润主要指营业收入扣除营业成本、营业费用、营业税金、管理费用和财务费用后的净额。

2.投资净收益

投资净收益主要指投资收益扣除投资损失后的数额。投资收益包括对外投资分得的利润、取得的股利、债券利息、投资到期收回或中途转让取得的款项高于投出资产账面净值的差额。投资损失是指投资不当而产生的投资亏损额或投资到期收回或中途转让取得的款项低于投出资产账面净值的差额。

3.营业外收支净额

营业外收支净额主要指营业收入减掉营业外支出的差额。营业外收入包括固定资产盘盈和变卖的净收益、罚款净收入、确定无法支付而按规定程序批准后转做营业外收入的应付账款、礼品折旧及其他收入等。营业外支出包括固定资产盘亏和毁损、报废的净损失、非常损失、技工学校经费、赔偿金、违约金、罚息和公益性捐赠等。

3.2.2 旅行社利润的管理

旅行社对利润的管理主要表现在以下几个方面。

1.确定目标利润

旅行社利润管理的主要内容是规划目标利润,即确定旅行社一定时期内要实现的利润目标。其计算公式如下:

目标利润=预计营业收入–目标营业成本–预计营业税金–预计期间费用

每个经营期初期,旅行社应在参考历史利润、本期的可预见经营状况和存在问题的基础之上,制定目标利润,并通过层层落实,将目标利润分解到各部门、各单位,确定旅行社各部门努力的方向和目标,以作为期末对各部门业绩考核的标准。

2.努力降低成本

在销售量一定情况下,旅行社要实现目标利润,关键在于降低成本。在实际工作中,旅行社应采取开拓市场与降低成本双管齐下的办法,严格控制成本开支范围和标准。

3.正确分配利润

旅行社取得的利润,应当按照国家规定和企业有关权力机构的决议进行利润分配。鉴于旅行社主要分为股份制和非股份制两种类型,按照我国《公司法》的有关规定,旅行社的利润分配应按下列顺序进行。

第一,股份制旅行社。股份制旅行社在依法向国家缴纳所得税后,应首先提取公益金,然后按下列顺序分配所剩余的利润:支付优先股股利;按公司章程或股东会议提取任意盈余公积金;支付普通股股利。第二,非股份制旅行社。非股份制旅行社在依法向国家缴纳所得税后,应按照下列顺序分配税后利润:支付被没收的财务损失和各项税收的滞纳金、罚款;弥补旅行社以前年度亏损(根据国家有关规定,旅行社发生亏损,可用下一年度的利润弥补5年未弥补的亏损,可用缴纳所得税后的利润弥补);提取法定盈余公积金;提取公益金;向投资者分配利润(旅行社以前年度未分配的利润，可以并入本年度利润一并分配）。

根据国家有关规定，旅行社提取的法定盈余公积金应为税后利润的10%；法定盈余公积金已达到旅行社注册资金的50%后可不再提取。旅行社提取的盈余公积金用于弥补亏损或按规定转增资本金。旅行社提取的公益金主要用于职工集体盈利设施支出。

实践要点

1. 旅行社营业收入的构成主要包括：综合服务费收入、房费收入、城市间交通费收入、专项附加费收入、单项服务收入等。

2. 旅行社的利润是在一定时期内旅行社的最终财务成果，是反映企业经营成果的最重要指标。

3. 旅行社的利润总额由营业利润、投资净收益、营业外收支净额等构成，是一定期间内营业收入扣除成本、税金及其他支出后的余额。

4. 旅行社对利润的管理主要包括确定目标利润、努力降低成本和正确分配利润。

实战演练

- 主题：企业应纳所得税额的计算
- 目的：掌握旅行社营业收入与利润的管理内容与方法
- 过程设计

1. 结合教学内容，分析资料，进行讨论。

2. 讨论内容：小王的计算正确吗？你认为小张的提议合理吗？

3. 教师进行点评。

- 情景再现

小王是某旅行社财务部的新员工，他上岗后的第一件任务就是计算出2009年度企业的应纳所得税额。小王找到企业2009年度的财务报表的相关资料：2009年度取得营业收入1 100万元，营业成本为460万元，营业税金及附加为30万元，管理费用为250万元，销售费用为50万元，财务费用为110万元，投资收益为40万元，营业外收入为2万元，营业外支出为70万元，企业的利润总额是190万元，企业的所得税率为25%。于是经小王计算，得出企业的应纳所得税额是190万×25%=47.5万元，但企业的财务部经理小张却认为小王计算有误，并提出下列补充意见，让他多考虑一下以便得出正确结论。

1. 本年度企业取得国库券的利息收入为2万元，计入投资收益。

2. 年度企业缴纳各种税金的滞纳金为6 000元，企业将其计入营业外支出。

3. 企业为提高自身形象向所在地区的一所高校赞助50万元，计入营业外支出。

学习任务 ❹ 熟悉旅行社的结算管理

【想一想，做一做】

企业经营中应时时关注风险

某旅游公司与J国商人成交出口一批货物，货款计1.2万美元。成交条件系预付货款，运输条件是空运。当时该商人开给该公司以J国某银行为付款人的美元支票一张。

2008年2月16日，该旅游公司将支票委托国内T银行（托收行）向外收款，采用立即托收方式，委托K银行（代收行）托收。根据这种托收方式，支票托收之款可先收账，如果票款遭付款人退票拒付，代收行可主动将垫付的票款从委托人的账户划回。

3月2日，我国国内T银行接K银行收账报单，即给旅游公司结汇，但此系K银行（代收行）垫款，并非真正收妥了票款。公司却认为货款已收妥，便将货物用空运发出。

4月27日，K银行将托收的支票退回，并主动从托收行账户划回其垫付的票款。原因是支票的付款行拒付票款，拒付理由是该张支票不仅不合法，而且还是伪造的。托收行只能将支票退还给该旅游公司，并从该公司账内将票款冲回。由于货系空运，国外不法商人已提货潜逃，公司白白损失了1.2万美元的货款和航空运费。

想一想

1. 造成该旅游公司货物被骗的原因有哪些？
2. 从案例中应该吸取的教训有哪些？

知识储备

结算业务按照地区的不同，可以分为国内结算业务和国际结算业务。

4.1 旅行社的国内结算业务

目前旅行社的国内结算一般通过银行转账结算方式，常用的有现金、汇兑、支票、汇票、本票和信用卡等。现金结算即人民币现金结算，主要适用于散客，比较简单，在这里介绍一下其他几种类型。

4.1.1　汇兑

汇兑，即付款方通过银行使用各种结算工具将款项汇交到收款方的结算方式。汇付按所使用的结算工具的不同，可分为电汇、信汇和票汇。

电汇主要是汇出行应汇款人的申请发电传给另一国家的分行或代理行（汇入行），指示其解付一定金额给收款人的一种汇款方式；信汇是汇出行应汇款人的申请将信汇委托书寄入汇入行，授权其解付一定金额给收款人的一种汇款方式；票汇是汇出行应汇款人的申请，代汇款人开立以分行或代理行为解付行的银行即期汇票，使解付行支付一定金额给收款人的一种汇款方式。

这三种方式各有利弊：电汇的速度比较快，但是相对的办理费用也比较高，适合突发状况或资金数额较大的时候；信汇的费用低廉，但是速度相对较慢，而且手续有些烦琐；票汇可以转让流通，但是必须由收款人持票登门取款。

4.1.2　支票

支票是由出票人签发、委托办理支票存款业务的银行在见票时无条件支付确定的金额给收款人或持票人的票据。支票分现金支票和转账支票，现金支票可支取现金或用于转账，转账支票只能转账。单位和个人在同城或票据交换地区的款项结算均可以使用支票，无起点金额的限制。其有效期为10天，从签发之日起计算，到期日为节假日时依次顺延。支票可以背书转让，可以挂失。

4.1.3　银行汇票

银行汇票是国内银行签发的，由其在见票时按照实际结算金额无条件支付给收款人或者持票人的票据。银行汇票的出票行为银行汇票的付款人。单位和个人的各种款项结算均可使用银行汇票，无起点金额限制，无地域的限制。银行汇票可以用于转账，填写"现金"字样的银行汇票也可以用于支取现金。银行汇票的有效期为1个月。

4.1.4　银行本票

银行本票是银行签发的，承诺自己在见票时无条件支付确定的金额给收款人或者持票人的票据。单位和个人在同一票据交换区需要支取各种款项，均可以使用银行本票。银行本票分定额本票和不定额本票。定额本票的面值分别为1 000元、5 000元、10 000元和50 000元。本票一律记名，见票即付，但付款期限不得超过2个月。

4.1.5　信用卡

信用卡是商业银行向个人和单位发行的凭以向特约单位购物、消费和向银行存取现金，且具有消费信用的特别载体卡片。信用卡按使用对象分为单位卡和个人卡，按信用等级分为金卡和普通卡。单位或个人刷卡消费，由银行代收或代付。

4.2　旅行社的国际结算业务

国际结算是指国际间由于贸易和非贸易往来而发生的货币收付及债权、债务的清偿。在国际间收付款项直接通过运送货币进行结算的称为现金结算。不直接运送现金而利用票据等结算工具（如汇票、支票和本票等）核销债务的称为非现金结算或称为转账结算。旅行社之间的国际结算属于非贸易结算，目前我国旅行社普遍采用汇兑结算的方式。国际汇兑方式主要有汇付、托收和信用证三种，下面分别加以介绍。

4.2.1　汇付

汇付（remittance）是付款方通过银行，使用各种结算工具，将款项汇交收款方的结算方式。汇付按所使用的结算工具的不同分为电汇、信汇和票汇。

电汇（telegraphic transfer，T/T）是汇出行应付款人的申请，拍发加押电报或电传给另一国家的分行或代理行（即汇入行），授权其解付一定金额给收款人的一种结算方式。

信汇（mail transfer，M/T）业务与电汇业务大致相同，不同之处在于，汇出行不是以电报或电传，而是以信汇委托书为结算工具，以航邮方式寄给汇入行，授权其解付一定金额给收款人的一种结算方式。

票汇（demand draft，D/D）是汇出行应汇款人的申请，由汇出行开具以汇入行为付款人的银行即期汇票，交由汇款人自行邮寄给收款人（或随身携带出国），收款人凭汇票向汇入行取款的一种结算方式。

4.2.2　托收

托收（collection）是收款人（委托人）向国外付款人收取销货款和劳务款，开具以收款人为抬头人的汇票，委托银行凭以向付款人代收款项的结算方式。

托收结算方式分为光票托收和跟单托收，两者的区别在于托收凭单中是否带有货运单据（如发票、海运提单和保险单等）。旅游企业发生的商品购销业务较少，一般多采用光票托收。这种方式通常用于劳务价款的尾数、佣金、代垫费用等其他贸易从属费用的结算。

光票托收的结算程序是：收款人开出即期汇票或远期汇票一起交托收行，由托收行制作光票托收委托书，随汇票寄交代收行；代收行在收到汇票后，如是即期汇票，应立即向付款人提示要求付款，付款人如无拒付理由应立即付款赎票；如是远期汇票，应立即向付款人提示要求其承兑，待汇票到期时，代收行再作提示要求付款，付款人如无拒付理由应立即付款。

4.2.3　信用证

在托收方式下，委托人的收款有无保障是依赖于付款人的信用，如付款人拒付或无力支付款项，则委托人面临资金损失的风险。为平衡双方的资金负担，产生了另一种结算方式——信用证（letter of credit，L/C）。

信用证是银行有条件的付款承诺，是开证行（付款人所在地银行）应开证申请人（付款人）的要求，向受益人（收款人）开立一定金额，在一定期限内按收益人（或议付行）提交的单据支付货款的书面承诺。在信用证方式下，收款人只要提交符合信用证规定的单据，按信用证要求办理发货、运输等事宜，就可安全收款；对付款人来说，开证时，只要支付小额的开证手续费，无须支付全部货款，就能获得开证行的保障，安全收货，减少资金占用。

旅行信用证是大银行签发的专供旅游者出国旅行支付途中旅费，由旅游者随身携带，在一定金额和有效期内，可到指定银行取款的一种信用证。它也是旅游业中普遍使用的一种信用证。

实践要点

1. 目前旅行社的国内结算一般通过银行转账结算方式，常用的有现金、汇兑、支票、汇票、本票和信用卡等。

2. 目前国内旅行社普遍采用汇兑结算的方式。

实战演练

- 主题：旅行社的结算票据
- 目的：掌握旅行社的结算管理办法
- 过程设计

1. 结合教学内容，教师准备好支票、本票、汇票等银行结算票据。

2. 让学生观看一段支票、汇兑等业务办理过程的录像，并请学生模拟。

学习任务 ❺ 熟悉旅行社的财务分析

【想一想，做一做】

增长能力休现企业的增长活力

丽江玉龙旅游股份有限公司成立于2001年10月18日，是由原丽江玉龙雪山旅游索道有限公司整体变更设立的。为了建立旅游实业经营与旅游文化相结合的综合性旅游企业集团，构筑起精品旅游产品开发、至善至美服务体系的配置、体现特色经济发展的战略宗旨，公司于2004年8月在深圳证券交易所中小企业板块成功上市。上市以来，公司运作情况良好，公司治理结构进一步完善，公司股票在资本市场的表现良好（见下表）。

2005年末期营业收入情况

	营业收入	同比增长	营业成本	同比增长	毛利率	同比增长
按行业旅游服务	10 465.57 万元	2.98%	1633.47 万元	10.42%	84.39%	-1.05%
按产品索道运输	10 066.05 万元	3.37%	1309.27 万元	8.63%	86.29%	-0.63%

通过表格我们不难发现，该公司克服了2005年第一季度玉龙雪山雪崩造成的大索道停运对公司业绩的不利影响，强化索道安全运营，加强成本控制，使公司年初各项工作目标得以实现，2005年实现营业收入（旅游服务）10 465.57万元，比2004年增长了2.98%；并且就索道运输一项来讲，其营业收入就达到10 066.05万元，比2004年增长了3.37%。尽管公司主营成本同比都有所增加，但其毛利率按行业和按产品核算都达到80%以上，说明企业总体经营状况良好。

资料来源：改编自网址www.yulongtour.com。

想一想

上面有哪些指标可以用来对旅游企业进行财务分析？

知识储备

旅行社财务分析是以旅行社财务核算资料（主要是财务报表）为主要依据，运用特定的分析方法，对旅行社财务状况和经营成果进行的一种计量分析。财务分析有一系列专业性较强的内容与方法。作为旅行社管理者，必须了解财务知识，能够看懂并学会分析财务报表。

5.1 旅行社财务分析的方法

5.1.1 比较分析法

这种方法是将本企业具有可比性的各种经济指标在同一基础上进行比较，根据比较的差异揭示企业财务状况，它可以从不同角度反映企业的财务状况。

5.1.2 比率分析法

这种方法就是企业两个相关的财务数据之间的比较，即根据这两个数据的普通分数计算出来的，以百分数形式表示的比率，如对财务报表进行的偿债能力分析、流动性分析、获利能力分析等均属于比率分析。

5.1.3 趋势分析法

趋势分析法是根据企业各种财务现象在时间上的变化来分析企业发展趋势的一

种方法，也称动态分析法。采用这种方法可以揭示企业财务状况和经营情况的变化，分析引起变化的主要原因及变化的趋势，并可预测企业未来的发展前景。

5.1.4　因素分析法

因素分析法是根据综合指标所固有的因素关系，将由多种因素共同影响的综合指标分解为各个具体因素后，逐个确定因素变动对综合指标影响程度的一种财务分析方法。

5.2　旅行社财务分析的依据

目前旅行社进行财务分析的主要依据是企业财务报告。旅行社的财务报告是根据企业日常核算资料定期编制总结，用来反映企业在一定时期内的财务状况、经营成果及影响企业未来发展的经济事项的文件。旅行社的财务报告主要是指旅行社的会计报表，包括资产负债表、损益表、现金流量表等。通过对这些报表的研究与分析，可以了解并掌握旅行社的财务状况、偿债能力、营运能力、获利能力等经营情况。

5.2.1　资产负债表

资产负债表是反映旅行社在某一特定日期财务状况的报表。它以"资产=负债+所有者权益"这一会计基本等式为依据，按照一定的分类标准和次序反映旅行社在某一个时间点资产、负债和所有者权益的基本状况。资产负债表为旅行社经营者提供旅行社资产结构、流动性、资金来源、负债水平及负债结构等方面的信息，反映出旅行社的变现能力、偿债能力和资产管理水平，为旅行社的投资者和管理者提供了重要的决策依据。

资产负债表分为左右两个部分。报表的左方为资产类部分，反映旅行社的资产状况，分为流动资产、长期投资、固定资产、无形及递延资产和其他长期资产。报表的右方上半部分是旅行社的负债类科目，包括流动负债、长期负债和递延税项；右方下半部分是所有者权益。这两个部分的科目反映了旅行社资金的来源。表14-1为××国际旅行社的资产负债表，以供参考。

表14-1　资产负债表

编制单位：××国际旅行社　　编制时间：××年××月××日　　　　金额单位：元

资产	行次	年初数	年末数	负债及所有者权益	行次	年初数	年末数
流动资产				流动负债			
货币资产	1			短期借款	29		
短期投资	2			应付账款	30		
应收账款	3			其他应付款	31		
减：坏账准备	4			应付工资	32		
应收账款净额	5			应付福利费	33		

（续）

资产	行次	年初数	年末数	负债及所有者权益	行次	年初数	年末数
应收补贴款	6			未交税金	34		
其他应收款	7			未付利润	35		
存货	8			其他未交款	36		
待摊费用	9			预提费用	37		
待处理流动资产净损失	10			一年内到期的长期负债	38		
一年内到期的长期债券投资	11			其他流动负债	39		
其他流动资产	12			流动负债合计	40		
流动资产合计	13			长期负债			
长期投资				长期借款	41		
长期投资	14			应付债券	42		
固定资产				长期应付款	43		
固定资产原价	15			其他长期负债	44		
减：累计折旧	16			其中：住房周转金	45		
固定资产净值	17			专项应付款	46		
固定资产清理	18			长期负债合计	47		
在建工程	19			递延税项			
待处理固定资产净损失	20			递延税项贷项	48		
固定资产合计	21			负债合计	49		
无形资产及递延资产				所有者权益			
无形资产	22			实收资本	50		
递延资产							
无形资产及递延资产合计	23			资本公积	51		
其他资产				盈余公积	52		
其他长期投资	24			其中：公益金	53		
其中：存出保证金	25			未分配利润	54		
递延税项				所有者权益合计	55		
递延税款借项	26						
资产合计	27						
	28			负债及所有者权益总计	56		

5.2.2 损益表

损益表是反映旅行社在一定期间的经营成果及其分配情况的会计报表。它为旅行社的投资者和管理者提供了有关旅行社的获利能力、利润变化原因及企业利润发展趋势等方面的大量信息，是考核旅行社利润计划完成情况和经营水平的重要依据。在旅行社的损益表上，主要包含的信息有营业收入、营业成本、营业费用、营业税金及附加、管理费用、财务费用、投资收益、营业外收信及利润总额等。表14-2为××国际旅行社的损益表，以供参考。

表14-2 损益表

编制单位：××国际旅行社　　　　　　××年度　　　　　　　　　金额单位：元

项目	行次	上年数	本年数
一、营业收入	1		
减：营业成本	2		
营业费用	3		
营业税金及附加	4		
二、经营利润	5		
加：其他业务利润	6		
减：管理费用	7		
财务费用	8		
三、营业利润	9		
加：投资收益	10		
补贴收入	11		
营业外收入	12		
减：营业外支出	13		
加：以前年度损益调整	14		
四、利润总额	15		
减：所得税	16		
五、净利润	17		

5.2.3 现金流量表

旅行社编制现金流量表的目的，是为会计报表使用者提供旅行社一定会计期间内现金和现金等价物流入与流出的信息，以便于报表使用者了解和评价旅行社获取现金和现金等价物的能力，并据以预测未来的现金流量。

旅行社现金流量是指某一段时间内旅行社现金流入和流出的数量。比如，旅行社通过销售商品、提供劳务、出售固定资产、向银行借款等途径取得现金，形成现金流入；通过购买原材料、接受劳务、购建固定资产、对外投资、偿还债务等而支付现金，形成现金流出。现金流量信息能够表明旅行社经营状况是否良好、资金是否短缺及偿付能力的大小等，从而为投资者、债权人和旅行社管理者提供非常有用的信息。

旅行社的现金流量分为三类，即经营活动产生的现金流量、投资活动产生的现金流量和筹资活动产生的现金流量。表14-3为××国际旅行社的现金流量表，以供参考。

表14-3 现金流量表

编制单位：××国际旅行社　　　　　　××年度　　　　　　金额单位：元

项目	行次	金额
一、经营活动产生的现金流量		
销售商品、提供劳务收到的现金	1	
收到的租金	2	
收到的增值税销项税额和退回的增值税款	3	
收到的除增值税以外的其他税费退还	4	
收到的其他与经营活动有关的现金	5	
现金流入小计	6	
购买商品、接受劳务支付的现金	7	
经营租赁所支付的现金	8	
支付给职工以及为职工支付的现金	9	
支付的增值税款	10	
支付的除增值税、所得税以外的其他税费	11	
支付的其他与经营活动有关的现金	12	
现金流出小计	13	
经营活动产生的现金流量净额	14	
二、投资活动产生的现金流量		
收回投资所收到的现金	15	
分得股利或利润所收到的现金	16	
取得债券利息收入所收到的现金	17	
处置固定资产、无形资产和其他长期资产而收到的现金净额	18	
收到的其他与投资活动有关的现金	19	
现金流入小计	20	
购建固定资产、无形资产和其他长期资产所支付的现金	21	
权益性投资所支付的现金	22	

（续）

项目	行次	金额
债权性投资所支付的现金	23	
支付的其他与投资活动有关的现金	24	
现金流出小计	25	
投资活动产生的现金流量净额	26	
三、筹资活动产生的现金流量		
吸收权益性投资所收到的现金	27	
发行债券所收到的现金	28	
借款所收到的现金	29	
收到的其他与筹资活动有关的现金	30	
现金流入小计	31	
偿还债务所支付的现金	32	
发生筹资费用所支付的现金	33	
分配股利或利润所支付的现金	34	
偿还利息所支付的现金	35	
融资租赁所支付的现金	36	
减少注册资本所支付的现金	37	
支付的其他与筹资活动有关的现金	38	
现金流出小计	39	
筹资活动产生的现金流量净额	40	
四、汇率变动兑现金的影响额	41	
五、现金及现金等价物净增加额	42	
补充资料		
1. 不涉及现金收支的投资和筹资活动		
以固定资产偿还债务	43	
以投资偿还债务	44	
以固定资产进行投资	45	
以存货偿还债务	46	
2. 将净利润调节为经营活动的现金流量		
净利润	47	
加：计提的坏账准备或转销的坏账	48	
固定资产摊销	49	

（续）

项目	行次	金额
无形资产摊销	50	
处置固定资产、无形资产和其他长期资产的损失（减：收益）	51	
固定资产报废损失	52	
财务费用	53	
投资损失（减：收益）	54	
递延税项贷项（减：借项）	55	
存货的减少（减：增加）	56	
经营性应收项目的减少（减：增加）	57	
经营性应付项目的增加（减：减少）	58	
增值税增加净额（减：减少）	59	
经营活动产生的现金流量净额	60	
3. 现金及现金等价物净增加情况		
现金的期末余额	61	
减：现金的期初余额	62	
加：现金等价物的期末余额	63	
减：现金等价物的期初余额	64	
现金及现金等价物净增加额	65	

实践要点

1. 资产负债表是反映旅行社在某一特定日期财务状况的报表。它以"资产=负债+所有者权益"这一会计基本等式为依据。

2. 资产负债表反映出旅行社的变现能力、偿债能力和资产管理水平，为旅行社的投资者和管理者提供了重要的决策依据。

实战演练

• 主题：资产负债表分析
• 目的：掌握旅游企业的财务分析方法
• 过程设计
1. 教师准备好一张旅行社的资产负债表。
2. 请学生分析其财务状况，并为旅行社的经营提供参考对策。

本项目总结

知识梳理

1. 熟悉旅行社的资产管理

① 流动资产的管理　② 固定资产的管理

2. 熟悉旅行社成本费用的管理

① 旅行社的成本费用　② 旅行社成本费用的分析　③ 旅行社成本费用的核算　④ 旅行社成本费用的控制

3. 熟悉旅行社营业收入与利润的管理

① 旅行社营业收入的管理　② 旅行社利润的管理

4. 熟悉旅行社的结算管理

① 旅行社的国内结算业务　② 旅行社的国际结算业务

5. 熟悉旅行社的财务分析

① 旅行社财务分析的方法　② 旅行社财务分析的依据

主要概念

流动资产　固定资产　成本费用　营业收入　营业利润　旅行社结算管理旅行社财务分析

习题与技能训练

1. 选择题

① 旅行社正常情况的结算主要包括（　　）。

A. 综合服务费结算　　B. 餐费结算

C. 导游费结算　　　　D. 其他旅游费用的结算

② 旅行社成本费用按对象分为（　　）。

A. 营业成本　B. 营业费用　C. 劳务费　D. 期间费用

③ 旅行社财务报表主要有（　　）。

A. 资产表　B. 资产负债表　C. 利润表　D. 现金流量表

④ 旅行社短期偿债能力的财务指标有（　　）。

A. 流动比率　B. 负债率　C. 速动比率　D. 产权比率

⑤ 财务分析的方法主要有（　　）。

A. 趋势分析　B. 比率分析　C. 比较分析　D. 因素分析

2. 判断题

① 旅行社的流动资产就是现金和银行存款。（　　）

② 旅行社信用政策可以采取五种评价方法。（　　）

③ 旅行社应付账款的产生是因为赊购而出现的短期负债。(   )

④ 一般说债务人拖欠的应收账款的时间越长,旅行社收回的可能性越小。(   )

⑤ 资产负债率=负债总额÷资产总额。(   )

3. 名词解释

流动资产　　固定资产　　成本费用　　营业收入　　营业利润

4. 简答题

① 旅行社的流动资产包括哪几大类型? 它们各有什么特点?

② 旅行社的成本费用是如何构成的? 怎么进行控制?

③ 旅行社应如何管理其营业收入和经营利润?

④ 旅行社的国际结算业务与国内结算业务在处理上有何不同? 试举例说明。

⑤ 通常用以衡量旅行社获利能力的指标有哪些? 请具体说明各项指标的含义及计算公式。

项目 **15** 抓好旅行社的信息管理工作

■ 学习目标

■ 知识目标
1. 了解旅行社信息管理的思想。
2. 熟悉旅行社信息管理的概念、特点以及功能需求和开发设计。
3. 掌握旅行社信息系统管理软件的操作方法。

■ 技能目标
1. 会运用创新观念对旅行社实施信息管理。
2. 会运用旅行社信息系统管理软件。

■ 案例目标
运用所学的信息管理的基础知识深入理解和分析旅行社信息管理系统的相关案例,培养和提高对旅行社信息管理工作的业务能力。

■ 实训目标
引导学生参加旅行社管理人员的业务实践,切实体验旅行社高度发达的信息化市场竞争环境,培养专业能力,为今后从事旅行社相关管理工作打下基础。

■ 教学建议

1. 共用4课时,其中理论课2课时,实践操作课2课时。

2. 讲授时应尽量采用多种形式讲深讲透,尤其注重对学生实际操作能力的训练,让学生在以后的工作岗位上能真正学以致用。

3. 实践操作课不能仅限于上课时间,还要利用双休日开展一些针对旅行社信息管理软件应用情况的市场调查工作(包括对旅行社管理人员的访谈,特别是一线工作使用者),需要与相关旅行社有较好的关系,以利于该项目的顺利开展。

学习任务 ❶ 了解旅行社的信息系统与信息开发

【想一想，做一做】

CY旅行社全新的旅游预订方式——旅游电子票

CY旅行社在国内是较早实现企业信息化的旅行社，早在20世纪90年代初就建立了当时在全国较有影响的计算机实时预订系统。由于这种计算机实时预订系统具有准确、迅速、方便、规范的优势，从而得到迅速发展，形成了一个比较完善的代理商预订系统。在全球互联网热潮时期，CY旅行社不失时机地推出了自己的CY航空旅游网，不过当时只是具有简单的信息发布功能而已，不能算是开始发展旅游电子商务。直到2001年1月，CY旅行社将其航空旅游网从简单的信息发布改造提升为旅游电子商务网站。经过短短的三个季度的运作，CY航空旅游网的营业收入和利润很快进入了良性循环的创收轨道。2001年，CY航空旅游网第一季度营业交易额达120万元人民币，第二季度达400万元人民币，第三季度达到600万元人民币，而且取得了丰厚的利润。

CY航空旅游网推出了"旅游电子票"的概念，为人们出行提供了一种省心、省时、方便、快捷的新型旅游预订方式，也为旅行社的经营带来了全新的理念。

CY旅行社采用"旅游电子票"的全新运作模式，意欲凭借其在全国31个分社和近2 000个网络成员组成的接待网络，以及每月上千航次的包机线路，向游客提供不同的旅游产品，努力探索为游客提供网上优质服务、降低旅游产品价格的新途径。

CY旅行社航空旅游电子票区别于传统旅行社旅游预订和航空电子客票的形式，这种新型的旅游预订方式，将传统模式中的下订单、付款、签合同等过程全部都挪到网上"一站搞定"。省心、省时、方便、快捷是CY航空旅游网实实在在的服务承诺。打开CY航空旅游网首页，游客可进行线路查询和选择线路，当游客对其产品内容、价格等满意后，选择"网上预订"、进行网上支付后，即获得其产品。

CY旅行社遵循的理念是：一样航线、一样时刻、网上支付、永远最低价。

想一想

国际流行的信息化管理模式对我国国内旅行社企业的发展将有何深远影响？请举例说明。

知识储备

现代信息系统最早、最成功的应用领域就是旅游业。旅游业是向出门在外的旅游者提供吃、住、行、游、购、娱综合性便利服务的产业，在这一产业里从事经营活动的各类企业的宗旨就是为顾客提供各种服务，可以说，提供优质的服务是旅行社、旅游饭店、旅游汽车公司等旅游企业的最基本目标。因此，以计算机和通信技术为基础的信息技术依靠其基本的数据处理能力与快速的信息传递速度，从一开始就被旅行社应用于向旅行者提供优质服务。

在旅行社企业中，信息系统可以辅助进行组团、接团和导游服务业务的数据处理，用于各类客户信息的维护、饭店和旅游汽车公司等其他旅游企业信息的记录和维护、财务结算数据的记录和维护、票务服务业务的信息联络等。

1.1 旅行社信息系统概述

旅行社业是旅游业三大支柱行业之一，旅行社在向旅游者提供各种旅游服务过程中起着媒介和经纪人的作用，是采购、组合和销售旅游产品的中间商。旅行社通过推广和销售旅游产品获得利润，因此，为了获得旅游产品销售的利润最大化，旅行社必须收集和整理大量的旅游产品信息以适应旅游者的需求，并与各相关部门保持密切联系，力争使提供的旅游产品与旅游者的旅游需求相吻合，最终促使旅游产品的成功销售并完成接待工作。从某种角度上说，旅行社业是特殊的信息服务行业，这也决定了计算机信息技术将在旅行社业务处理中发挥重大的作用，实现内部管理信息化成为旅行社提高竞争力的重要途径。

1.1.1 旅行社管理信息系统的定义和特点

旅行社管理信息系统是利用计算机技术和通信技术，对旅行社经营的所有信息进行综合管理和控制的以人为主体的人机综合系统。旅行社管理信息系统的职能是对旅行社生产服务过程的管理实现信息化，从而提高旅行社的生产效率和管理效率，同时提高旅行社的市场竞争能力，满足现代人旅游的个性化服务要求。旅行社信息系统应具有以下几个方面的特点。

1. 处理的信息量大，更新快

旅行社管理涉及的信息量很大，特别是旅游产品的信息。作为一个旅行社，其所收集的旅游产品信息越多，旅游消费者获取满意产品的概率就越高；而且，旅行社经营的产品涉及旅游交通、旅游景点、饭店、餐馆等行业和部门，相关信息处在不断的变化之中，其时效性是很短的，有的只有一天，有些信息甚至只有几个小时。旅行社管理信息系统必须及时更新系统中的信息，将最有效的旅游信息介绍给旅游消费者。

2. 具有较强的交叉处理能力

旅行社是旅游产品销售的中间商，组织、销售旅游产品，为旅游消费者提供服务是其主要业务。旅行社的每一笔业务都必须通过各个部门的协作来完成，如一个旅游产品的销售，需经过销售、计调、接待、陪同、财务结算等环节，为满足这个流程中信息流向的交叉互动，要求旅行社管理信息系统具备很强的交叉处理信息的能力。

3. 具备灵活的个性化处理能力

现代旅游对个性化的要求越来越高，为迎合这种发展趋势，旅行社管理信息系统必须利用Internet网络技术和信息处理技术，为个性化旅游提供个性化的服务。如对散客而言，旅行社通过提供完美的信息服务，旅游者可以自己确定旅游线路、自己选择住宿的饭店等，实现自主旅游。对于团队旅游而言，旅行社在组织旅游者外出旅游过程中，通过信息服务系统，可以及时向旅游者提供旅途生活的各种个性服务。

1.1.2 旅行社管理信息系统的功能需求

分析旅行社管理信息系统的功能需求，必须由旅行社管理人员参与，在一定的系统环境条件下进行。旅行社管理信息系统的信息服务主要是以旅行接待和内部管理为目的，不考虑旅行社管理信息系统与外部网的连接。如果采用Internet网络，企业内部建立Web服务器，则需要考虑与外部网连接的功能需求。此处仅考虑旅行社内部网络的功能需求，即围绕旅行社的基本业务，如旅游产品开发、旅游产品促销、旅游接待服务、旅游的售后服务等环节。

1. 旅行社管理信息系统必须能够满足以下功能需求

组团功能：负责收集市场信息，组织开发旅游产品，制订组团接待计划。

接团功能：负责团队的接待工作，及时解决接待中出现的异常问题。

导游功能：根据客户要求，合理配备导游，具体做好接待工作。

散客功能：主要为海外游客提供小包价为主的旅游服务（区别于团队）。

交通功能：负责联系车辆运输部门，准时出票和团队行李的运送。

计调功能：做好团队接待计划，具体落实旅游中的票、房、车、餐等内容。

财务功能：负责对企业的财务核算、决算以及经济活动分析等事务。

综合业务功能：主要是管理各种价格信息，负责对价格进行审批、检查、监督，并对旅游市场进行调研和分析。

不同旅行社经营规模有大小，其功能需求也是不同的，有的虽然具备相同的功能，但由于规模的不同，其职能的范围和形式也有很大的差异。

旅行社管理信息系统在满足了以上旅行社业务处理的功能需求之外，还必须具备对数据资源信息、客户资源、旅行社物资供应链进行管理与利用的功能。

目前大部分的旅行社管理信息系统仅能满足旅行社业务处理的功能需求，在企业信息资源规划、客户资源管理、产品开发以及供应链管理等方面功能还不够完善，旅行社管理信息系统必须进一步满足这些旅行社面向未来的功能需求。

2. 旅行社管理信息系统还必须包含内部管理的功能需求

办公室管理：办公室管理主要处理日常办公事务，如对文件、档案的管理，及时进行经营协调的处理等。

人事管理：人事管理主要处理人事方面的事务，如培训记录、晋升记录和奖励记录等，也包括工资管理等内容。

外联管理：外联管理主要处理和协调旅游服务中需要其他单位配合的一些事务，记录有关外联的一切数据信息。

1.2 旅行社管理信息系统的开发设计

1.2.1 旅行社管理信息系统的开发设计的基本要求

当前用户对旅行社管理信息系统开发的基本要求有以下几项。

1. 满足用户需要。开发新系统必须保证系统能够被用户接受。

2. 系统功能完整。功能是否完整，是指系统能否覆盖组织的主要业务管理范围。同时，还表现在各部分接口是否完备、数据采集和存储格式是否统一、各部分是否协调一致。

3. 技术先进。正确认识各种先进技术的优劣长短，从而根据组织的实际情况和未来发展将其合理地运用到管理信息系统开发中去。同时，不要一味为了先进，而忽视了技术本身的成熟性。

4. 实现辅助决策。许多组织的决策任务非常复杂、耗时，然而组织决策关系到组织的兴衰，因此所有组织都需要能够帮助它们作出最佳决策的决策支持系统。

1.2.2 旅行社管理信息系统的总体设计

1. 系统设计的标准

根据管理信息系统的共性，评价一个旅行社管理信息系统的标准应包括以下五个方面。

第一，系统的效率。系统的效率是指系统处理数据的能力。旅行社管理信息系统至少是一个局域网系统，系统效率是指单位时间内处理的作业量以及联网状态下的响应速度。这里指的是系统的总体效率，并不是单台计算机的效率，它要求旅行社管理信息系统具有快速响应的数据处理能力。

第二，系统工作的质量。系统工作的质量指旅行社信息系统所提供的数量、精度以及信息的及时性。另外，系统工作的质量内容还包括系统使用的方便程度和实用性，如设计界面是否易于操作、信息搜索是否灵活易用、报表形式是否符合管理常规和用户习惯等。

第三，系统的可靠性。系统的可靠性是指系统受外界干扰时的抵御能力和恢复能力，如系统的保密性输入的容错能力、系统数据文件的备份以及系统故障时的恢复周期等。

第四，系统的可扩充性。系统的可扩充性是指系统的功能可以修改和扩充的程度。系统所在的环境在不断变化，系统的功能不能一成不变，必须根据管理要求不断改进和完善。这是一个管理信息系统必须具备的功能。

第五，信息资源的利用率。信息资源的利用率是指系统在多大限度内利用现有的信息资源并处理现有的全部信息，为管理层作决策提供有效信息。旅行社管理信息系统必须能及时处理原始数据并提供决策用的有效信息。

2. 子系统划分

根据旅行社的组织结构和业务功能，在数据流程图分析的基础上，再结合功能或数据图的分析，结合现代旅行社企业的管理要求，可以得到旅行社管理信息系统具体有16个子系统（或称模块）。

子系统划分具体如下：价格管理子系统、报价组团子系统、计划调度子系统、组接团核算子系统、地面接待子系统、票务管理子系统、账务和成本核算子系统、采购管理子系统、固定资产管理子系统、人力资源管理子系统、综合统计子系统、散客部综合管理子系统、中国公民游管理子系统、办公自动化子系统、总经理查询子系统、旅游产品管理子系统。

以上16个子系统基本上覆盖了旅行社的全部业务范围，每个子系统都是一个独立的系统，旅行社可以根据自己的需要选购和设计相应的子系统。这些子系统在不同的部门中运行，通过权限和属性的设置，使每个部门共享一个完整的信息系统。

3. 计算机网络设计

由于旅行社各子系统之间和旅行社之间联系的紧密性，决定了旅行社管理信息系统必然是一个将现代通信技术与计算机数据处理技术相结合的网络信息系统。旅行社企业的对外联系业务也较多，所涉及的外部企业种类多、内容广，企业间的广域网络连接是旅行社企业计算机化管理信息系统设计的一项内容，需考虑以下几种情况。

第一，旅行社与民航、铁路等专用系统的联网。如果可能的话，旅行社要根据民航、铁路专用网络的系统结构、系统种类而制定不同的网络接口和系统。

第二，远程登录的设置。有很多旅行社，在自己的主办公楼以外，都设有诸如散客门市部、车队、代理售票等业务部门，由于距离较远，不能直接与本企业局域网相连，因此需要增加调制解调器、中继器等远程通信设备，以扩大局域网的使用范围。

第三，与国际互联网Internet的连接。旅行社与国内其他旅行社的横向联系，实际上是各自己局域网通过广域网的连接；而与境外旅行社的信息交流，目前主要通过国际互联网络来进行。

实践要点

1. 旅行社管理信息系统是利用计算机技术和通信技术，对旅行社经营的所有信息进行综合管理和控制的以人为主体的人机综合系统。

2. 旅行社管理信息系统必须能够同时满足外部管理功能（包括组团、接团、导游、散客、交通、计调、财务及综合业务）和内部管理功能（包括办公室管理、人事管理、外联管理）的需要。

3. 评价一个旅行社管理信息系统的标准应包括系统的效率、系统工作的质量、系统的可靠性、系统的可扩充性以及信息资源的利用率。

实战演练

- 主题：旅游信息系统规划管理
- 目的：掌握如何进行旅游信息系统规划
- 过程设计

1. 结合教学内容，分析资料，讨论案例。

2. 讨论内容：如果你是小王，你如何在旅游企业中层干部会上阐述信息系统规划的问题？

3. 可按每组5~6人进行分组讨论，各组讨论后，推选一名代表上台演讲。

- 情景再现

小王刚从学校毕业就应聘到了某旅游公司工作。某天，公司总经理找到小王，让他准备在明天公司中层干部会上就什么是信息系统规划的问题进行发言。回家后，小王准备了一份发言稿，其主要内容如下。

信息系统规划就是建立旅游信息系统的一个总体规划，为信息系统开发过程指明方向，是所有信息系统计划工作的最高层次。

企业要从战略高度出发选择信息系统，为企业寻求最适合的信息系统，就要进行信息系统的规划。信息系统规划实质是一个以组织的目标、战略、目的、处理过程以及信息需求为基础，识别并选择要开发的信息系统，并确定系统开发时间的过程。

要将建立的信息系统分析、建立类型和建立时间计划写成文档，即信息系统规划文档。这个规划文档实际上是在这项规划中必须回答的一系列问题，问题主要如下。

（1）企业发展与战略。企业正在向何处发展？怎样行动才能达到目标？

（2）对企业发展和战略的支持：信息技术如何支持企业发展方向？信息技术在阐明企业方向中起到什么作用？现有的信息系统计划是何时制订的？新的信息系统计划将在何时制订？

（3）现在的信息系统。现在有哪些信息系统？这些系统是如何支持企业业务的？现在的系统仍然适用吗？打算做哪些改变？

（4）打算建立的新信息系统。企业已选择了哪些要开发的信息系统？通过这些系统能够支持哪些企业过程？如何评价这些系统？

（5）信息系统安全计划。有什么计划以保护信息系统免遭灾难？如何选择保护信息系统？

（6）信息系统预算。信息系统建设的成本是多少？信息系统为企业带来的效益是多少？

（7）信息系统开发的时间计划。何时将开发选定的信息系统？

这个规划应对企业基本情况进行描述，并通过当前的和打算建立的系统快速确定如何才能使信息满足企业需求，然后提供支持这些系统的安全、预算和开发计划。

第二天的中层干部会议上，小王按照发言稿对信息系统规划的问题进行了讲解。

会后总经理找到小王，对他的讲解表示比较满意，希望小王在下一次中层干部会上讲解信息系统开发过程和信息系统使用中的管理方面的问题。

小王明白了，公司即将开展信息化工作。但是小王觉得中层干部会上大家神情严肃而陌生，这表明公司的信息化过程将是一次艰苦的改革过程。

学习任务 ❷ 学习旅行社管理信息 系统应用实例

【想一想，做一做】

ZL旅行社旅游信息化管理之路

ZL旅行社总社是国内旅行社在A股上市的首家公司。早在1989年，ZL旅行社就开始想搞信息化，可是当时ZL旅行社的计算机还很少，没有条件来实现，无论硬件、软件、员工的素质、旅游业的环境，都不能支持系统的正常实施，后来这个业务信息化最终不了了之。

当信息化已成"必需"

根据对行业政策走向和竞争形势的判断，以及对自身资源优势的分析，ZL旅行社总部将发展战略调整为"以资本运营为中心，以高科技为动力，构建以旅游为支柱的控股型现代企业"，由效益引导型向战略推进型转变，掌控资源、调整结构、创新模式、确立优势，迅速提升企业核心竞争能力。

从2000年起，公司经营模式由"被动坐等客户旅游"模式向"主动寻找客户旅游"模式转变。2000年6月电子商务网站"青旅在线"开通，同年8月十几家连锁店在北京城区开业，ZL旅行社走上了"电子商务+连锁店"的销售模式。

整体规划，分步实施

ZL旅行社根据业务的发展需要，对系统做了一个整体ERP企业资源规划，2001年4月项目正式启动，成为国内第一家全面引入ERP的旅行社。项目共分三期规划：第一期项目主要实现旅游业务处理和财务处理功能，第二期项目主要实现入境游子系统、导游和车队管理以及CRM系统，第三期项目主要实现办公自动化、人力资源管理以及各分（子）公司的财务和业务管理系统。2007年，ZL旅行社成立电子商务总部，为用户提供更为丰富、全面、便捷和个性化的旅游度假产品、酒店机票预订服务，以及更好的用户体验和丰富的旅游资讯。

依靠信息化之路，2006年ZL旅行社营业收入达286 580.8万元，营业利润达38 862.8万元，被评为"2006年度中国企业信息化500强"企业，被选定为2008年北京奥运会组委宾客接待服务的供应商。至2007年7月，公司的总资产已达40亿元，净资产接近20亿元，并朝着国际化型旅游运营商的战略目标迈进。

想一想

ZL旅行社是如何走上旅游信息化之路的？

知识储备

由于我国旅行社的组织结构受其规模大小和发展历程等因素的影响，较酒店的组织结构要复杂多样，这对系统的设计提出了较高的要求，也给通用软件的推广应用造成了一些困难和障碍。在旅行社管理信息系统软件的选用上，我们采用较有代表性的E8旅游管理系统软件进行介绍，其他各类旅游院校还可使用不同的旅游管理系统软件与该系统软件相结合的方法进行教学。

2.1 E8旅游管理系统软件简介

E8旅游管理系统软件是由兰州易凯数字科技有限责任公司制作，包含诸如出境游、国内游、港澳游、入境游、国内地接、省内短线、计调、财务结算、客户关系管理、网络营销等多项内容的全方位的信息管理系统，可以帮助旅行社、旅游公司、旅游相关行业在基础信息管理、直客销售、计调操作、同业分销、财务结算等各方面进行综合的管理。它是一套为旅行社、旅游公司、旅游相关行业量身定做的企业资源规划（ERP）和客户关系管理系统（CRM）。

2.1.1 E8旅游管理软件V5.5下载安装

旅行社需要随时了解变化的信息，因为信息变化将直接影响旅行社的经济效益和发展。作为旅行社管理专业的学生就应学会网络搜索，从网络中获得需要的资源信息，并将获得的信息应用到实际工作之中。

1. E8旅游管理软件V5.5的下载

方法一：搜索旅行社管理软件。

方法二：访问兰州易凯数字科技有限责任公司网址。

2. E8旅游管理软件V5.5的安装

首先，解压缩E8ly-V5.5.rar文件。

其次，安装E8旅游管理软件V5.5。

1. 在当前文件夹中双击安装文件Setup_Client.exe，出现"欢迎使用E8旅游管理软件V5.5版"对话框。

2. 单击"下一步"命令按钮，弹出"E8旅游管理软件V5.5版自述"对话框。

3. 单击"下一步"命令按钮，弹出"E8旅游管理软件V5.5版使用许可协议"对话框。

4. 单击"下一步"命令按钮，弹出"选择目的地址"对话框。

5. 单击"下一步"命令按钮，弹出"准备安装"对话框。

6. 单击"下一步"命令按钮，出现"您已成功安装E8旅游管理软件V5.5版"对话框。

2.1.2 E8旅游管理软件V5.5的启动

方法一：双击桌面E8旅游管理软件V5.5的快捷方式图标，弹出"登录"对话框，在此单击"确定"命令按钮，即可启动E8旅游管理系统。

方法二：单击"开始"菜单，选择"程序"菜单"E8旅游管理软件V5.5版"的子菜单"E8旅游管理软件V5.5版"命令，即可启动E8旅游管理系统。

2.1.3 E8旅游管理系统窗口简介

E8旅游管理系统主页面窗口由标题栏、日期时间栏、左侧菜单和项目选项区组成。E8旅游管理系统主页面如下所示。

下图的中间部分为该系统的主栏目，表示系统的主模块功能，具体含义如下。

档案管理：点击图标，即进入档案管理的操作界面。

销售管理：点击图标，即进入销售管理的操作界面。

财务管理：点击图标，即进入财务管理的操作界面。

系统维护：点击图标，即进入系统维护的操作界面。

权限设置：点击图标，即进入权限设置的操作界面。

2.1.4 设置E8演示数据登陆的操作方法

在E8程序窗口中单击"系统维护"选项，弹出"系统维护"对话框，在此单击"调用演示数据库"命令后，出现"将使用演示数据吗"，系统提示对话框，单击"是（Y）"命令，弹出"已设置，程序将自动退出，请重新登陆系统！"系统提示对话框，单击"确定"命令，退出系统，再次启动E8旅游管理软件V5.5时就使用演示数据登陆。

2.2 E8旅游管理系统软件的应用操作

旅行社业务主要分为两部分：一是组团社业务，二是地接社业务。下面学习了解旅行社业务在管理软件中的操作方法。

2.2.1 旅行社销售管理操作

销售管理由国内游、出境游、港澳游、入境游、省内游、报价单管理、销售控制、统计分析组成；销售管理模块具有智能化的组团计调功能，能够直接将报价核算导入组团计划、旅游线路设计，提供了旅行社业务统计及报表功能。

1. 制定报价单

点击"销售管理"图标，双击左侧功能选项中的"报价单管理"项目，单击"报价单输入"项目，进行基本信息录入、行程录入、备注录入、报价录入操作后，保存报价单并打印报价单。

2. 组团操作

旅游线路操作，以国内游为例。

点击"销售管理"图标，双击左侧功能选项中的"国内游"项目，单击"路线行程"项目，进行线路基本信息录入、行程数据录入、备注录入、确定计调操作等内容及报价数据录入后，保存并退出。

团队计划操作，以国内游为例。

点击"销售管理"图标，双击左侧功能选项中的"国内游"，单击"团队计划"，弹出"旅游团队资料"窗口，在此单击"增加"命令，弹出"旅游线路编辑"窗口，在此进行旅游团队编辑，单击放大镜按钮，弹出"旅游线路资料"窗口，在此选择有代码的线路记录，单击选择命令关闭"旅游线路资料"窗口，此时与线路相关数据都自动填充到了旅游团队编辑中，如果数据有变就在此进行修改；否则，单击"退出"命令，出现"保存退出吗？"系统提示对话框，单击"是（Y）"命令按钮，出现"数据保存成功！"系统提示对话框，单击"确定"命令按钮完成团队编辑操作。

3. 录入游客资料操作

点击"销售管理"图标，双击左侧功能选项中的"国内游"项目，单击"录入游客资料"项目，弹出"旅游团队资料"窗口，在此选择某一个团队记录双击，弹出"业务登记表"窗口，在此录入游客信息，单击"保存"命令按钮，出现"保存成功！"系统提示对话框，单击"确定"命令按钮，然后，单击下一个命令按钮，录入相关信息后，单击"保存"，依次录入其他游客即可，完成游客录入操作后，单击团队信息命令按钮，弹出"旅游线路编辑"窗口，在此选择"报名游客"选项卡，就可以看到刚录入的游客资料，单击"退出"命令按钮完成操作。

4. 费用预算操作

费用预算操作，以国内游为例。

点击销售管理图标，双击左侧功能选项中的"国内游"项目，单击"费用预算项目"，弹出"旅游团队资料"窗口，在此选择某一个团队记录双击，弹出"费用预算单"窗口，在此录入费用预算相关信息，单击"保存"命令按钮。

点击销售管理图标，双击左侧功能选项中的"国内游"项目，单击"费用预算列表项目"，弹出"费用预算单列表"项目，点击"审核"，进行费用预算审核的相关操作。

收款账单操作，以国内游为例。

点击销售管理图标，双击左侧功能选项中的"国内游"项目，单击"收款账单列表项目"，点击"查看团队"，弹出"旅游团队资料"窗口，打开报名游客资料列表窗口，查看游客交费情况，进行收款账单确认及审核的相关操作。

5. 计调操作

点击销售管理图标，双击左侧功能选项中的"国内游"项目，单击"计调操作项目"，点击"查看"，弹出"旅游团队资料"窗口，在"计调须知"栏目内进行委派导游、委派地接社以及订车的相关操作。

6. 旅行社业务销售控制的操作

点击销售管理图标，双击左侧功能选项中的"销售控制"项目，单击"游客转团"、"游客退团"、"费用预算分析"、"收款分析"、"团队出游确认"、"团队跟踪"等项目，逐一完成。

对于游客转团、游客退团、费用预算分析、收款分析、团队出游确认以及团队跟踪情况的管理操作。

2.2.2 旅行社档案管理操作

档案管理模块由基础资料、客户信息、采购信息、旅游信息、酒店信息等组成。基础资料里的功能主要是预先设置一些在业务操作过程中常用到的数据，以提高工作效率。

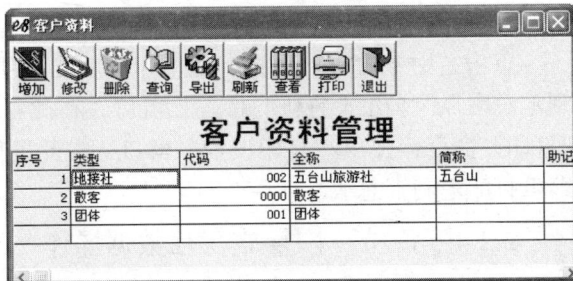

1. 客户资料设置操作

点击"档案管理"图标，双击左侧功能选项中的"客户信息"项目，单击"客户资料管理项目"。客户资料设置操作如下图所示。

旅行社的客户来源主要有：一是散客，二是团体，而且每个旅行社都做地接社业务，我们需要将散客、团体、地接社等基本信息都录入到客户资料中。

2. 供应商设置操作

点击"档案管理"图标，双击左侧功能选项中的"采购信息"项目，单击"供应商管理项目",进行供应商资料的设置管理;依次单击"地接社收费标准"、"车型及收费标准"、"保险费标准等项目",分别进行地接社收费标准的设置管理、车型及收费标准的设置管理以及保险费标准的设置管理等。

2.2.3　旅行社财务管理操作

财务管理模块由财务结算、出纳管理、应收账款、应付账款、统计报表组成。财务管理模块为用户提供了明细账和总账的录入、编辑、修改功能,提供了明细账和总账的打印设置功能,提供了账目的浏览、查询、查看功能,提供了导出Excel文件的功能,提高了旅行社工作效率。

1. 收费(财务结算游客费用)操作

点击"财务管理"图标,双击左侧功能选项中的"财务结算"项目,单击"应收应付账结转"项目,进行应收应付账结转操作。

点击"财务管理"图标,双击左侧功能选项中的"出纳管理"项目,单击"收款登记"项目,进行收款登记操作。

点击"财务管理"图标,双击左侧功能选项中的"出纳管理"项目,单击"收款登记一览表"项目,进行浏览收款登记单列表的操作。

2. 付款(车费、地接社费、保险费)操作

点击"财务管理"图标,双击左侧功能选项中的"出纳管理"项目,单击"付款登记"项目,弹出"费用预算单列表"窗口,在此选择要付款的某一公司记录,单击付款登记命令按钮,弹出"付款登记单"对话框,录入付款金额数额,单击"确定"命令按钮,出现"付款已登记!"系统提示对话框,单击"确定"命令按钮,"付款登记单"对话框中单据编号自动填充,单击"退出"命令完成付款登记操作,依次进行车费、地接社费付款操作。

3. 统计报表(毛利)操作

点击"财务管理"图标,双击左侧功能选项中的"统计报表"项目,单击"毛利汇总表",弹出"毛利汇总表"窗口,在此可以浏览旅行社毛利汇总数据;单击"打印"命令,弹出"打印设置"窗口,在此进行相关设置后,单击"打印"命令,即可打印毛利汇总表。

2.2.4　备份、恢复旅行社数据操作

计算机在使用过程中,由于各种原因都有可能出现数据丢失和损坏现象,为了确保数据安全,我们必须在一段时间内备份旅行社管理数据,遇到数据不完整时,我们可以随时使用备份数据还原,减少旅行社的经济损失。

1. 系统维护模块的功能

系统维护模块为学习者提供了演示数据库,同时也提供了取消演示数据库和恢复演示数据库功能,充分体现以人为本的设计理念,为用户提供方便,使用户在最短时间内掌握系统的使用方法。备份数据库和恢复数据库功能保证了系统数据的安全。

2. 备份、恢复旅行社数据的操作方法

点击"系统维护"图标，分别点击功能选项中的"备份数据库"项目和"恢复数据库"项目，即可完成备份和恢复旅行社数据的相关操作。

2.2.5 员工管理操作

旅行社工作人员的分工与数据安全是旅行社老总们关注的一个问题，也是旅行社管理软件开发商需要解决的一个问题，每一款旅行社管理软件都很好地处理了这一问题，但是其操作方法与操作界面有所不同，通过E8旅游管理系统添加操作员及设置权限操作，体会旅行社管理系统的严谨性和数据的安全性。

1. 权限设置模块的功能

权限设置模块提供了增加新用户，并为新用户分配系统操作权限，实现了多用户管理，确保系统数据的安全。

2. 权限设置模块的使用方法

点击"权限设置"图标，出现"操作权限设置"窗口，单击"增加操作用户"项目，进行添加计调员操作，并同时实行为计调员授权的操作。

实践要点

1. 作为旅行社管理专业的学生应学会网络搜索，从网络中获得需要的资源信息，并将获得的信息应用到实际工作之中。

2. 现有的旅行社管理软件很多，不同软件有不同的操作方法，要学会操作E8。

实战演练

- 主题：业务流程重组信息管理系统
- 目的：掌握多种旅行社管理信息系统的操作方法
- 过程设计

1. 结合教学内容，分析资料，讨论案例。

2. 结合案例，以组为单位，上网查询可免费试用的旅行社管理信息系统软件，下载测试版。

3. 对操作流程进行讨论，每位学生轮流操作。

4. 教师进行现场指导。

- 情景再现

1. 简介

"旅行社业务流程重组信息管理系统"由上海某电脑系统有限公司开发，是基于美国哈佛大学迈克尔·哈默博士的BPR理论，结合中国旅行社业经营特点，引入先进的信息技术平台，对旅行社的业务流程进行根本性的重新思考和彻底性的重新设计的业务流程系统。旅行社通过该系统可实现信息共享，做到外部信息内部化、内部信息一体化、业务流程电脑化、团控统一、财务结算统一。

2. 系统优点

第一，采用先进编程语言，提供友好简便的操作界面，无须培训，一看就会。

第二，实现旅游业务流程电脑化管理，各种报表文件处理起来更轻松。

第三，资源集中，共享及时，能帮助决策层迅速制定适应市场变化的战略方针。

第四，轻松锁定客户及供应商，能节省出更多的精力设计新产品和开辟新市场。

第五，保证数据正确有效，统计分析快捷方便。

第六，通过连锁版可将业务迅速拓展到全国各地。

3. 功能模块

（1）采购策划

采购资源管理是指对供应商、供应价格、供应合同进行综合管理，对线路进行策划设计。它既是公司的核心资源，也是整个软件系统的入口。

（2）线路设计

线路设计是整个旅行社策划部门生产的"半成品"，由线路可以形成一个团计划（产品），线路也可以作为一个常规旅游信息挂牌销售，吸收游客报名后，起到"蓄水池"作用。

（3）团计划管理

团计划管理是对已收客的团进行拆、分重组等操作，并可将线路的已收客人转入团中。团计划管理包括散客拼团和拆团并团两个功能。

（4）线路信息

经过采购策划，"线路"成为团计划资料中的"半成品"。团控部门将线路生成一个团计划（产品），作为基本销售单位推向市场，既是一个利益体，也成为一个游客载体。

（5）团计划信息

该模块可对团计划资料、行程、标准成本、报价等团计划信息进行维护，同时可对该团进行取消团计划发布、团计划预排等功能。

（6）前台销售系统

该系统可进行报名收客、录入应收款信息、高级排序、打印线路、恶意占位分析。其具体可实现的功能如下：

第一，修改所选游客的简单信息；

第二，修改所选游客的应收款信息；

第三，用户自定义查询，可以定义多个查询条件；

第四，打印选择团队的线路信息；

第五，分析选择的团队中是否有恶意的占位，并且提示给前台销售员，释放这些位置。

（7）游客信息维护

游客信息维护功能包括修改游客资料、改团改线、拆分合并游客批号等功能。

（8）前台收银系统

前台收银系统功能包括收银开票、收银核算、开票核算、收银日报表、开票日报表、发票作废录入、发票作废审核、发票领用录入、换发票管理等功能。

本项目总结

知识梳理

1. 了解旅行社的信息系统与信息开发

① 旅行社信息系统概述　② 旅行社管理信息系统的开发设计

2. 学习旅行社管理信息系统应用实例

① E8旅游管理系统软件简介　② E8旅游管理系统软件的应用操作

主要概念

旅行社管理信息系统　旅行社管理信息系统开发

习题与技能训练

1. 选择题

① 旅行社的业务处理过程的实质就是（　　）处理过程。（单选）

A. 技术　　B. 信息　　C. 订票　　D. 导游管理

② 旅行社所经营的线路产品具有（　　）。（单选）

A. 产品异质化、价格市场化、成本社会化

B. 产品同质化、价格不同化、成本社会化

C. 产品异质化、价格不同化、成本社会化

D. 产品同质化、价格市场化、成本社会化

③ （　　）是实现旅游产品价值的有机组合。（多选）

A. 旅游产品的时效性　　　　B. 与消费者的有效沟通

C. 全面质量控制　　　　　　D. 旅游产品的多样性

④ 旅行社业实现连锁经营是（　　）。（多选）

A. 信息时代的必然要求　　　B. 满足旅客需求的必然要求

C. 竞争的必然要求　　　　　D. "入世"后的必然要求

E. 时代发展的必然需求　　　F. 企业垄断的必然需求

2. 名词解释

旅行社管理信息系统　　　旅行社管理信息系统开发

3. 简答题

① 试述旅行社管理信息系统的功能结构。

② 什么是旅行社管理信息系统的设计标准？试列出具体的设计标准内容。

③ 旅行社管理信息系统子系统的划分依据是什么？请简要说明。

4. 案例分析题

① 考察某一旅行社的管理信息系统，根据该旅行社管理的信息处理需求，对该旅行社管理信息系统实现的功能和应用情况进行分析讨论。

② 试根据某一旅行社的实际情况（包括组织结构、业务流程和功能需求等）对该旅行社管理信息系统的软硬件进行讨论与设计。

项目 *16* 把握我国旅行社行业的发展方向

■ 学习目标

■ 知识目标

1. 了解我国旅行社行业的现状。

2. 熟悉影响我国旅行社行业发展的主要因素。

3. 掌握我国旅行社行业的发展趋势。

■ 技能目标

1. 学会从多方面、多角度分析旅游行业的发展现状及其影响因素。

2. 把握旅行社的工作方向。

■ 案例目标

通过案例的学习，使学生了解我国旅行社行业所面临的实际问题及相应对策，把握旅行社发展方向，以利于帮助学生更有针对性地学好相关知识。

■ 实训目标

通过实训，提高学生分析事物现状及发展趋势的能力，能够更好地服务于实践。

■ 教学建议

1. 共用4课时，其中理论课3课时，实践操作课1课时。

2. 本章以理论教学为主，并列举旅游业发达国家旅行社发展的案例来作辅助说明。

3. 由于本章理论性较强，所以实训课建议教师设计好情景，让学生模拟演练。

学习任务 ❶ 正确认识我国的旅行社行业

【想一想，做一做】

2008年度我国旅行社情况

1. 总体结构

（1）旅行社区域分布

旅行社数量排在前十位的省（自治区、直辖市）依次为：山东（1 797家）、江苏（1 630家）、浙江（1 397家）、辽宁（1 116家）、河北（1 097家）、广东（1 054家）、河南（1 029家）、上海（864家）、北京（848家）、湖北（815家），十省市旅行社总量占全国旅行社总量的56.29%。

（2）旅行社经营状况分布

经对各省（直辖市、自治区）旅行社经营的旅游业务营业收入、旅游业务毛利润、实缴税金、外汇结汇、入境外联人/天、入境接待人/天、国内组织人/天、国内接待人/天八项指标进行综合排名，前十名地区为广东、北京、上海、浙江、山东、江苏、辽宁、云南、福建、湖南。

（3）旅行社所有制结构

全国旅行社中国有独资企业占12.14%，股份制企业占73.37%，其他类型企业占14.49%。国际旅行社中国有独资企业占26.66%，股份制企业占67.17%，其他类型企业占6.17%。国内旅行社中国有独资企业占10.67%，股份制企业占74.00%，其他类型企业占15.33%。

2. 行业规模

2008年全国共有20 691家旅行社，比2007年新增加971家，同比增长4.92%。其中，国际社增加132家，同比增长7.18%；国内社增加839家，同比增长4.69%。

2008年年底，全国旅行社总资产为521.86亿元，同比增长0.94%；负债299.97亿元，同比增长0.22%；所有者权益为221.89亿元，同比增长1.93%。旅行社总资产按形态分，固定资产为93.06亿元，占总量的17.83%，同比增加1.29%；流动资产为355.85亿元，占总量的68.19%，同比减少0.48%；其他类型资产为72.95亿元，占总量的13.98%。

旅行社直接从业人员为321 655人，其中，导游103 688人、领队26 632人、会计33 491人、经理83 108人、其他人员74 736人。

3. 经营规模和效益

根据20 110家旅行社（国际社1 970家，国内社18 140家）填报的有效数据统计，2008年度全国旅行社营业收入为1 662.88亿元，同比增长1.44%，毛利润总额为115.30亿元，毛利率为6.93%，净利润总额为8.53亿元，净利率为0.51%；旅游业务营业收入为1 603.30亿元，同比增长1.12%，旅游业务毛利润为102.87亿元，旅游业务毛利率为6.42%；实缴税金为11.29亿元，同比增长2.89%；外汇结汇11.84亿美元，同比减少9.60%；全年促销费支出为5.94亿元，同比增长3.31%。

4. 旅游业务指标

（1）入境旅游业务

2008年度全国旅行社入境旅游业务营业收入为224.87亿元，同比减少15.31%，占全国旅行社旅游业务营业收入总量的14.03%；入境旅游业务毛利润为17.85亿元，同比减少6.48%，占全国旅行社旅游业务毛利润总额的17.35%。

入境外联1 324.69万人次，同比减少3.52%，其中外国人613.91万人次，同比减少10.74%；外联人/天数为5 806.21万，同比减少0.27%，其中外国人为2 830.09万人/天，同比减少11.39%；接待入境旅游者2 032.88万人次，同比减少6.54%，其中外国人927.38万人次，同比减少19.73%；接待入境旅游者人/天数为6 407.63万，同比增长0.45%，其中接待外国人3 133.77万人/天，同比减少9.24%。

（2）国内旅游业务

2008年度全国国内旅游业务营业收入为1 018.97亿元，同比增长0.99%，占全国旅行社旅游业务营业收入总量的63.55%；国内旅游业务毛利润为65.44亿元，同比增长8.87%，占全国旅行社旅游业务毛利润总额的63.61%。

国内旅游组织8 541.07万人次，同比增长1.38%，共25 413.99万人/天，同比减少3.70%；接待10 449.62万人次，同比减少1.71%，共22 966.28万人/天，同比减少3.27%。

（3）出境旅游业务

2008年度全国旅行社出境旅游业务营业收入为359.47亿元，同比增长15.59%，占全国旅行社旅游业务营业收入总量的22.42%；出境旅游业务毛利润为19.58亿元，同比增长27.20%，占全国旅行社旅游业务毛利润总额的19.03%。

2008年度全国旅行社共组织出境游1 090.91万人次，5 046.41万人/天，其中：出国游603.55万人次，同比增长20.17%，共3 477万人/天，同比增长18.56%；港澳游487.36万人次，同比增长0.46%，共1 569.41万人/天，同比增长8.71%。另外，共组织边境游42.93万人次，同比减少6.29%。

资料来源：根据2008年度我国旅行社业务年检公报整理。

想一想

1. 我国的旅游企业有何特征？

2. 我国旅行社的净利润几乎为0（2008年为0.51%），这说明了什么？

知识储备

1.1 旅行社业的行业评价

1.1.1 旅行社行业并不弱势

旅行社行业曾被认为是一个弱势行业,导游群体是弱势群体,这只是一个相对的概念。所谓的行业弱势是由于散客的发展和个性化的需求,以及整个旅游市场的需求升级带来的位势转换。因此,从经营上看,旅行社行业的现状存在双向的矛盾:与国内其他行业相比,其在营业收入、资产利用率、利润等经营方面相对落后;但在旅游业内比较,它用饭店业20%的固定资产创造了饭店业80%的收入,属于创收率很大的行业,从这一角度而言,旅行社行业并不弱势。

1.1.2 隐性利润的存在

从事旅行业务的市场分为三大类。第一,正系,即正式由国家旅游局审批的旅行社。第二,旁系,包括网站、俱乐部、包机公司或票务公司、票务代理等中介、差旅服务公司和商务服务公司、会展公司、中央部委与地方的外事机构以及老干办这八个业务市场。在市场上,正系和旁系提供旅行业务,而非仅是旅游服务。第三,地下,包括代理发展的代理以及旅行社的承包挂靠。正是由于正系之外旅行市场的大范围存在,使整个行业形成了隐性的利润结构。据不完全统计,旅行社行业的隐性利润是显性利润的10多倍。

1.1.3 生产要素发挥的作用不同

土地要素对于旅行社来说作用微乎其微。在资金要素的利用上,一方面,旅行社具有固定资产占用少、流动资金周转快的特点,由此而形成了较高的资金利润率;另一方面,旅行社的收入流量很大,相对于收入流量的利润沉淀较小,由此形成了较低的收入利润率。近年来,资金要素随着贷款利率的降低在旅行社运营中的影响逐渐变小。劳动力要素是旅行社的核心,体现了知识密集型和人才密集型的突出特点。尤其在国际旅行社行业中,大专以上文化程度的员工一般要占到80%以上,但人才依然缺乏。在信息要素的利用上,旅行社可以说是运用得最充分的,信息资源可以说是旅行社基本和主要的资源,旅行社的主要生产工具基本是信息设备。

1.2 旅行社行业亟待升级

从改革开放到现在,几乎所有的行业都经历过升级换代的发展过程。工业制造业已经完成了几次大的升级:从20世纪80年代的来料加工、来样加工生产低档产品,到90年代的低端产品开始进入国际市场,统治国际市场附加值低的产品体系,再到进一步升级为产销合一和网络化的格局。随着我国加入世贸组织后零售业的开放和世界各国零售品牌的进入，我们能明显感觉到旅游业等流通业的升级换代。餐饮业这些年也发生了翻天覆地、日新月异的转变。

20世纪90年代，旅行社的批零体系已基本形成，1996年取消了代理社的资格，由国际社兼代理职能；同时，旅行社企业由于缺乏足够的网络化、集团化意识，使旅行社业产业升级的分工体系终究没有形成。旅行社这一行业30年没有升级，由此形成"小、散、弱、差"的特点，但这四个字并非全是缺点。"小"也可能是有适应性的，我国既需要顶天立地的大企业，也需要铺天盖地的小企业，这样才能对应13亿人口的旅游大国的旅游需求。"散"、"弱"、"差"是缺点，即经营分散、竞争实力弱、效益差。这几年我国旅行社行业在进步，只不过这种进步还没有真正达到一个产业升级所要求的本质性的变化。目前，我国已取消对外商投资旅行社设立分支机构的限制，并对外资旅行社的注册资本实行国民待遇。政府在市场的驱动下已经作出政策性的调整和反应，旅行社行业实现升级的时机已经具备，如何把握必须由市场做主。中国市场孕育着巨大的旅游需求，有需求就意味着整个行业存在的可能性与必要性，未来几年将是旅行社业实现根本性升级的必然阶段。只有全面开放与国际全面接轨，才能使旅行社行业或者说旅游业务领域真正实现升级换代。

实 践 要 点

1. 正确认识我国旅行社行业的现状：行业并不弱势，隐性利润依然存在，生产要素发挥作用不同。

2. 我国旅行社行业亟待升级。

实 战 演 练

• 主题：旅行社调查访谈
• 目的：正确认识我国旅行社行业的现状
• 过程设计

1. 结合教学内容，到当地的旅行社进行调查。

2. 可按每3~4人进行分组调查，调查对象为当地的大、中、小旅行社各两家。

3. 调查过程中要针对旅行社管理人员与员工分别进行访谈。

4. 利用假日进行访谈调查。

5. 各小组写出调查报告，并进行分析总结，了解当地旅行社的情况。

学习任务 ❷ 熟悉影响我国旅行社业发展的主要因素

【想一想，做一做】

我国旅行社业的国际竞争力

影响我国旅行社业国际竞争力的直接因素有两个：一是成本；二是产品的差异性。而决定或影响成本和产品差异性的因素又是多种多样的，它们构成了影响我国旅行社国际竞争力的间接因素。这些间接因素覆盖的范围很广，著名的产业国际竞争力专家、美国哈佛大学的波特教授对之进行了科学的归纳，他认为，一国的产业是否具有竞争力是由以下因素决定的。（1）要素条件。产业发展所必需的要素包括人力资源、物质资源、知识资源和资本资源等。要素有一般性要素和专业性要素之分。其中，具有专业性的、高级的要素，如专门人才、专业技术和设施等更能为产业创造持久的竞争优势。（2）需求条件（国内需求）。国内需求对产业竞争力的影响主要是通过国内买主的结构和买主的性质实现的。如一国的买方需求领先于他国，就能促使国内企业开发出高质量、新颖的产品来满足这些需求，促使产业升级，在国际上领先。此外，老练、挑剔的买主也会给国内企业施加压力，促使他们在产品质量和服务等方面建立起更高的标准。（3）支持产业和相关产业。支持产业是指为某一产业提供要素和服务的若干产业。相关产业是指具有互补性的产业。支持产业和相关产业的作用在于可能促进产业创新，并给产业施加竞争压力。（4）企业战略、结构和竞争策略。企业对战略、结构和竞争策略的合理选择有利于整体竞争力的提高。（5）政府行为。政府可以通过补贴、投资、教育、调控资本市场、制定质量标准和竞争条件等手段对企业及产业施加影响。（6）机遇。机遇指那些超出企业控制范围的突发事件，如需求改变、技术创新、汇率变化等等，亦会对产业竞争力产生影响。

以上六种决定产业国际竞争力的主要因素互相作用，波特将其表示为"产业国际竞争力国家菱图"。用"国家菱图"来分析我国的旅行社业，便可以清楚地看到现阶段我国旅行社业国际竞争力的构建因素、制约因素和实际情况。

1. 旅行社业竞争力的构建因素。我国是旅游资源大国，丰富而独特的旅游资源为旅行社业的发展提供了天然的优势，20多年来中国旅游业的高速发展也促进了旅行社的成长和成熟。国家旅游主管部门根据不同时期旅行社业发展的要求，制定了一系列产业政策及管理制度，对旅行社业的结构调整、行为规范、产业升级起了重要的推动作用。近年来的种种机遇，正面的如信息技术的进步，反面的如东南亚金融危机造成的震荡，客观上都为旅行社业国际竞争力的增长带来了契机。

2. 旅行社业国际竞争力的制约因素。首先，我国旅行社业的专门要素还比较缺乏，主要表现在高层次的旅行社管理人才、旅游产品开发人才的缺乏和对先进技术应用的滞后两个方面。其次，我国国内旅游虽需求总量较大，但需求水平远远低于国际水平。旅游者人均消费低，对旅游活动质量的追求不强烈，只抱"到此一游"心态者甚众，从而未能对旅行社形成强大的创新压力。再次，支持产业，如教育、信息、通信技术、旅游资源开发、旅游救援等还不够发达，制约了旅行社经营水平的提高和新产品的推出。最后，许多旅行社战略目标不清，缺乏架构完善、阶段目标明确的发展规划，导致经营中的短期行为严重；旅行社之间的竞争虽激烈，但以无序竞争为表现形式，竞争的焦点集中在价格上，不当竞争现象普遍存在。这明显不利于我国旅行社业国际竞争力的提高。综上所述，我国旅行社的总体国际竞争力还较弱，要使我国旅行社业在国际竞争中形成优势尚需付出艰苦的努力。

想一想

我国旅行社业的国际竞争力如何？

知识储备

2.1 外因

2.1.1 市场开放度的提高

从"入世"至今，我国旅行社行业逐步开放，开放对我国旅行社行业产生的影响已不断显现，当然这种影响是两方面的，既有消极的，又有积极的。

1. 消极影响

"入世"可能给我国处于发展中的旅行社行业带来全面冲击，部分旅行社将面临生存危机。与外方旅行社相比，我国的旅行社在总体上处于劣势。从实力上看，外方旅行社一般都拥有较雄厚的资金实力，且集团化程度较高，而我方旅行社资金实力较弱，且集团化程度不高；从经营管理上看，外方旅行社一般都有较成熟完善的管理机制，而我方旅行社大多还未形成有效的管理机制；外方旅行社信息网络化程度较高，且已形成跨国联网，而我方旅行社网络化建设方面还非常落后。因此，从目前来看，我方旅行社还很难与外方旅行社在同一水平上展开竞争。一旦旅行社市场放开，外方旅行社将对我方旅行社带来很大冲击，而无法抵御这一冲击的旅行社将被淘汰。

2. 积极影响

外方旅行社的介入很可能给国内旅行社业的发展带来新的活力，表现在以下四个方面。

第一，外方旅行社的介入很可能成为国内旅行社调整分工体系的催化剂。在压力面前，国内旅行社将会更主动地推动资产重组，实现规模化、集团化，并推动行业内部分工的细化，建立起完善的行业分工体系与网络。

第二，外方旅行社的介入有利于我国旅行社经营管理水平的提升。外方旅行社将带来比较规范的内部管理和服务规则，尤其是那些具有服务品牌优势的旅行社，会在提高服务质量和改善内部管理上起示范作用，这将促进我国的旅行社引进先进的管理经验，提高我国旅行社的运行效率。

第三，增加国内旅行社的客源。一些实力雄厚的外方旅行社进入中国市场，将凭借其品牌优势、销售网络优势及其已有的市场优势，给中国带来更多的海外客源，这将为我国旅行社的发展提供更大的空间。

第四，加快我国旅行社的国际化发展趋势。外方旅行社直接投资我方旅行社，增强了旅行社的实力，也加快了我国旅行社的国际化进程，有利于我国旅行社在国外的扩张。

2.1.2 行业管理体制的变化

在我国政府主导型旅游发展战略的大环境下，旅游行业管理体制的变革，无疑对旅行社的发展方向具有深刻的影响。目前，我国旅游行业管理体制的主要特征如下。

1. 管理方式更加公开、平等

我国"入世"后，政府的行业管理方式也需作出相应的调整。世界贸易组织的公开、透明原则，要求政府把对企业、对社会进行管理的法律法规、规章制度、政策性文件，包括批准每件事的程序，都要公开透明，并在固定的媒体上发布。这是市场经济下非常必要的原则。政府的要求要让行业管理对象知晓，才能得到执行。面对全社会进行管理，只能通过法规、公告等手段，所有针对社会的管理规定都要公开发布到社会上去，否则就是"暗箱操作"。按照透明度原则，遇到"暗箱操作"可以上诉到相关的争端解决机构。再如，国民待遇原则要求政府对所有企业一律平等，而不能对国有企业、外资企业、民营企业有不同的政策。

2. 政府主管部门的效率、政策连续性将有所提高

现在出台的法规规章都有对政府部门责任的要求，如审批的时限要求。今后，政府也将通过精简机构和人员、理顺管理职能、下放管理权限等手段改善行业管理。企业依法起诉政府部门的情况将会增多。这也能促进政府部门走向适应市场经济的管理方法。

3. 政府管理权威性进一步提高

开放程度的提高并不意味着政府管理的弱化。在法制化的规则中，政府在制定规

则、掌握规则等方面的作用更重要，更具权威性。同时，各级管理部门行使职权更加规范，办事的依据、程序都将更加严格，依法行政将大大提高管理部门的权威性。

2.1.3 消费者需求的变化

1. 需求更多

首先，中国经济增长和居民收入水平的提高。2008年，我国国内生产总值已超过43 200亿美元，人均GDP已达到3 266美元，登上了3 000美元的新台阶。根据国际惯例，这将极大地促进居民旅游消费需求的增加，为旅行社的发展带来新的机遇。

其次，长假制度与"旅游黄金周"。对于消费者来说，长假为旅游和休闲活动创造了条件，成为旅游消费的高峰；对于旅游企业和旅游目的地来说，长假则成为经营"旺季"，成了名副其实的"旅游黄金周"。另外，近年来带薪休假制度的出现也可以让旅游者更加灵活地选择出游时间，促进旅游需求的增加。

2. 要求更高

从我国旅游者的出游方式来看，随着个性化时代的来临，散客旅游、家庭旅游、自助旅游越来越多，这对旅行社的服务提出了更高的要求。

2.1.4 不可抗力

旅行社的日常经营还受到不可抗力的影响。其消极影响对于单个旅行社企业来说，很难有效规避。

1. 战争、恐怖主义等人为因素的影响

近年来，局部战争、恐怖主义活动等对旅游业的影响不容忽视。经济全球化更使得这些恶性事件的后果扩散到了世界范围，影响较大的有"9·11"事件、巴厘岛爆炸事件等恐怖主义活动，以及2003年的伊拉克战争。

2. 自然灾害的影响

与战争相比，自然灾害对旅行社行业的影响更是不可预测。近年来，世界旅游业受到了SARS、禽流感和海啸等自然灾害的突发影响。例如，2003年春在我国蔓延的SARS疫情沉重打击了我国旅游业，使我国旅行社业陷入了历史上最为低迷的发展时期。

2.2 内因

2.2.1 旅行社信息技术的落后

信息技术在我国旅行社中的应用始于20世纪80年代初期。1981年，中国国际旅行社总社开始使用超级小型计算机，主要用于旅游客流控制，即在饭店供应紧张的情况下防止超订；同时也用于财务管理和数据统计处理等方面。近年来，国际旅行社在信息技术方面的运用主要表现在以下三个方面。

1. 咨询服务

如英国旅行社广泛使用的"视频信息系统"。该系统是于1979年9月由英国电信

公司应用计算机技术和通信技术建立的数据信息传输系统，它通过电话公用网络将终端设备同计算机中心联系起来。用户利用终端可以检索计算机中心数据中的情报资料，然后将结果在终端屏幕上显示出来。其内容包括各国旅游风光、旅游活动项目、各种包价旅游线路、日程、价格、旅游饭店设施、等级和房价等。一些国际、国内的航空、铁路、海运、汽车等运输公司，向这一系统提供最新的时刻表和服务项目。旅行社只要在其营业场所安置一台与该系统相连接的显示终端设备，便可查询旅游方面的有关信息，从而及时答复旅游者的问询。另外，旅行社还可以通过这一系统进行机票预订。这种系统对于一些小型旅行社比较适合，虽然它们本身没有财力建立自己的信息系统，但只要购置一台显示终端设备，便可查询有关信息。

2. 预订业务

如世界著名的"太阳神电脑系统"。该系统由美国联合航空公司于1976年创立。它不仅是一个广泛的电脑化咨询源，能协助旅行社查询机位、票价或外汇兑换率等资料，还可以广泛预订航班、汽车、客房、游船舱位等众多服务项目。现在我国已有少数成为美国联航售票代理的旅行社拥有太阳神终端机。从发展我国的散客旅游考虑，我国的航空公司、饭店和旅行社都应通过国际上各大计算机预订系统销售其产品。

3. 内部管理

如日本交通公社1980年建立的"旅行Ⅲ型系统"。该系统不仅具备咨询和预订功能，而且还具有财务管理、人员管理、工资管理、自动平衡各种旅游路线的客流量和旅游者统计分析等十多种功能，同时还可对经营状况进行综合或单项分析，对市场动向进行预测。

从我国旅行社近年来信息技术的应用情况看，其范围主要有旅游团预订及流量的综合平衡、旅游团的计划安排、旅游团费用结算、旅行社内部财务管理、各种数据的查询、统计分析、客房、车辆、导游的科学调度、办公室自动化等。

1993年7月20日，以国旅总社为中心，由西安、桂林、广东、浙江、南京、无锡和苏州等国旅集团成员企业，及航空公司、铁路、汽车公司、饭店、餐馆和商店等相关企业组成的，国内第一个以旅行社为龙头的，跨地区、跨行业经营性电脑预订网络建成。我国19个旅游城市的信息和产品，可通过该网络及其连接的其他世界性预订系统，发布到世界25万个零售商的终端机上，直接接受旅华预订。如果单从应用范围来看，我国旅行社同世界旅行社之间，在信息技术方面差距并不十分明显。但事实上，这种差距的确存在，而且十分悬殊，主要表现为：第一，我国旅行社信息技术普及程度低，目前只有为数不多的旅行社采用信息技术，且使用范围仅限于咨询和预订服务，而较少用于内部管理；第二，旅行社与饭店业、交通运输业等相关部门和旅行社之间的联网系统尚不发达；第三，旅行社与世界上影响巨大的计算机系统缺乏足够的联系，联网工作也只是刚刚起步。

随着通信和计算机技术的发展以及因特网的不断普及，旅游信息不再受时间、空间的限制，旅游信息资源的拥有者（如航空公司、宾馆等）和旅游者之间建立起了更直接的关系。我国网民数量现居全球首位，互联网进入了快速发展期，为计算机网络信息交流的普及和广泛应用奠定了坚实的基础。

2.2.2　对人力资源管理不够重视

我国大多数旅行社对人力资源管理不够重视，对人力资源管理的战略意义认识不清，缺乏专门的人力资源开发与管理人才，没能通过恰当的人力资源管理措施去规范员工的行为，激发其积极性和创造性，从而导致旅行社内部管理混乱、利益分配不均、佣金流入个人腰包现象时有发生、导游素质低、服务质量差以及低价竞争，致使旅行社业一直处于盲目、低效、混乱无序的状况，导致整个旅行社行业不健康发展，成为制约行业发展的"瓶颈"因素。

2.2.3　现有基础薄弱

我国旅行社现有基础较薄弱，行业现状仍旧是"小、散、弱、差"，处于低层次的竞争阶段，各旅行社是在相同的市场上推销相同的产品，营销手段以单纯的价格竞争为主。这导致我国旅行社的利润普遍较低、服务质量相对低劣、行业竞争比较混乱，这势必影响旅行社行业的发展。

实 战 要 点

1. 影响我国旅行社业发展的外因主要有：市场开放度的提高、行业管理体制的变化、消费者需求的变化、不可抗力。

2. 影响我国旅行社业发展的内因主要有：旅行社信息技术的落后、旅行社对人力资源管理不够重视、现有基础薄弱。

实 战 演 练

• 主题：旅游消费需求结构升级

• 目的：了解旅游消费需求转变对旅行社的影响

• 过程设计

1. 结合教学内容，分析资料，讨论案例。

2. 讨论内容：旅游消费需求转变对旅行社有何影响？旅行社如何应对旅游需求的变化？

3. 可按每组5~6人进行分组讨论，各组讨论后，推选一名代表上台演讲。

• 情景再现

2006年的国内旅游消费市场，出现了结构性的重要变化。虽然观光、休闲、度假这三大旅游消费市场均有所增长，但是增长速度最快的主要是休闲旅游市场。在北京、上海、广州等中心城市，旅游消费者对休闲旅游的消费需求已经超过观光旅游。根据国内一家著名调查机构的资料显示，在针对"旅游目的"的一项市场调查中，北京和上海两地的旅游消费者，以休闲为旅游目的的已经超过观光。其中，北京地区超过10%，上海地区超过8%。

休闲旅游市场的消费特征主要表现为两个方面：一是周末短期近途，二是低消费高频次。以上海旅游集散中心为例，在9、10月份旅游旺季期间，该中心面向社会公布的旅游线路主要是发往离上海最近的江浙两省。其中，一日游线路143条，二日游线路134条，三日游线路25条，4日游线路3条。而旅游线路所选择的景点，大多是山水资源比较丰富的自然景区和水乡古镇。

在出行方式和工具选择方面，旅游消费者已经逐步摆脱了对旅行社的依赖，开始从被动型的团队游，转向主动型、参与型的自助游。2006年国庆节期间，北京地区的旅游消费者选择自驾游出行方式的比例高达60%。与此同时，旅游消费者对旅游舒适度和旅游环境品质的要求也大大提高。

在今后相当长的一个时期内，随着城市化进程的加快、城市居民生活水平的提高，以及私家车数量的持续增加，可以预见，休闲旅游消费市场将会不断发展。这对休闲型景区而言，无疑是一个难得的市场机遇。不过，由于休闲旅游具有周末短期近途的基本消费特征，休闲型景区可能会遇到两大经营难题：一是淡季经营困难，比如漂流、滑雪、海滨泳场都属于季节性产品，并且受天气变化的影响较大，而农家乐、野外烧烤则会出现周末人满为患、平时门可罗雀的情况；二是区域市场限制。跟传统的观光型景区相比，休闲型景区对旅游资源本身的品质要求大大降低了。这一方面有利于景区发展，也较易获得市场成功；但另一方面，它也降低了景区投资的进入门槛，加剧了景区之间的同质化竞争。而休闲型景区的客源主要来自于周边的区域市场，很难吸引远距离游客，这对景区的长期发展颇为不利。

学习任务 ❸ 掌握我国旅行社行业的发展趋势

【想一想，做一做】

发达国家旅行社行业的发展趋势

一、跨国经营将成为旅行社行业发展的重要趋势

向商务旅游者提供24小时全天候的服务已经成为经营商务旅游产品的旅行社必须具备的基本条件之一。为了满足视时间为生命的商务旅行者在任何时间和任何地点都能够及时得到旅行社服务的需求，商务旅行社在商务旅游者可能达到的世界上任何地点随时准备为他们提供及时的服务。为了确保这一点，不少的旅行社纷纷在旅游客源地直接建立销售网络和在旅游目的地直接经营地面

接待服务业务。于是,它们采取收购、兼并、合资、联营、战略联盟等方式在不同的国家和地区直接经营旅行社业务。国界将不再是旅行社经营的天然边界,跨国经营将成为发达国家旅行社行业发展的重要趋势。

二、旅行社行业将朝着集中化方向发展

一批跨国界经营的大型旅行社集团出现在欧洲、美国、日本等发达国家和地区,成为旅行社行业举足轻重的大型、超大型企业集团,导致旅行社行业出现集中化的趋势,使旅行社行业由分散型行业转向集中型行业,甚至可能会在经过一段时间的兼并组合之后,成为寡头垄断型行业。表16-1反映了发达国家旅行社行业跨国兼并情况,以供参考。

三、信息技术与互联网将给旅行社的经营方式带来一场深刻的革命

旅行社将会扬弃传统的经营方式,转而大量采用信息技术,通过互联网进行产品推介、网上咨询,提供旅游服务预订、旅游线路编排等服务,以便将销售触角伸展到每一个潜在旅游者的家庭。这将是旅行社经营方式的一场深刻革命。

表16-1　发达国家旅行社行业跨国兼并情况一览表

收购时间	兼并社所属国	采取兼并行动的旅行社	被兼并社所属国	被兼并旅行社	兼并方式
1993	美国	运通旅行社（American Express）	瑞典	奈蔓−舒尔茨旅行社	收购
1994	美国/荷兰	卡尔逊−韦根利特旅行社（Carlson Wagonlit Travel）	德国	莱斯布罗鲁布恩旅行社	收购
1995	美国	运通旅行社	德国	West LB旅行社Westdeutsche Landesbank）	收购
1995	美国	运通旅行社	法国	哈瓦斯旅行社在法国的商务旅行社部	收购/企业合并
1995	德国	国际旅游联合会（TUI）	荷兰	荷兰国际旅行社（Holland International）	收购/企业合并
1995	英国	航空旅行社	瑞典	北欧休闲集团（Scandinavian Leisure Group）	收购
1996	英国	航空旅行社	丹麦	丹麦斯拜斯/特杰波格旅行社（Danish Spies/Tjaereborg）	收购

（续）

收购时间	兼并社所属国	采取兼并行动的旅行社	被兼并社所属国	被兼并旅行社	兼并方式
1997	美国	运通旅行社	比利时	BBL旅行社（BBL Travel）	合资
1997	英国	汤姆逊旅行集团（Thomson Travel Group）	瑞典、爱尔兰	Fritidsresor旅行社、廉价旅行社（Budget Travel）	收购
1998	英国	航空旅行社	比利时	太阳国际旅行社（Sun International）	收购

想一想

请从我国旅行社行业的现状出发，结合本案例，分析我国旅行社的发展趋势。

知识储备

3.1 我国旅行社行业分工体系的调整

行业分工体系的发展有两个主要推动因素：一是旅行社市场的开放，二是信息技术的应用。我国旅行社行业已开放多年，再加上一些旅行社正在主动引入高新技术，因此，行业分工体系必定得到调整。

结合我国的实际情况，我国旅行社行业分工体系必定朝着垂直分工体系迈进。

分工实际上是指两个或两个以上的个人或组织将原来由一个人或一个组织在生产活动中承担的不同职能的工作分开进行。分工的存在是人类社会发展的必然产物，后来又构成人类社会进步的必要前提之一。

旅行社分工体系指的是不同类别的旅行社在各个市场区域和旅游产品流通环节中所扮演的角色及其相互间的关系，一般可以分为垂直分工体系和水平分工体系两种。垂直分工体系由执行不同职能的旅行社组成，各类旅行社在经营中互相配合、互为补充，如旅游批发商与旅游零售商间的分工关系；水平分工体系则由处于同一操作层次、执行相同职能的旅行社按照不同的市场区域和业务范围进行的分工，如同样是旅游批发商，有的从事出境旅游，有的则从事入境接待。

我国旅行社业发展初期，由于国际旅游接待的特殊意义，旅行社业采取了按照客源种类不同而进行分工的水平分工体系。随着旅行社数量的增多和原有垄断经营模式被打破，旅行社业的格局也发生了显著的变化。除了仍按接待客源的不同坚持水平分工外，同类旅行社之间将进入无序、无差异竞争阶段。旅行社间分工形式不明，每个企业从开发踩线到外联接待全方位出击，由于既无批发、零售的渠道差异，也无个性化的特色产品，所以只能在低层次上展开价格竞争，直接导致行业的混乱局面。

而美国等发达国家的旅行社业发展相对成熟，已进入规范化经营时代。市场上的旅行社批发商、零售商层次分明，还有部分从事专业化经营的旅行社。实力雄厚的少量大型旅游批发经营商从事开发产品、宣传促销等业务；大多雇员在10人以下的小旅行社则从事旅游产品代理服务；大量的小型旅行社或在竞争压力下加入大社的网络组织，或自行组成联合体，以提高生存能力。

中国的旅行社行业也要努力达到金字塔形的结构。高居塔尖的是少数大集团，在市场上占有较大份额，形成市场的主导力量，靠自己的资金、品牌、规模、特许权等方方面面的优势在市场上竞争。处于金字塔中间的是一批中型的专业化旅行社，它们开发专业化的产品，针对专门的市场进行竞争，市场的分工比较细。居于塔基的是绝大多数小旅行社，这些小旅行社主导性的出路就是成为大集团的网络销售点。

我国的一些大型旅行社已经意识到建立垂直分工体系的重要意义，并在旅行社批发、零售业务分工方面开展积极探索。上海春秋走在了行业的前面，通过其设计的网络加盟模式，成为国内连锁经营、最多全资公司、最具规模的旅游批发商和包机批发商。上海春秋在上海有50家连锁店，在江浙地区有400余个、全国有近2000个网络成员，在北京、广州、西安、沈阳和三亚等30余个国内大中城市设有全资公司，每个全资公司大都有二至十个连锁店并在海外设有全资公司。

3.2 市场主体多元化

国有旅行社资本意志的张显以及民间和境外资本对旅游产业更大范围的介入，使得我国旅行社业的市场主体进一步多元化，市场化程度进一步提高。目前，国有资本在中国旅行社业，特别是中国的国际旅行社中仍然占有绝对的比重，但是随着国有资产管理体制的改革，中央和地方两级政府国资管理部门的出资人意志表现得越来越明显。

从目前的动向来看，国有旅行社的发展方向，就是通过股份制或其他相关途径完成公司制改造，建立现代企业制度，并在此基础上以增强国有旅游企业的核心竞争力为导向，对国有旅游类经营资产进行战略重组。

从跨国公司的动向来看，已经进入到中国旅行社业的境外资本主要集中在北京、上海、广州等主要旅游客源地。可以说，这些机构的战略指向必然是中国公民旅游市场。而且在2006年以后，中国对于世贸组织有关服务贸易承诺条款的兑现，将从根本上改变跨国公司在中国旅行社产业中的运作与发展。

与此同时，民营资金也大举进入旅游领域，形成了引人注目的现象。目前，仅浙江一省，在旅游业投入10亿元的民营企业集团就有6个。资本持续追求利润最大化的价值取向必然要求企业规模的扩大。实际上，只有资本主体到位了，资本的意志在旅游市场的繁荣与发展进程中得到有效的张显，我们呼唤多年的中国旅行社业批发、零售和代理体系才有可能真正形成。

3.3　合作成为主流

3.3.1　旅行社业与航空业的融合

旅行社与航空公司之间休戚相关的利益关系，使得旅行社与航空公司多年来一直进行着竞争与合作并存的博弈。随着民航领域改制重组进程的加剧以及传统旅行社自身规模的扩大和降低成本的冲动，双方在产业关系中争取主动权的竞争将更加明显。

首先，随着民航客源中旅游者比例的上升，各大航空公司所属旅行社的重要性日渐增强。旅行社正在从一个主业的辅助机构，向旅游市场上独立运行的产业主体转化。由于有航空集团的大力支持，这些旅行社的成长在2004年已表现出了超常的增速。中国航空集团旗下的中国航空国际旅行社，在得到外企航空服务公司机票业务的注入后，无论是营业规模、市场份额还是产品研发和营销渠道，都有了很大的变化。南方航空集团所属的南航商旅服务旅行社有限公司，在南航集团主辅分离的专业化经营进程中，整合了以南航国旅为主的19家旅行社，定位于华南地区的最有市场价值的商务旅游市场，通过东莞等地强势旅行社的产权联合或非产权的战略联盟，已在珠江三角洲市场上与广之旅、南湖国旅形成了"三足鼎立"之势。而由东方航空公司票务代理业务整体注入的东航东美旅游公司，则使其一跃而成为中国最大的旅游代理商之一。

其次，自助游的兴起和民航业对旅游业的广泛介入，将进一步推动旅行社市场上的价格竞争趋于白热化。2004年8月，在以广州和香港两地机场为主角的航空价格战大背景下，香港机场管理局联同国泰和港龙等4家航空公司推出了"珠三角"经香港往返东南亚、日本和港澳地区分别只需998元、1 498元和2 998元人民币的业务；而南方航空则与旅行社合作，联手推出经广州往返曼谷、吉隆坡只需999元人民币的业务，广州飞悉尼往返、广州飞墨尔本往返的"机票+签证"线路，价格也比平时便宜了一半以上。澳门机场推出的"经澳飞"，则更是以580元广州—澳门双飞的超低价使业界大为震惊。

实际上，推动民航业与旅行社业高度融合的重要因素，是中国公民旅游市场的开放与规模的增长以及由此而来的产业影响力。可以说，无论是对于航空公司，还是对于旅行社，谁能在中国公民旅游市场上占据主导地位，谁就会在各自的产业领域中拥有强大的话语权。从这个意义上说，民航业与旅行社业的合作都是为了借助产业关系的优化来保证自己的商业利益。比如，欧洲29国旅游市场的开放，就吸引了全球仅有的3家五星级航空公司之一的卡塔尔航空公司的强烈关注，并于2004年11月26日首航北京—多哈。神舟国旅集团则联手该公司开发了北京—多哈—埃及首航团，为中国游客到中东地区旅游带来了极大的利益，价格为每人9 800元人民币，比常规团便宜了3 000元左右。两者的合作，不仅在价格上占优势，而且在行程线路安排上也具有挑战性，首航团不仅可以在卡塔尔首都多哈游览，还可以在埃及多停留一天。

在民航业不断延伸其在旅行代理和旅游服务产业链条的同时，一些传统的大型旅行社也将逐渐向航空业渗透，以在产业关系中争取更有利的谈判地位，最大限度地降低自己的运营成本。除传统的包机业务外，2004年最有影响力的事件就是春秋国际旅行社正式挂牌筹建廉价航空公司，以"拒绝给航空公司打工"、"与火车卧铺竞争"，以及"两低、两高、两单"的经营模式为名，介入航空市场。春秋国旅是一家年营业收入近20亿元、年组接团160万人次、连续9年国内旅游排名第一的大型旅行社集团，目前共拥有38个全资子公司，其中有7家在海外。更为重要的是春秋国际旅行社拥有庞大的包机客源基础。按该社公布的数据，其廉价航空公司每天都可以有8架包机在天上飞行。除春秋国旅以外，其他一些有影响力的传统大社也都试图通过包机、参股或组建廉价航空公司的途径谋求更具主导性的市场地位。

3.3.2　放行社业与金融业的相互促进

除与航空公司的合作外，中国旅行社业将在大范围内与金融业主动地进行沟通，并尝试着联合研发新品投放市场。

2004年9月15日，由携程旅行网和招商银行专门针对商务旅游市场联手打造的"携程旅行信用卡"正式问世。作为国内首张双币种旅行信用卡，该产品集成了全球饭店、机票、度假产品预订、金融支付与信用保证和信用卡的其他附加服务功能。它的发行标志着招商银行信用卡向旅游业的渗透和拓展，又率先迈出了坚实的一步；同时也表明了携程旅行网作为国内最大的旅行服务公司，在旅行信用体系的建立方面作出了积极的尝试。

以金融业为主导的银旅合作的另一事件，是全球最大的信用卡发行机构VISA国际，前所未有地专门针对中国旅游市场发布了一份年度报告。报告显示，中国持卡人2003年在亚太地区的旅行，平均每次交易支出额为253美元，居于世界首位，比第二位的西班牙高出50美元。VISA之所以对旅游业如此关注，主要是看中了中国旅游市场增长过程中表现出来的巨大商机。可以预计，在其进入中国市场的过程中，必然会寻求与掌握客源的旅行社或相关旅行代理机构进行合作。

除银行业之外，保险业也在尝试在与旅游业融合的过程中创新自己的金融产品，并形成旅游活动中所必需的各种旅游险，如旅游救助保险、旅游救援保险、旅客意外伤害保险、旅游人身意外伤害保险等。总之，以银行（信用卡）、保险（旅行救援卡）为代理的金融业与传统的和非传统的旅行与旅游服务运营的结合，一方面促进了旅游产品的创新，另一方面则极大地推动了新产业形态创新的制度供给。

再看近年来进入中国的跨国旅游服务集团的市场行为，同样可以发现具有借助于产业融合寻求产业影响力的趋势。在3家在北京注册的外商独资旅行社中，日航国旅和全日空国旅均具有航空背景；英国的格里菲旅行社则以强大的旅游批发商集团为背景，高调进入了中国市场。与先期以合资方式进入中国市场的BTI（国际商务旅行）和RT（罗森布鲁斯旅行社）一样，它们主要的目标在于商业价值较高的商务旅行市场。从国际经验来看，在旅行社开拓商务旅行市场的战略进程中，具有覆盖全球支付体系和深厚客源基础的金融企业，必将成为首选合作机构。除了以旅行社进入中国市场的跨国公司之外，那些提供综合服务的跨国旅游服务集团，则以金融支付工具和现代信息技术为支撑，低调进行着包括出境旅游在内的中国旅行代理市场的战略布局。可以认为，在产业融合的框架下，外资旅行代理机构事实上已经进入了包括中国公民出境旅游在内的全部旅游服务市场。

3.4　集团化趋势

从企业体制上来看，大旅行社，即集团化的旅行社，毫无疑问应该采用现代企业制度——公司制；经营实力和经营规模中等的中型旅行社，比较适用于股份合作制的企业制度形式；小型旅行社宜采用合伙方式或其他方式。不同规模、不同企业组织、不同市场、不同类型的旅行社，应采用不同的企业体制和制度安排。

考虑到国有资产在整个中国旅行社产业，特别是在国际旅行社产业中的主导性比重，可以认为，国有旅行社的重组与整合具有整个产业发展的导向性作用。随着国有资产分级管理体制的确立和运行，事实上在旅游领域已形成中央与地方国有资产条块竞争的格局。在国有资产保值增值日趋硬化的背景下，如何利用各级国有资产管理部门所辖的泛旅游资源，借助行政力量的介入实现超常规的扩张，进一步奠定产业领导者的地位，就成为传统国有大型旅行社企业的必然选择。

2004年11月，中国国际旅行社总社与中国免税品（集团）总公司合并重组为中国国旅集团公司。紧随其后的，则是同属于国务院国资委旗下的中国旅行社集团与中国旅游商贸公司的合并。前者为国旅集团的横向一体化发展模式提供了更为雄厚的现金流，并促使其开始思考如何进一步适应旅游市场结构进行面向中国公民旅游市场的战略转型。后者则使中旅成为真正意义上的包括旅行社、饭店、商业在内的全旅游要素企业集团。这两大国有主导旅行社的重组，标志着以旅游为主业的六大中央企业（另外两家分别是香港中旅集团和华侨城集团）强强联合、构建超大型旅游运营商的步伐开始提速。如果以此为契机，中央国有资产管理部门把分散在其他央企中的旅行社企业有选择地整合到渐趋集中的主导企业中来，则中央国有旅行社的市场影响力和产业话语权将会更加强大。

与中央旅游企业的"合并同类项"战略相比，地方国有旅行社则借助地方国有资产管理部门对泛旅游资产重组的机遇，谋求在一些复合型的旅游集团中发挥更大的作用。上海锦江和新亚两大旅游企业的合并，使得锦江旅游股份有限公司在整合了上海中国国际旅行社股份有限公司、上海锦江旅游公司、上海华亭海外旅游公司、上海旅行社等上海最大、最知名的国际和国内旅行社以后，依托锦江国际集团的综合资源和优势，并通过自身的市场化运作，已经成为中国旅行社产业中的领导者之一。同时，作为五大集团重组后的北京首都旅游集团旗下的旅行社产业运作平台的神舟旅行社集团，也在出境游和国内游市场上持续推出新的举措，在中国最重要的旅游目的地和客源地之一的北京市场上的影响力，正在持续上升。需要说明的是，这两大地方政府所属的大型旅行社都有上市公司的背景。

上述案例表明，由不同代理人负责运作的、国有旅行社集团主导的产业格局，正在形成之中，并将对未来市场上民营和外资旅行社的战略发展空间产生更为复杂的影响。

3.5 专业化趋势

旅行社行业的专业化，是指旅行社为了最大限度地满足特定细分市场旅游者的需求，适当调整其经营方向，针对某些细分市场，对某些产品进行深度开发，形成特色产品或特色服务。专业化经营将主要出现在我国的中型旅行社，为了避开在经营标准化产品方面的比较劣势，集成本优势与产品专业化优势于一身，中型旅行社应该实现专业化开发和专业化经营，使产品更加多样化，从而增强其产品的总体吸引力。

3.6 品牌化趋势

中国旅行社行业的竞争已开始从价格竞争逐步转向质量竞争和品牌竞争。随着旅游者的旅游消费需求水平的提高，旅行社所奉行的低价格战略已经不再像过去那样奏效了，必须采用新的竞争战略以应对我国加入世界贸易组织后，特别是国际名牌旅行社进入中国旅游市场后所带来的严峻挑战。所以，名牌旅行社瓜分市场必将成为我国旅游市场的必然趋势。中国的旅行社必须大力发展名牌战略，否则将会在日趋激烈的市场竞争中落败。目前，中国旅行社业的一些有识之士已经开始注重建立中国的旅行社品牌，努力争取得到旅游者的认同，产生对其服务的亲近感和信任感，以便在市场上立于不败之地。

3.7 网络化趋势

旅行社的网络化趋势是由旅游需求的特点决定的。随着社会经济的发展和人们所受教育水平的提高，旅游需求必将日益普及，这将导致旅游需求可能在任何一个地方产生。为了满足消费者的需求，旅行社的营业场所必须广泛设立于消费者便于购买的所有地方，即所谓的网络化布局。中国的旅行社行业实行网络化，不仅是完全必要的，而且是十分可行的。信息技术的普及和互联网的发展，为旅行社的网络化经营奠定了坚实的技术基础。旅行社通过内部改造或增设经营网点，则为旅行社的网络化经营提供了组织基础。因此，旅行社的网络化必将成为中国旅行社行业的一个发展趋势。

实战要点

1. 信息技术给我国传统旅行社行业带来了较大的冲击，也提供了一定的发展机遇。

2. 今后我国旅行社行业必定朝着大型旅行社集团化、中型旅行社专业化、小型旅行社网络化的趋势发展。

实战演练

- 主题：旅游电子商务对旅行社的冲击
- 目的：掌握旅行社的发展趋势
- 过程设计

1. 结合教学内容，分析资料，讨论案例。

2. 讨论内容：电子商务对旅行社造成了巨大的冲击，今后旅行社是否有存在的必要？

3. 可按每组5~6人进行分组讨论，各组讨论后，推选一名代表上台演讲。

- 情景再现

当今社会，互联网蓬勃发展，网络的交互性、实时性和信息的海量性等优势对于旅游产业具有强大的吸引力。长期的探索使人们认识到：旅游是在信息流基础上的人流，旅游产品的无形性和异地消费的特点决定了信息流在旅游中的重要作用。只有信息手段不断进步，才能促进销售、预订、支付等旅游信息流的速度。在当前的信息时代，旅游业"触网"已经势不可当。千差万别的旅游爱好者通过上网就能实现信息的查询，并可根据自己的意愿订团、订房、订票。网络平台以其方便、快捷的优势掀起了网络旅游的浪潮。

所谓网络旅游，就是一种旅游服务商和消费者通过网络实现交流与交易的新型旅游方式，所谓网络旅游时代其实就是旅游电子商务时代。旅游业和电子商务的结合，使"旅游"和"网络"的价值都得以最大限度的展现和提升。旅游产品是一种标准的无形产品，它在物流上是"诺言"的出售，因此，旅游产品最适宜网络营销，也理所当然地成为电子商务中最热的商品之一。1999年全球电子商务销售额突破1 400亿美元，其中旅游电子商务销售额突破270亿美元，占全球电子商务销售额的20%以上，并且连续5年以350%的速度飞速发展着。旅游电子商务以网络为主体，以旅游信息库、电子化商务银行为基础，它带来的必将是一场旅游业的革命。

旅游电子商务强劲冲击旅行社业。互联网上的查询、预订、交易具有信息广、方便快捷、省钱省时的优势，这种全新的营销方式向旅行社提出了前所未有的挑战。

旅游需求具有"多样少量"的特征，旅游供给则表现为"少样多量"，怎样才能缓解这种供需矛盾呢？传统旅游业中的旅行社在这方面发挥了重要的作用，它能够利用供需双方的有效信息使供给多样化、需求多量化，最终趋于平衡。但由于旅行社的不完全信息，它不可能对供需进行完全正确的引导。它对市场变化的反应相对迟钝，会造成短期卖方市场的假象，恶化供需矛盾。就拿假日旅游经济来说，旅行社只图眼前利益的盲目炒作往往导致供需失衡，制造了供不应求的假象，而旅游电子商务系统因为占有相当量的信息，就能对市场的细微变化作出灵敏的反应，通过全国范围的预警系统及时协调供需矛盾、疏导客流，有利于旅游市场的全面、全方位开发和旅游业的持续发展。

本项目总结

知识梳理

1. 正确认识我国的旅行社行业

① 旅行社业的行业评价　② 旅行社行业亟待升级

2. 熟悉影响我国旅行社业发展的主要因素

① 外因　② 内因

3. 掌握我国旅行社行业的发展趋势

① 我国旅行社行业分工体系的调整　② 市场主体多元化　③ 合作成为主流　④ 集团化趋势　⑤ 专业化趋势　⑥ 品牌化趋势　⑦ 网络化趋势

主要概念

旅行社分工体系　集团化　专业化　网络化

习题与技能训练

1. 填空题

① 1981年中国国际旅行社总社开始使用超级小型计算机，主要用于_____。

② 国际上旅行社在信息技术方面的运用主要表现为三个方面：咨询服务、_____、_____。

③ 旅行社分工体系一般可以分为_____体系和_____体系两种。

④ 2004年11月，中国国际旅行社总社与_____合并重组为中国国旅集团公司。

2. 判断题

① 旅行社行业是一个弱势行业。（　　）

② 信息资源也可以说是旅行社的基本的、主要的资源。（　　）

③ 信息技术在我国旅行社中的应用，始于20世纪70年代初期。

3. 名词解释

旅行社分工体系　旅行社网络化

4. 简答题

① 请谈谈对我国旅行社行业的认识。

② 影响我国旅行社业发展的主要因素是什么？

③ 简述我国旅行社的发展趋势。

参考文献

［1］戴斌，杜江. 旅行社管理［M］. 2版. 北京：高等教育出版社，2005

［2］戴斌. 旅行社经营管理［M］. 北京：旅游教育出版社，2003

［3］国家旅游局人教司. 旅行社经营管理［M］. 北京：旅游教育出版社，2003

［4］丁力. 旅行社经营管理［M］. 北京：高等教育出版社，2000

［5］杜江. 旅行社经营管理［M］. 天津：南开大学出版社，2001

［6］陈锡. 旅行社经营管理［M］. 郑州：郑州大学出版社，2006

［7］程遂营，刘荣. 旅行社经营管理［M］. 郑州：郑州大学出版社，2002

［8］王绽索. 旅行社经营与管理［M］. 上海：上海人民出版社，2006

［9］刘晓杰. 旅行社经营与管理［M］. 北京：化学工业出版社，2007

［10］陈建斌. 旅行社经营管理［M］. 中山：中山大学出版社，2007

［11］徐云松. 旅行社经营管理［M］. 杭州：浙江大学出版社，2006

［12］李天元. 旅游学概论［M］. 天津：南开大学出版社，2003

［13］周三多. 管理学［M］. 北京：旅游教育出版社，2000

［14］郭鲁芳. 旅行社经营管理［M］. 大连：东北财经大学出版社，2002

［15］齐洪利. 旅行社经营管理［M］. 大连：大连理工大学出版社，2007

［16］蔡必昌. 旅行社管理实务操作手册［M］. 北京：旅游教育出版社，2004

［17］张红，李天顺. 旅行社经营管理实例评析［M］. 天津：南开大学出版社，2000

［18］杜江，戴斌. 旅行社管理比较研究［M］. 2版. 北京：旅游教育出版社，2006

［19］戴斌，杜江. 旅行社管理［M］. 2版. 北京：高等教育出版社，2005

［20］陶汉军. 导游业务［M］. 天津：南开大学出版社，2005

［21］中国旅行社发展现状与发展对策研究课题组. 中国旅行社发展现状与发展对策研究［M］. 北京：旅游教育出版社，2002

［22］余国昌. 旅游人力资源开发［M］. 北京：中国旅游出版社，2003

［23］付钢业. 导游入门到提高［M］. 广州：广东旅游出版社，2003

［24］刘秋兰. 市场调查与预测［M］. 2版. 北京：经济科学出版社，2001

［25］梁智，刘春梅，张杰. 旅行社经营管理精选案例解析［M］. 北京：旅游教育出版社，2007

推荐的教学网站和相关专业文献网站

［1］中国旅游网：www.cnta.com
［2］中国国家地理网：www.cng.com
［3］中国导游网：www.tourguide.net.cn
［4］旅游经理人网：www.cntmu.com
［5］携程旅行网：www.ctrip.com
［6］艺龙网：www.elong.com
［7］信天游网：www.travelsky.com

教辅产品及教师会员申请表

申请教师姓名			
所在学校		所在院系	
联系电话		电子邮件地址	
通信地址			
教授课程名称		学生人数	
您的授课对象	本科□　研究生□　MBA□　EMBA□　高职高专□　其他□		
教材名称		作者	
书号		订购册数	
您对该教材的评价			
您教授的其他课程名称		学生人数	
准备选用或正在使用的教材 （教材名称　出版社）			
您的研究方向		是否对教材翻译或改编有兴趣？	是□　否□
您是否对编写教材感兴趣？	是□　否□		

您推荐的教材是：＿＿＿＿＿＿＿＿＿＿＿＿＿＿＿＿＿＿＿＿＿

推荐理由：＿＿＿＿＿＿＿＿＿＿＿＿＿＿＿＿＿＿＿＿＿

为确保教辅资料仅为教师获得，请将此申请表加盖院系公章后传真或寄回给我们，谢谢！

教师签名：

院/系办公室公章

地　　　址：北京市崇文区龙潭路甲3号翔龙大厦B06室
　　　　　　北京普华文化发展有限公司
邮　　　编：100061
传　　　真：（010）67120121
读者热线：（010）67129879　67129872-818
网　　　址：http://www.puhuabook.com.cn
邮购电话：（010）67129872-818
编辑信箱：daixinmei@puhuabook.com